"十二五"普通高等教育本科国家级规划教材
普通高等学校体育教育专业主干课教材
全国高等学校体育教学指导委员会审定

定向运动与野外生存

(第三版)

张惠红 陶 于 李 俊 主编

高等教育出版社·北京

内容提要

"定向运动与野外生存"是体育教育专业田径类课程的重要内容。本书是 2011 版的修订版,也是"十二五"普通高等教育本科国家级规划教材。本次修订在原有教材的基础上增补了部分内容,使定向运动与野外生存课程的体系更加完整,内容更加丰富,更符合教学的需求。本书内容分为定向运动与野外生存上下两篇,内容包括定向运动概述、定向运动基本知识、定向运动基本技能、定向运动教学指导、定向运动训练指导、定向运动赛事的组织与实施、定向地图的制作、野外生存概述、野外生存基本知识、野外生存基本技能、野外生存安全防范与急救、野外生存教学与组织等。

本书既可以作为体育教育专业学生的学习用书,也可以作为各级各类体育教师培训、进修教材,还可以作为定向运动、野外生存爱好者的参考书。

图书在版编目（CIP）数据

定向运动与野外生存/张惠红,陶于,李俊主编. -- 3 版. --北京：高等教育出版社, 2019.12（2024.12 重印）
ISBN 978-7-04-053906-6

Ⅰ. ①定… Ⅱ. ①张… ②陶… ③李… Ⅲ. ①定向运动-高等学校-教材②野外-生存-高等学校-教材 Ⅳ. ①G826②G895

中国版本图书馆 CIP 数据核字（2020）第 050175 号

定向运动与野外生存（第三版）
Dingxiangyundong Yu Yewaishengcun

| 策划编辑 | 范　峰 | 责任编辑 | 郭　恒 | 封面设计 | 张　志 | 版式设计 | 徐艳妮 |
| 插图绘制 | 于　博 | 责任校对 | 吕红颖 | 责任印制 | 存　怡 | | |

出版发行	高等教育出版社	网　　址	http://www.hep.edu.cn
社　　址	北京市西城区德外大街 4 号		http://www.hep.com.cn
邮政编码	100120	网上订购	http://www.hepmall.com.cn
印　　刷	三河市潮河印业有限公司		http://www.hepmall.com
开　　本	787 mm× 960 mm　1/16		http://www.hepmall.cn
印　　张	20.75	版　　次	2006 年 5 月第 1 版
字　　数	380 千字		2019 年 12 月第 3 版
购书热线	010-58581118	印　　次	2024 年 12 月第 4 次印刷
咨询电话	400-810-0598	定　　价	39.80 元

本书如有缺页、倒页、脱页等质量问题,请到所购图书销售部门联系调换
版权所有　侵权必究
物料号　53906-00

编委会

主　编　张惠红　陶　于　李　俊
编　者（以姓氏笔画为序）：
　　　　　王晓婷（南京师范大学泰州学院）
　　　　　王裕桂（浙江海洋大学）
　　　　　尹红松（东南大学）
　　　　　邓　维（四川大学）
　　　　　宁昌峰（盐城工学院）
　　　　　刘　阳（陕西师范大学）
　　　　　刘仁胜（辽宁师范大学）
　　　　　江苏旖（河海大学）
　　　　　李　俊（南京信息工程大学）
　　　　　杨　洪（四川师范大学）
　　　　　张　鲲（陕西师范大学）
　　　　　张春甫（南京师范大学）
　　　　　张惠红（东南大学）
　　　　　张新安（肇庆学院）
　　　　　郁　东（南京体育学院）
　　　　　周志雄（首都体育学院）
　　　　　谈晓平（乐嘉体育俱乐部）
　　　　　陶　于（南京师范大学）
　　　　　曹　英（泰州学院）
　　　　　曹艳杰（常熟理工学院）
　　　　　傅纪良（浙江海洋大学）

前　　言

随着国家体育教育改革的不断推进，普通高等学校体育教育专业课程体系与人才培养规格发生了很大的变化。为适应这一变化，教育部于 2004 年 9 月颁布了《普通高等学校体育教育本科专业各类主干课程教学指导纲要》，提出主干课程"领域"化，必修课程"学科"化，限选课程"模块"化，任选课程"小型"化的改革思路。田径类课程是以走、跑、跳、投等多种身体练习为基本手段，以竞技性、健身性、实用性练习项目为主要内容，以发展人的基本运动能力和生活能力、促进身心健康全面发展为主要目标的基础性体育实践课程，是普通高等学校体育教育专业主干课程。该"领域"课程主要由田径、定向运动、野外生存等课程群组成。

"定向运动与野外生存"作为田径类主干课程领域的内容之一，将在田径场上进行的走、跑、跳、投等田径运动项目由田径场拓展到校园、校外甚至野外，强调健身性、趣味性、实用性和挑战性，突出学生的主动性、积极性和创造性，具有途径多样、方法多种、形式灵活和内容丰富等特点，是发展人的基本运动能力和生存能力的有效途径，近年来受到了体育教育界的广泛关注和学生们的喜爱。

在全国高等学校体育教学指导委员会的指导下，教材编写组于 2006 年编写了《定向运动与野外生存》教材深受广大读者的好评。2011 年修订出版的《定向运动与野外生存》（第二版）在定向运动教学实践中新增了方法简单、操作性强的定向小游戏内容，提升了教材的实用性和趣味性，拓展了野外生存基本技能相关内容，由以丛林为主的野外生存技能拓展到海上生存、沙漠生存技能，使野外生存的内涵更丰富。

为进一步适应新时代高等教育的快速发展和体育专业人才培养目标，根据目前定向运动和野外生存发展的现状及时代特点，教材编写组在第二版教材的基础上，进一步完善了教材的内容体系。上篇定向运动部分内容修订如下：① 新增了定向运动安全风险的防范与处理相关内容；② 增加了定向运动训练指导内容，为定向运动竞技训练提供针对性的指导意见；③ 对定向运动赛事的组织与实施进行了扩充，补充了定向运动赛事计划制订、赛事宣传和安全保障等方面知识，新增了休闲类定向赛事活动策划内容；④ 对定向地图的制作内容进行了全面更新，详细介绍了定向地图制作流程和 OCAD 软件的操作方法，并通过教学地图制作案例说明，完整地描述了定向地图的制作过程。除此

前言

之外，还对其他部分内容如国内赛事、检查点说明符号等内容进行了补充和更新。

下篇野外生存部分内容修订如下：① 新增野外生存的起源与发展内容，让读者更清晰地了解野外生存的发展历程与演变以及现阶段的发展现状，进一步彰显出新时代野外生存发展的重要意义；② 对野外生存技能中基本装备的使用、海上求生以及沙漠生存等内容进行了补充与修改。③ 对野外生存安全与防范补充了洪水险情的处理与应对方法，以及海上遇险、高原反应等情况的救护知识与处理方法；④ 补充了野外生存教学与组织方面的内容。

本教材历经三次修订，内容体系更趋完善。在本教材的编写过程中，先后召开了多次研讨、审稿和定稿会议，广泛听取了有关专家的意见和建议。本教材注重内容的完整性和方法的实用性，不仅可以帮助读者掌握定向运动和野外生存的基本知识和技能，也可为教学、训练和比赛工作提供针对性指导。教材理论联系实际，深入浅出，既可作为体育教育专业学生的教材，还可作为各级各类体育教师培训以及定向运动与野外生存爱好者的参考用书。

最后，衷心感谢全国高等学校体育教学指导委员会和高等教育出版社给予的指导，感谢东南大学、南京师范大学、南京信息工程大学、陕西师范大学、四川师范大学、南京体育学院、首都体育学院、辽宁师范大学、浙江海洋大学、肇庆学院、四川大学、盐城工学院、南京师范大学泰州学院、常熟理工学院以及乐嘉体育俱乐部等参编学校和单位给予的大力支持。

张惠红

2019 年 10 月

目　　录

上篇　定　向　运　动

- 第一章　定向运动概述 ………………………………………………………… 3
  - 第一节　定向运动的概念、特点与价值 ……………………………… 4
  - 第二节　定向运动的起源与发展 ……………………………………… 10
- 第二章　定向运动基本知识 …………………………………………………… 15
  - 第一节　定向地图 ……………………………………………………… 16
  - 第二节　指北针 ………………………………………………………… 30
  - 第三节　比赛器材与个人装备 ………………………………………… 33
  - 第四节　定向运动安全风险的防范与处理 …………………………… 36
- 第三章　定向运动基本技能 …………………………………………………… 40
  - 第一节　定位与定向 …………………………………………………… 41
  - 第二节　快速行进 ……………………………………………………… 47
  - 第三节　判读地貌 ……………………………………………………… 53
  - 第四节　选择路线 ……………………………………………………… 58
  - 第五节　捕捉检查点 …………………………………………………… 61
  - 第六节　越野跑 ………………………………………………………… 64
- 第四章　定向运动教学指导 …………………………………………………… 67
  - 第一节　教学方案设计 ………………………………………………… 68
  - 第二节　实用教学手段与方法介绍 …………………………………… 71
  - 第三节　组织教学建议 ………………………………………………… 87
- 第五章　定向运动训练指导 …………………………………………………… 91
  - 第一节　训练原则与训练计划的制订 ………………………………… 92
  - 第二节　技能训练 ……………………………………………………… 95
  - 第三节　体能训练 ……………………………………………………… 109
  - 第四节　心理训练 ……………………………………………………… 115
  - 第五节　卫星定位系统辅助工具在定向运动中的应用 ……………… 119
- 第六章　定向运动赛事的组织与实施 ………………………………………… 130
  - 第一节　定向运动赛事的组织 ………………………………………… 131

	第二节	定向运动赛事的实施 ································ 138
	第三节	休闲类定向赛事活动的策划 ························ 148

第七章　定向运动地图的制作 ·· 152
　　第一节　定向运动地图制作概述 ·· 153
　　第二节　定向运动制图软件 OCAD 基本操作 ······················ 156
　　第三节　教学定向地图的制作过程 ···································· 167

下篇　野外生存

第八章　野外生存概述 ·· 185
　　第一节　野外生存的起源与发展 ·· 186
　　第二节　野外生存的内涵与价值 ·· 188

第九章　野外生存基本知识 ·· 190
　　第一节　野外生存基本装备 ·· 191
　　第二节　野外生存的体适能要求 ·· 196
　　第三节　野外生存基本生活条件的获取 ······························ 198
　　第四节　方向辨别与天气预测 ·· 201

第十章　野外生存的基本技能 ·· 204
　　第一节　简单生活用具的制作 ·· 205
　　第二节　基本装备的使用 ··· 215
　　第三节　丛林穿越与攀爬 ··· 226
　　第四节　海上求生 ··· 236
　　第五节　沙漠生存 ··· 246

第十一章　野外生存的安全防范与急救 ······························· 254
　　第一节　野外险情的处理 ··· 255
　　第二节　野外生存的自救与互救 ·· 259
　　第三节　野外生存的应急措施 ·· 267
　　第四节　野外求救信号的发放与接收 ································· 270

第十二章　野外生存教学与组织 ·· 274
　　第一节　野外生存运动教学目标 ·· 275
　　第二节　野外生存的教学内容与方法 ································· 279
　　第三节　野外生存的教学组织 ·· 292
　　第四节　野外生存训练教学案例 ·· 297
　　第五节　海岛野外生存生活训练的教学与评价 ···················· 303

参考文献 …… 317
附录 1　国际定向运动地图图例 …… 318
附录 2　国际短距离定向运动地图图例 …… 319

上编

定向运动

第一章　定向运动概述

本章提要　定向运动是一项健康的智慧型体育运动项目，是智力与体力相结合的运动。它不仅能强健体魄，而且能培养人独立思考、克服困难以及在遇到意外情况下迅速做出决定、果断采取行动的能力。通过本章的学习，将可了解定向运动的概念、特点、锻炼价值、起源、发展等内容。

第一节 定向运动的概念、特点与价值

一、定向运动的概念

定向运动（orienteering）是利用地图和指北针选择道路、寻找目标的体育运动。它按运动形式可分为徒步定向、山地车定向、滑雪定向、轮椅定向4种。

1. 徒步定向（foot orienteering，亦称定向越野）

徒步定向（图1-1-1，图1-1-2）是各种定向运动比赛中组织方法比较简便，开展最为广泛的一种。由于其比赛的成败主要在于个人的识图、用图、野外定向和奔跑能力的强弱，所以适合不同性别、各年龄段的人参加。

图1-1-1　徒步定向

图1-1-2　IOF徒步定向标志

徒步定向运动的形式与比赛方式多种多样。按场地的不同，可以分为野外定向、公园定向、校园定向、大院（为机关）定向和军营定向等；按活动时间的不同，可以分为白天定向、夜间定向、多日定向等；按比赛距离的不同，可以分为短距离赛、标准距离赛、长距离赛等；按运动水平分级，可以设初级组赛、高级组赛、精英组赛；按评定名次方法的不同，可以分为计时赛、积分赛等。

每种比赛可按参赛者的性别、年龄，分为男女少年组、青年组、老年组、男女混合组等组别。每一组别又可分为单人赛、接力赛、团体赛等。

2. 山地车定向（mountain bike orienteering）

山地车定向（图1-1-3，图1-1-4）是集定向运动和山地车运动于一身的体育运动。在这项运动中最重要的定向技巧是路径选择和记图。对于顶级运动员来讲，高超的山地车技巧是应付陡坡的必备条件。

图1-1-3 山地车定向

图1-1-4 山地车定向标志

山地车定向是国际定向运动联合会承认的最年轻的专业项目，从2002年起每隔两年举行一次世界锦标赛。

3. 轮椅定向（trail orienteering）

轮椅定向（图1-1-5，图1-1-6）原来是专为伤残人士特别设计的定向运动形式。现在，它既可以让乘坐轮椅车的伤残人士加入定向运动的行列中来，又可供新手进行定向基本技术的训练。轮椅定向同样也是一种能让所有参与者都饶有兴趣的专项技能比赛。首届轮椅定向世界杯赛于1999年举行。

图1-1-5 轮椅定向

图1-1-6 轮椅定向标志

4. 滑雪定向（ski orienteering）

滑雪定向（图1-1-7，图1-1-8）也是国际定联的正式比赛项目之一，目前在东欧国家十分流行。许多世界高山运动员、越野运动员和速度滑雪选手同时也是滑雪定向的高手。

滑雪定向也可以按个人、团体或接力比赛等形式进行。它与个人徒步定向越野赛的区别是选手需要使用滑雪装具（非机动的）。供比赛用的滑道则需要使用摩托雪橇来开辟。同一比赛路线上的滑道通常不止一条，以便于选手自行选择。

图 1-1-7　滑雪定向　　　　　图 1-1-8　滑雪定向标志

二、定向运动的特点

定向运动的特点是多方面的。就该项运动的自身方式而言，定向运动有其自然属性即自然性方面的特点；就该项运动作为一种社会活动而言，定向运动有其社会属性即社会性方面的特点。

（一）自然性方面的特点

1. 运动性

定向运动与其他体育运动项目一样，是一种身体活动，是以人体运动的方式为主要特征进行的活动。科学的人体运动形式都具有特定的规律、规则与规范。

2. 智能性

定向运动是一项体能与智能相结合的运动。就智能而言，必须要具备地理学、测绘学、军事地形学等相关知识以及运用这些知识的能力。

3. 环境性

定向运动是在森林、山区、公园、风景名胜区等野外环境中进行的，这是它与在体育场馆中进行的各项运动的一个显著的区别。

4. 情趣性

定向运动的环境、活动与比赛的方式、方法，充满情趣和趣味性，可提高人们参与的主动性和积极性。

（二）社会性方面的特点

1. 游戏性

定向运动的游戏性是非常明显的。它从发展初期——瑞典童子军的"寻宝游戏"开始，本身就是一种游戏，直至现代各式各样的定向比赛，仍然带有很大的游戏色彩。

2. 竞技性

定向运动有各种类型的比赛，其竞技性特点十分突出。

进行比赛就要讲规则、争名次、决胜负，其竞争的激烈程度是可想而知的。正是这种竞争的激烈性，刺激着人们对这项运动的向往和追求，并投身到这项运动的训练和比赛中来，乐此不疲。

3. 群众性

定向运动是一项群众性体育项目，男女老幼都能成为这项运动的参与者和爱好者。据国外有关报道，参加定向运动比赛年龄最小者仅 8 岁、最长者 80 岁。由此可见，定向运动是一项大众化的体育项目。

4. 实用性

定向运动的实用性同样十分明显。在瑞典，它最早就是军队的一种训练形式。定向运动不仅可以作为军事训练的一项内容，还可以作为学校体育教学的一项内容，也是现代社会的一项休闲旅游项目。

三、定向运动的价值

定向运动的价值可以分为健身价值、益智价值、育德价值、娱乐价值、社交价值和经济价值 6 个方面。

1. 健身价值

定向运动最突出的价值就是健身价值，它可以强身健体，增强体质。

定向运动是在野外进行的，清新的空气、优美的环境、茂盛的森林、崎岖的道路和复杂的地形，都带给人们新鲜感和神秘感。这种感觉会强烈地刺激人的大脑，从而提高大脑皮质的兴奋性，更有效地调动人体各器官系统（包括运动系统、心血管系统、呼吸系统以及内分泌系统等）的潜能。

经常参加定向运动，身体会变得更加强健，走、跑、跳跃、越过障碍等能力以及耐力、速度、力量、柔韧性和灵敏性等身体素质都将会逐步得到提高，对自然环境的适应能力和对疾病的抵抗能力将得到不断地增强。

2. 益智价值

定向运动也是一种智力的活动，它具有积极的益智价值。

定向运动常常是在未知或陌生的地点（区域）进行的。生疏的环境和完成全部赛程的目标是一对较难解决的矛盾。参加定向运动的活动和比赛时，首先要阅读地形图，读懂地形图上所标示的多种地形、地貌、地物及点标（检查点）的位置，并借助指北针精确辨别和判定方向，合理选择到达点标的最佳路线，然后还必须按顺序将隐蔽的点标逐个找到，这就应具备必要的知识和技能。

在定向运动的活动和比赛中，知识和技能掌握得越好，分析、判断、应变能力越强，就越容易成为活动和比赛的强者。相反，如果在知识和技能方面存在薄弱环节，或者在分析、判断、应变方面显得迟缓，就会遇到许多麻烦，甚至失败。

通过定向运动的学习、锻炼和比赛，可以使人们增长相关学科，如地理学、测绘学、军事地形学、植物学等的基本知识和在实践中应用这些知识的能力，学会在运动中使用指北针的技能，发展思维能力，培养快速应变能力。

此外，定向运动还能作为大脑工作的"调节剂"。大学生日常用脑的时间较长，极易造成大脑皮质思维中枢的疲劳。利用节假日到野外参加定向运动，有利于消除大脑皮质思维中枢的疲劳，可以使头脑清醒、思维敏捷，提高学习效率。

3. 育德价值

所谓育德，也就是培养道德意志品质。定向运动由于在环境、条件和比赛方法上的特殊性，在培养道德品质方面，更具有其独特的作用。

任何比赛，都必须要有严格的比赛规程和规则，这对每一个人都是公平的。参加定向比赛时，参加者判定的方向和选择的行进路线以及对每一个点标的寻找，都来不得半点的虚假和丝毫的投机取巧，成功与失败之间可谓泾渭分明。因此，只有发扬坚定、细致和诚实等精神才能完成任务并夺取胜利。当遇到困难时，有时甚至是在十分艰难的情况下，就要以十倍的信心和百倍的勇气千方百计地去克服。当体力不支，感到难以支撑下去时，所能选择的唯一出路是咬紧牙关、坚定信念，不断地鼓励自己，使出全身的力量，顽强地拼搏，发扬不达到目的决不罢休的精神，只有坚持，才能到达胜利的彼岸。发扬团队精神和集体力量，尊重同伴，相互鼓励、支持和帮助，团结协同作战等同样是不可缺少的精神和风格。除此之外，定向运动还能培养在陌生环境下的竞争意识、适应能力以及对事业的进取心、坚忍不拔的毅力、决不放弃和永不言败的精神。

4. 娱乐价值

娱乐价值也可以称为休闲娱乐价值。定向运动能给人带来无限的快乐。

置身于山区、森林、公园、风景名胜等野外环境中，人们首先获得的是一种回归大自然的感觉，会顿觉开朗、赏心悦目、心旷神怡。那起伏的山峦丘陵、成荫的绿树、茵茵的芳草、潺潺的流水……如同一幅美丽的画卷；那鸟语、蝉鸣、呼啸松涛，仿佛是曲曲动人的自然交响乐；土地发出的芳香，让人陶醉；那带着芳香的清新空气，正是无价的大氧吧。这一切，怎能让人不向往？

定向运动的竞赛性、游戏性、情趣性和神秘性，能给人带来愉悦身心的良好效果。当人们在开始活动和比赛的那一刻，身心会进入一种赛前状态，即心跳加速、血压升高、呼吸加深、体温上升，心理处于渴望、紧张、激奋的状态；在行进中，当参与者能精确断定方向、正确选择道路、顺利找到点标时，内心会感到一种成功的喜悦；当处于极度困难，但通过自己的努力和智慧，终于找到那设在无论如何也无法想象的地方的点标时，那种激动和喜悦的心情是极其美妙的，将体会到自信和激励；当通过全身心的努力，把体能、智能、心理能力全部发挥出来，克服重重困难，最后到达终点，并取得胜利时，那种成功、激动、惊喜和满足的感觉，是无法用语言来表达的。

总之，定向运动的娱乐价值是显著的，它可以愉悦人们的身心，丰富社会文化生活，建立健康、欢乐、文明的生活方式。

5. 社交价值

体育比赛既是一种对抗，又是一种交流和交往。人们常说，场上是对手，场下是朋友。定向运动的比赛同样可以发挥交流、交往的积极作用。

体育比赛中的胜负、得失、成败是暂时的，但友谊是永恒的、无价的。比赛不仅能进行技艺的交流，还能进行情感的交流。诚恳、谦虚、友好，是体育比赛中促进相互了解、增进双方友谊的基础。在赛场、在场外、在宾馆、在往返的交通车上，都可以通过切磋技艺、交流经验、互赠纪念品、合影留念等方式达到增进友谊、结识朋友的目的。

参加定向比赛，能接触不同的人群，如观众、裁判员、组织者、志愿者、服务人员、司机以及媒体记者等；在国际比赛中，还能与来自各个国家和地区、不同肤色、不同宗教信仰的运动员在一起，因而社交的面是非常广泛的。通过与各类人群、各色人种的交往，可以积累丰富的社交知识和经验，提高社交能力。

6. 经济价值

定向运动的广泛开展，必然会带动与该项运动相关的产业和服务业的发展，它所带来的经济效益是不可小视的。

定向运动的经济价值体现在：定向运动装备产品的生产与销售；定向运动场地的建设、市场开发与运作；定向运动俱乐部的建设与市场运作；定向运动带动旅游服务业（含交通、宾馆、餐饮、纪念品等）的经营和发展；定向运动对新闻出版行业的促进与推动；定向运动对赞助商和广告业的吸引力；吸纳一定数量的劳动者，为失业下岗人员提供就业机会。

目前我国的定向运动仍处于推广和发展的阶段，其经济价值还未得到充分挖掘和发挥。随着我国经济的快速、健康、持续发展和社会不断进步，定向运动将会得到进一步的推广与普及，其经济价值也会随之显现出来。

第二节 定向运动的起源与发展

一、定向运动的起源

定向运动起源于瑞典。"定向"一词最早出现在1886年,意思是在地图和指北针的帮助下,穿越未知的地带。

地处北欧斯堪的纳维亚半岛的瑞典,国土崎岖不平,覆盖着一望无际的森林,散布着无数的湖泊、城镇和村庄,人们主要通过隐现在林中、湖畔的小径来往于各地。因而,人们必须具备精确辨别方向的能力,否则将会迷失方向。这样,地图和指北针就成为人们行走和生活的必需品。生活在半岛上的居民、军队便成了定向运动的先驱。

最初的定向运动只是一项军事活动,军人们把在山里辨别方向、选择道路和越野行进作为军事训练的内容。后来,在瑞典和挪威的军营中,军人利用军用地图先后进行了最初的定向运动比赛。

1897年10月31日,挪威组织了第一次面向民众的比赛,当时的参赛者仅有8人。

定向运动从军营走向社会始于20世纪初。瑞典的一位童子军领袖吉兰特(Ernst Killander)于1918年组织了一次名为"寻宝游戏"的活动,给定向运动赋予了游戏的特性,极大激发了人们对定向运动的兴趣。从此,该项活动在北欧广泛开展起来。1919年3月25日,一次影响深远的定向比赛在斯德哥尔摩南部纳卡的林中举行(图1-2-1),当时的参赛人数达217人。这场比赛的组织模式与规格,标志着定向运动作为一项独立的体育项目的诞生。时任瑞典斯德哥尔摩体育联合会主席的吉兰特便被人们视作"定向运动之父"(图1-2-2)。

图1-2-1 在瑞典举行定向比赛场景

图1-2-2 "定向运动之父"吉兰特

二、定向运动的发展

到了 20 世纪 30 年代，定向运动已在瑞典、挪威、芬兰和丹麦等国有了较好的发展。1932 年，举行了第一次世界定向锦标赛。

1943 年，驻扎在英格兰的挪威反抗军将定向运动介绍给了英国。1946 年，美国童子军引进了定向运动。在随后的 20 年间，加拿大、澳大利亚、法国、德国、日本等国都相继引进了这项运动。从此，定向运动在西方国家得到了蓬勃的发展。

1961 年 5 月，国际定向运动联合会（IOF）在丹麦首都哥本哈根成立。在成立会上确定了正式的比赛项目，制定了一系列的比赛规则与技术规范。国际定联的成立，标志着定向运动进入了崭新的发展时期。如今，国际定联正在为争取将定向运动纳入奥运会的正式比赛项目而努力。

现在，每两年一次的世界定向锦标赛越来越成熟，影响也越来越大。国际军体理事会已将定向运动列为正式比赛项目。定向比赛也是国际大学生体育联合会的一个正式比赛项目。

目前，在世界五大洲的 60 多个国家和地区中，有 400 多万名定向运动爱好者。在西方，各地都有专门划出的用于定向运动的区域，各种关于定向运动的书籍、音像制品也层出不穷。有不少国家甚至将定向运动列入学校课程之中。据称，在北欧热爱定向运动的人数已经超过了当地的足球爱好者。仅瑞典 800 多万人口中，定向运动爱好者就高达 150 万人，全国有 700 多个定向运动俱乐部，每年组织 1 000 多场定向运动比赛，每次参赛人数都是成千上万，最多时达到 4 万多人。瑞典国王是最权威的支持者，众多政界要人、商业巨头、媒体名人都成为了定向运动的积极参与者。所有瑞典学校的学生和军人都必须学习定向运动，并将它列为一门必修课程。定向运动已成为许多瑞典人的一种生活方式。

在中国的国土上最早引进定向运动的地区是香港。1979 年 3 月，香港的定向运动爱好者在各界人士的支持下成立了"香港野外定向会（HKOC）"。

在我国内地，定向运动按国际标准正式作为一项体育活动和比赛项目开展是在 1983 年。在此之前，20 世纪 70 年代末，我国内地的体育报刊上刊登了一些介绍国际定向运动的文章。定向运动特有的重要锻炼价值和实用意义逐渐引起了国内体育和军事部门的注意，中国人民解放军把定向运动列为军队常规训练科目之一。1983 年 3 月 10 日，解放军体育学院首次在广州白云山组织了一次定向越野实验比赛。此后，其他一些军事院校也相继举办了定向比赛。同年 7 月，北京市测绘学会在举办青少年夏令营时，组织 100 多名 15~17 岁的中学生在密云举行了一次定向越野比赛，受到了营员们的欢迎，激发了大家对定向运动的极大兴趣。

进入 20 世纪 80 年代中期，我国开展的各类定向比赛有所增加。1985 年 9 月 29 日，深圳市体委在解放军体育学院的协助下，与香港野外定向会共同举办了首届"深港杯野外定向 85 比赛"。1986 年是国际定联（IOF）成立 25 周年，在这一年的 1 月 1 日至 5 日，"亚洲及太平洋地区定向越野锦标赛"在香港举行。同年元旦，中国人民解放军长沙地区军队院校协作区在广州组织了"首届定向越野比赛"。同年 1 月 7 日，深圳市体委与香港野外定向会在深圳岗夏地区联合举办了"深圳国际野外定向 86 友谊赛"，来自亚洲、欧洲、拉丁美洲、大洋洲等地区的近 20 个国家和地区派出代表队参加，我国的香港、深圳、广州、长沙、桂林等城市派队参加了这次国际友谊赛，并取得了令人满意的成绩。1994 年 9 月，国家体委、国家教委、总参军训部、国家测绘局共同主办了首届"全国定向运动锦标赛"（北京），这是我国举办的第一次全国性正式比赛，并决定以后每年举行一次。这一系列的比赛，扩大了定向运动的社会影响，培养了一批骨干力量，积累了相应的组织活动与比赛经验，为我国进一步推广和发展定向运动打下了良好的基础。经国家民政部和国家体育总局批准，中国定向运动协会于 2004 年 11 月 10 日在北京宣布成立。这标志着定向运动在中国的发展进入了一个成熟阶段。

在大中学校中推广定向越野活动，是极具战略意义的决策。1995 年 8 月，国家教委举办了首届"全国大学生定向越野比赛"，至今这一赛事均定期举行，并逐步形成了制度。同年，首届"高校国防体育节"在吉林举行，参加体育节定向越野比赛的学校达 60 多所，运动员 400 多名。现在，定向运动作为体育课程的拓展内容，已逐步进入大、中、小学的体育课堂（图 1-2-3）。在我国的沿海地区，许多大中学校成立了定向运动队、定向运动俱乐部，吸引了一大批青少年学生参加；培养师资的体育院（校）、系已将定向运动作为新

图 1-2-3　学校开展定向越野活动

增设的课程向学生推广；各地区各种形式的定向运动比赛、定向运动夏令营、定向运动骨干培训班等活动非常活跃；广大体育教师开始涉足定向运动科学研究的新领域，并发表出版了一批具有相当指导价值与实际意义的科研论文和学术著作。

三、主要国际组织与赛事

（一）主要国际组织

国际定向运动联合会（International Orienteering Federation），简称国际定联（IOF），1961年5月在丹麦首都哥本哈根成立，当时只有10个国家的组织为正式会员。截至2018年年底，其会员已发展到包括中国在内的75个国家与地区。

1977年，国际定联获得了国际奥委会承认。

国际定联还是"国际世界运动会协会（International World Games Association，IWGA）""国际单项体育联合总会（General Association of International Sports Federations，GAISF）"的成员。2001年，定向运动成为"世界运动会（The World Games）"的正式比赛项目。

（二）主要赛事

国际定向运动联合会主办及正式认可的比赛有：

（1）世界定向锦标赛（WOC）：始于1966年，每两年举办一次。

（2）世界青少年定向锦标赛（WJOC）：始于1990年，每年举办一次，参赛选手为20岁以下的青少年。

（3）世界元老锦标赛（WMOC）：始于1998年，每年举行一次，35岁以上的选手可以参加。该赛事在我国被称为"世界大师锦标赛"。

（4）世界杯赛（WC）：始于1983年，每两年举行一次，是允许以个人形式参加的国际赛事。

（5）世界公园定向锦标赛联赛，或称世界公园定向巡回赛（PWT）：每年在世界若干国家和地区的公园巡回举行的职业精英赛，只有世界排名前25名的男女运动员才有资格参赛。设总奖金和总排名。

其他重要国际比赛有：

（1）瑞典5日赛（O-Ringer）：世界上规模最大的定向比赛，每年7月在瑞典举行，有40多个国家与地区参赛，参赛运动员众多。

（2）芬兰24小时接力赛（Jukola）：世界上规模最大的定向接力赛，设有男子组（7棒）和女子组（4棒），参赛队有2 000多支，每年6月在芬兰白夜地区24小时持续举行。

（3）瑞典10公里夜间定向接力赛（Tio-Mila）：世界上最刺激的夜间定向接力赛，在瑞典举行。

（4）瑞士6日赛（Swiss 6-Days）：每两年在瑞士举行。

（5）苏格兰6日赛（Scottish 6-Days）：每两年在苏格兰举行。

（6）瑞典混合接力赛（25-Manna）：世界上规模最大的混合定向接力赛，每年的10月在瑞典举行。

国内重要的定向赛事有：

（1）全国定向锦标赛：始于1994年，每年举办一次，是国内级别最高的定向运动比赛。

（2）全国定向冠军赛：始于2004年，每年举办一次，是国内定向运动水平最高的比赛，对运动员参赛资格有着严格的要求。只有当年的国家集训队队员、全国定向锦标赛前10名、省锦标赛第一名以及前一年中国定向公开赛总积分靠前的运动员才有资格报名参赛。

（3）全国青少年定向锦标赛：是目前全国青少年定向运动最高级别的比赛。每年在暑期进行为期5~7天的赛程，参赛年龄为10~18岁。

（4）中国定向公开赛：比赛采用分站赛形式，参赛运动员通过每个分站比赛获得积分，每年依据累计总积分进行年度排名。比赛结合了举办地的文化、旅游等资源，是兼具竞技性与参与性的体育旅游赛事。

（5）"寻找美丽中华"全国旅游城市定向系列赛：比赛以推动"体育+旅游"为主旨，是一项将旅游资源、城市建设与体育运动有机结合的大型群众性体育赛事。

（6）全国学生定向锦标赛：由中国大学生体育协会定向分会执行主办，是针对全国大、中学生举行的定向运动比赛。

课后练习与思考

1. 从定向运动的起源与发展，谈谈你对定向运动的理解。
2. 简述定向运动对学生身心健康的作用。

第二章 定向运动基本知识

本章提要　当你参与到定向运动这项活动中，准备穿越险峻山地、森林沼泽、公园沙丘时，必须具备一些基本的定向运动知识。比如，如何阅读定向地图，如何使用指北针，需要哪些装备，如何进行风险防范等。本章将就定向地图的知识、指北针的使用、比赛器材、个人装备以及定向运动安全风险的防范与处理等知识逐一进行介绍。

第一节 定向地图

地图一般分成普通地图和专题地图两大类。普通地图是以相对均衡的详细程度表示制图区域内各种自然和社会经济现象的地图，包括平面图、地形图和地理图3种。专题地图以普通地图为基础，只对专题内容详尽表示，而对其他地理信息则简化或选择相关的内容予以表示。定向地图是专题地图的一种。

对读图和选择路线有影响的因素定向地图都要表示出来，如地貌、地表状况、可奔跑性、水系、建筑群与独立房屋、道路网、其他线状地物以及对判定方向与确定点位有用的地物等。图2-1-1是一张标准的定向地图，图上标有

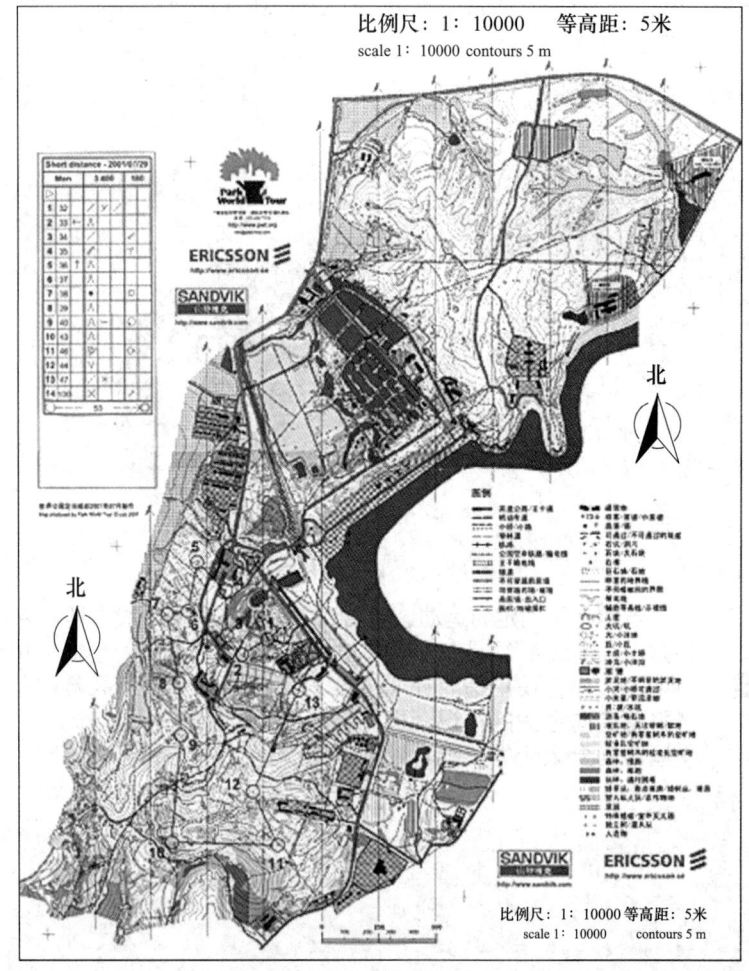

图 2-1-1　定向地图示例

比例尺、等高距、磁北线、各种地物、地貌符号、图例说明和检查点符号说明等内容。

一、定向地图上的比例尺

1. 比例尺的概念

定向地图中的比例尺是指地图上某一线段的长度与相应实地的水平距离之比，实际上就是指地表现象的缩小程度。其算术表达式为：

$$地图比例尺 = 图上距离/实地距离 = 1/L$$

其中，L 为地图上单位长度所代表的实地水平距离。由此可见：比例尺分式中的分母越小，地图比例尺就越大，地图上描绘的内容就越详尽；分母越大，地图上比例尺就越小，地图上描绘的内容就越简略。

比例尺越大，图上量测的精度就越高；比例尺越小，图上量测的精度就越低，如图 2-1-2 所示。

比例尺 1∶50 000

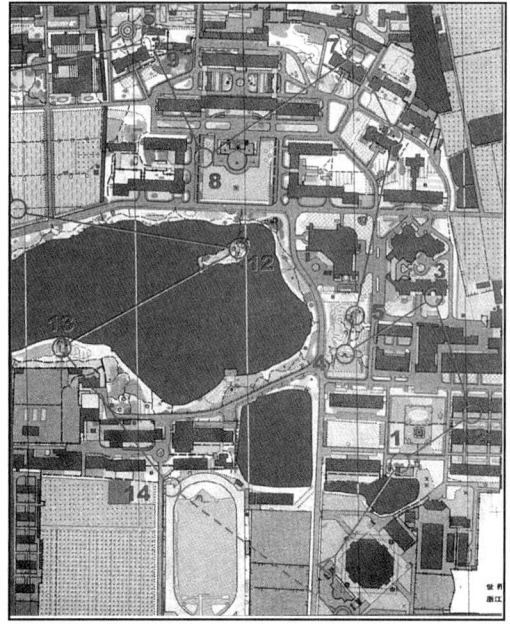

比例尺 1∶10 000

图 2-1-2　不同比例尺表示的地图内容精度的对比

2. 比例尺的表示形式

在地图上表示的比例尺一般有数字式、文字式和图解式三种形式。

（1）数字式：用阿拉伯数字表示，如 1∶10 000 或 1/10 000。

（2）文字式：用文字注解的方式表示，如"万分之一"。

（3）图解式：用图形加注记的形式表示，如图形上的直线比例尺（图2-1-3）。

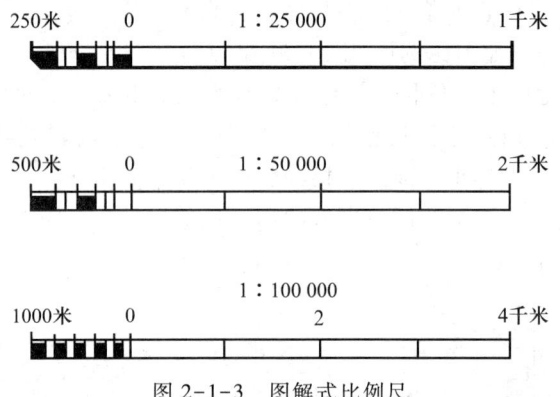

图 2-1-3　图解式比例尺

定向运动地图上的比例尺，一般用数字式表示；个别地图用数字式表示，并绘有图解式比例尺。

3. 数字比例尺的换算

以比例尺 1∶10 000 为例。比例尺 1∶10 000 是指陆地的实际面积是地图上对应部分的 10 000 倍。比例尺 1∶10 000 说明地图上的 1 毫米相当于实际地形的 10 000 毫米（10 米）。

4. 比例尺在定向越野中的作用

量算实地距离是比例尺在定向越野中的主要作用（有关这方面的技能将在下一章中重点阐述）。通过比例尺还可以了解到地图的精确程度。正如上面所说的：地图比例尺越大，地图上描绘的内容就越详尽，精度就越高；地图上比例尺越小，地图上描绘的内容就越简略，精度就越低。这一特点，在从事这项运动时要牢牢记住，它将对阅读地图、利用地图有很大的帮助。

二、定向地图上的地物符号

地面上的各种地物是用形状不同、大小不一、色彩有别的符号表示的。它们不仅具有确定客观事物的空间位置、分布特点以及数量、质量特征的基本功能，还具有相互联系和共同表达地理环境诸要素总体特征的特殊功能。

1. 符号的分类（按符号所代表的事物情况来分）

（1）面状符号：地面事物呈面状分布，当实际面积较大，按地图比例尺缩小后，仍能表示出其分布范围时，用面状符号表示（图2-1-4），如大的湖泊、大片森林、沼泽等。这种符号能表示事物的分布位置、形状和大小。一般又把这种符号称为依比例符号。

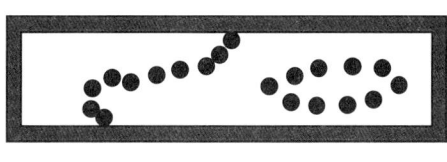

图2-1-4　面状符号示例

（2）线状符号：地面上呈带状或线状延伸的事物，按地图比例尺缩小后，长度可依比例表示，宽度不能依比例表示时，在图上用线状符号表示（图2-1-5），如道路、输电线、河流等。由于这种符号仅能表示事物的分布位置、长度和形状，但不能表示其宽度，所以一般又把这种符号称为半依比例符号。

（3）点状符号：客观事物在地面上所占的面积较小，在图上不能按比例尺表示其分布范围时，则用点状符号表示（图2-1-6），如表示居民点的房屋、

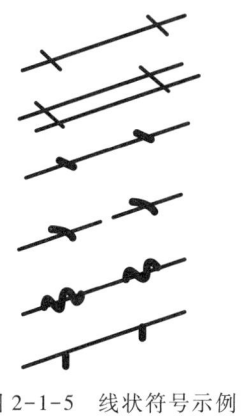
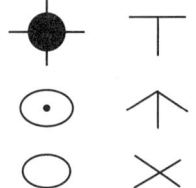

图2-1-5　线状符号示例　　　　图2-1-6　点状符号示例

小塔形建筑、石块、小树等。由于它只能表示分布位置,不能表示事物的形状和大小,所以一般又称这种符号为不依比例符号。

2. 符号的构成要素

(1) 符号的图形:主要用于表示地理事物性质上的差别。面状符号的图形与事物的实际形状相似;线状符号的图形为不同形式的线划,如双线、单线、实线、虚线和点线等。个体符号的图形多为简单的几何图形或象形图形。

符号图形具有图案化和系统化的特点。

所谓图案化,就是符号图形有些类似于事物本身的形状,如图2-1-7所示。图案化的图形既形象又简单、规则,因而便于根据符号图形联想实际事物的形态。

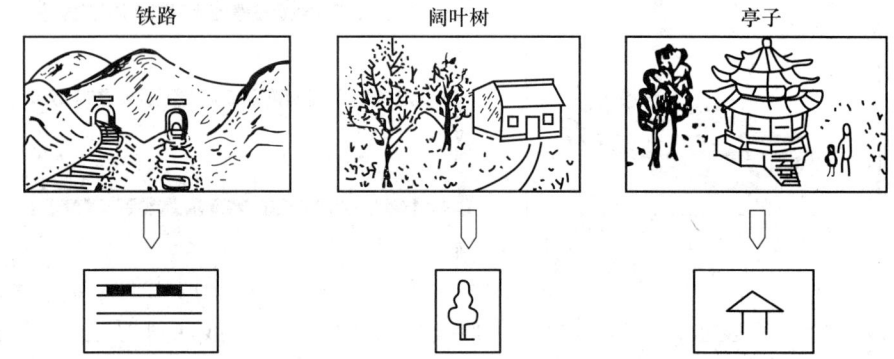

图2-1-7 符号图形图案化示意图

符号图形系统化,是指各种符号图形具有内在的联系,通过图形的变化,可以把事物的量和质等特征表现出来。符号图形系统化表现为同类事物符号图形相类似。例如,道路一般分为铁路、公路及其他道路,分别以黑白相间的双线、普通双线及单线、虚线、点线等表示其差异(图2-1-8)。

系统	陆上交通线		
亚统	铁路	公路	其他道路
按主次区分	常轨 ▭▬▭▬ 窄轨 ▫▬▫▬	双线 ═══ 单线 ───	公路 ─── 简易公路 ─── 	大车路 ─── 乡村路 ----- 小路 ------ 时令路 ....

图2-1-8 道路符号系统

（2）符号的大小：主要反映事物的重要程度及数量差异。一般说来，表示重要的、数量多的事物的符号大些；反之，则符号小些。

为了完整而详细地表示出地形，同时又能保证定向图清晰易读，国际定联规定了定向图符号的最小尺寸以及当它们相互靠近时的关系处理原则与最小间隔。

符号的大小、线条的粗细、符号间最小距离的规定，都是以日光条件下的正常视力和当今的印刷技术水平为依据制定的。

（3）符号的颜色：主要表示事物的质量差异、数量差异和区分事物的重要程度。一般用不同颜色表示质量的差异，如用蓝色表示水系，用绿色表示植物；用同一（或相邻）颜色的深浅表示数量变化，如用深浅不同的绿色表示森林，颜色越深，则表示森林越密，越不易通过。图2-1-9为定向地图常用的颜色。

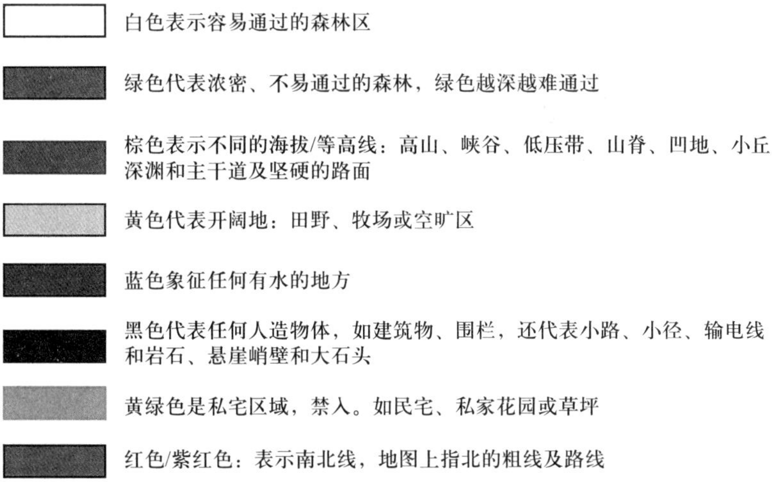

　　白色表示容易通过的森林区

　　绿色代表浓密、不易通过的森林，绿色越深越难通过

　　棕色表示不同的海拔/等高线：高山、峡谷、低压带、山脊、凹地、小丘、深渊和主干道及坚硬的路面

　　黄色代表开阔地：田野、牧场或空旷区

　　蓝色象征任何有水的地方

　　黑色代表任何人造物体，如建筑物、围栏，还代表小路、小径、输电线和岩石、悬崖峭壁和大石头

　　黄绿色是私宅区域，禁入。如民宅、私家花园或草坪

　　红色/紫红色：表示南北线，地图上指北的粗线及路线

图2-1-9　定向地图常用的颜色

定向地图常用的颜色彩图

三、定向地图上的地貌符号

定向地图是利用等高线来表示山的形态及起伏状态的。利用等高线，不仅可以了解地面上各处的高差、地势起伏的特征，还可以根据地图上等高线的密度和图像分析地貌特征，如山脉的走向、斜坡的坡度和方向，了解哪里是山脊，哪里是谷坑、凹地等，而且还可以进行高程、面积、坡度等的计算。

能够熟练地应用等高线图形理解地貌是从事定向运动的基础。在地物稀少的地方及森林中，地貌就是主要的甚至是唯一的行进参照物。根据许多有经验的运动员的体会，在定向运动的激烈竞争中，只有地貌才是最经常、最稳定、最可靠的向导。下面向大家介绍有关用等高线显示地貌的原理和相关知识。

1. 等高线显示地貌的原理

等高线是地面上高程相等的点所连成的闭合曲线。按"平截法"，假设把一座山，从底到顶，按相同的高度，用一层一层的水平面横截，则山的表面与水平面相交得到一组曲线，再将这组曲线垂直投影到地平面上，得到一圈一圈的曲线图形。因为每条线上各点的高度恒等，所以把这些曲线叫作等高线。按另一种"淹迹法"，假设淹没小山的海水按一定的间隔的高度间歇地退落，在每次间歇期内海浪击蚀山体都留下一圈闭合的水涯线痕迹，水迹线上各点的高程相等，则此线即为实地可见的等高线。这一层层闭合的水迹线正射投影到海平面上所得到的一组闭合曲线即为图面上的等高线，如图 2-1-10 所示。

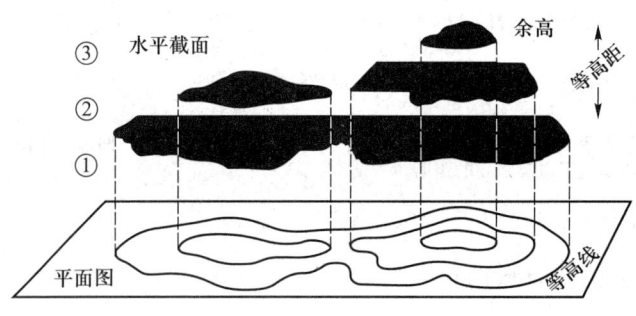

图 2-1-10　等高线

2. 等高线显示地貌的特点

（1）地图上的每条等高线都是实地等高线的水平投影，它既描绘出地貌的水平轮廓，也表示出地貌的起伏。

（2）等高线是闭合的曲线，同一条等高线上的任何点的高度都相等。

（3）同一地图上，等高线多，山高；等高线少，山低。

（4）同一地图上，等高线间隔大，坡缓；等高线间隔小，坡陡。

（5）图上等高线的弯曲形状与相应的实地地貌相似。

3. 示坡线

示坡线是指顺着下坡方向绘制并与等高线垂直相交的小短线，如图 2-1-11 所示。它通常绘在等高线特征最明显的弯曲处，如山顶、鞍部或凹地底部。示坡线可以帮助读图者了解山的起伏，即哪里是上坡，哪里是下坡。一般，顺着示坡线的方向为下坡，逆着示坡线的方向为上坡。

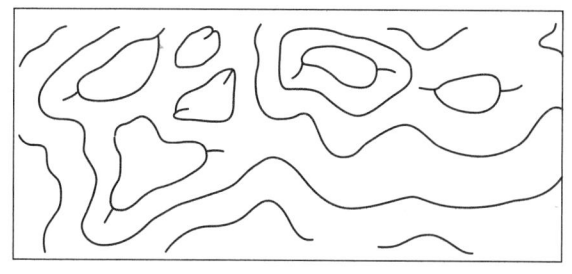

图 2-1-11　示坡线

4. 等高距

等高距是各相邻等高线的高程差，常用 h 表示，它的大小在很大程度上决定了地貌表示的详略。同一地形，等高距越小，则等高线越密，地貌显示就越详尽；相反，等高距越大，则等高线越稀，地貌显示就越简略。国际定联规定：定向越野地图的标准比例尺为 1∶15 000，等高距 5 米；在大面积的平缓地形，其他地物不多的情况下，也可以采用 2.5 米的等高距，如图 2-1-12 所示。

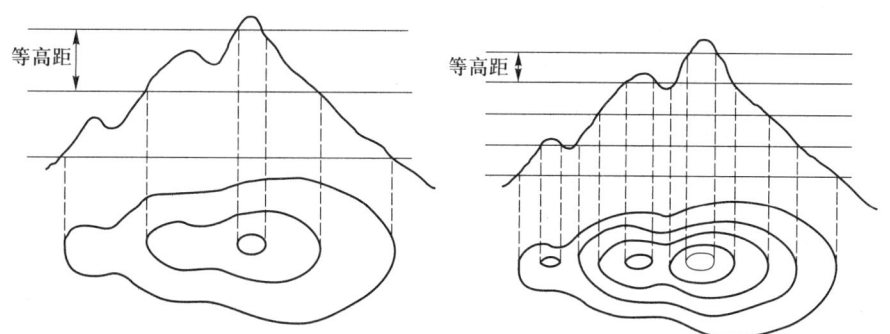

图 2-1-12　不同等高距对地貌显示的影响

四、定向地图方位与磁方位角

定向地图的方位是上北下南、左西右东。图上绘有的若干条相等距离的、平行的、北端带有箭头的红色线条，这就是磁北方向线。磁北线所指的方向是地图的北方，可以利用这条线确定地图的方位、标定地图、量测磁方位角、估算距离等。

磁方位角也是定向越野中的一个重要参数，这一参数对确定方位有很大的帮助。什么是磁方位角呢？

在应用地图的过程中，往往需要从图上判断两点的相对位置。如果仅有两点之间的水平距离，而没有方位关系，显然无法确定两点的相对位置。而要确定两点之间的方位关系则必须规定起始方向，然后求出两点间的连线与起始方向之间的夹角，以此确定两点的相对位置。这就需要用方位角来表示，它是指从起始方向北端算起，顺时针转至目标方向线间的水平角（图2-1-13），角值变化范围为0°~360°。起始方向为真子午线，其方位角称为真方位角；起始方向为磁子午线，则其方位角称为磁方位角。定向地图中都以磁北为起始方向，故所用的方位角均为磁方位角。

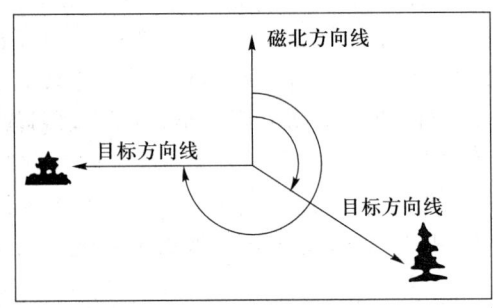

图2-1-13　磁方位角

五、定向地图上的图例注记

定向地图上的图例注记除了上面介绍的比例尺注记、等高距注记，还有图例说明、检查点说明以及图名和出版单位说明等。

图例说明可以帮助我们理解地图所表示的具体事物，它采用了国际通用的语言符号。根据《国际定向制图规范》（ISOM 2017），定向地图上的语言符号可分为地貌、岩石与石块、水系与淤泥地、植被、人工地物、技术符号和线路符号7个类别。

在定向地图的一侧，还可以看到一个以符号表形式出现的《检查点说明》（图2-1-14）。它是根据国际定联发布的"明确指示的检查点特征物、检查点与该特征物之间的相对位置关系"的符号和文字说明《检查点说明》（control descriptions）设计的，用以说明检查点所在位置的地貌和地物特征。在比赛中，依据地图和检查点说明，可以帮助我们迅速找到检查点。

一条完整线路的检查点说明符号表由表头、表体和表尾三部分组成。

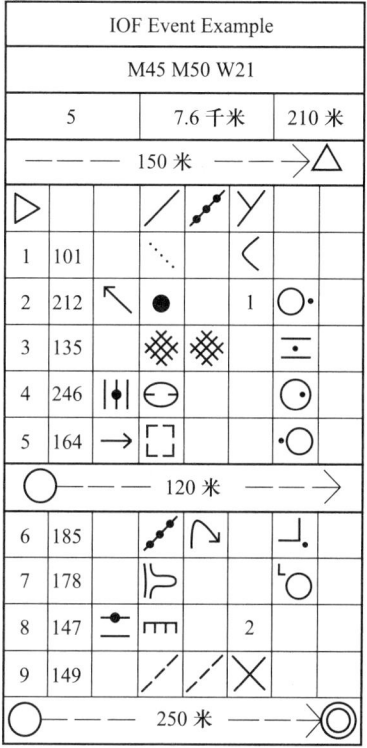

图 2-1-14　检查点说明符号表

1. 表头（2-1-15）

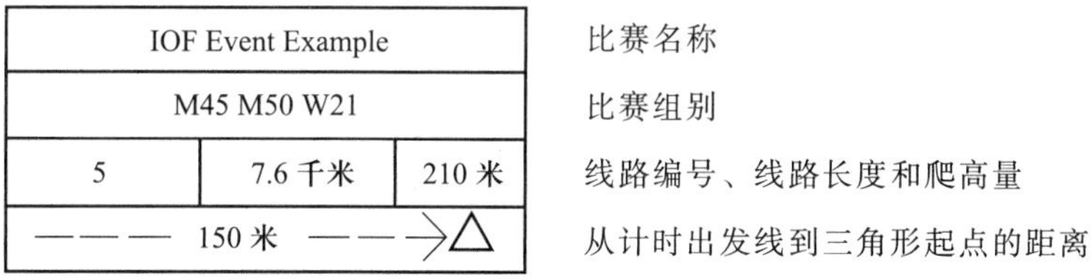

IOF Event Example			比赛名称
M45 M50 W21			比赛组别
5	7.6 千米	210 米	线路编号、线路长度和爬高量
—— 150 米 ——→△			从计时出发线到三角形起点的距离

图 2-1-15　表头

2. 表体（图 2-1-16）

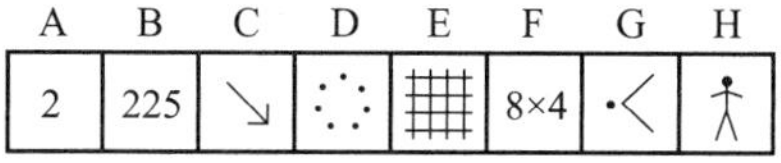

A	B	C	D	E	F	G	H
2	225	↘	∴	▦	8×4	‹	人

图 2-1-16　表体

A 栏：检查点序号（按比赛线路顺序）

B 栏：检查点代号

C 栏：检查点所在地物（地貌）方位

D 栏：检查点所在地物（地貌）的名称

E 栏：检查点所在地物（地貌）的外观特征

F 栏：检查点所在地物（地貌）的大小

G 栏：检查点与地物（地貌）的相对位置

H 栏：其他说明

3. 表尾（图 2-1-17）

60 米
400 米
150 米
380 米

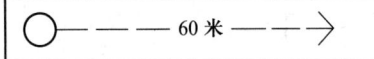

离开检查点后，必须沿引导路线行进 60 米

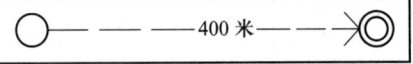

最后一个检查点到终点距离为 400 米，有引导路线

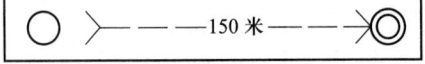

最后一个检查点到终点距离为 150 米，终点设有漏斗形通道指引

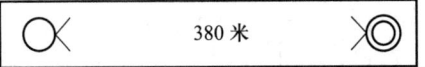

最后一个检查点到终点距离为 380 米，没有引导路线

图 2-1-17　表尾

4. 表体中 C 栏至 H 栏内容释义

C 栏：检查点所在地物（地貌）方位（图 2-1-18）

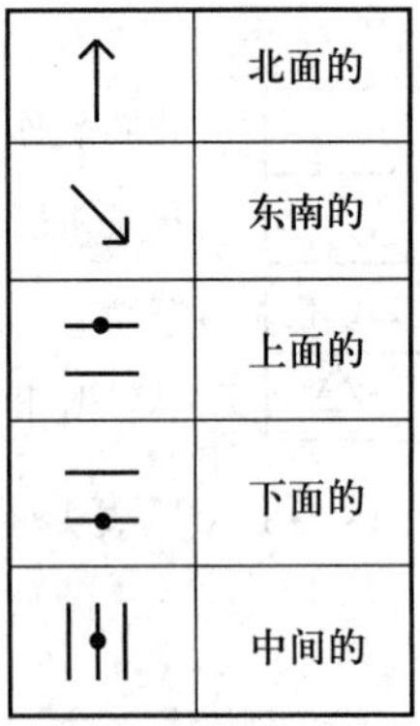

北面的
东南的
上面的
下面的
中间的

图 2-1-18　方位

D 栏：检查点所在地物（地貌）的名称（图 2-1-19 至图 2-1-23）

E 栏：检查点所在地物的外观特征（图 2-1-24）

F 栏：检查点所在地物大小、组合和转弯符号（图 2-1-25 至图 2-1-27）

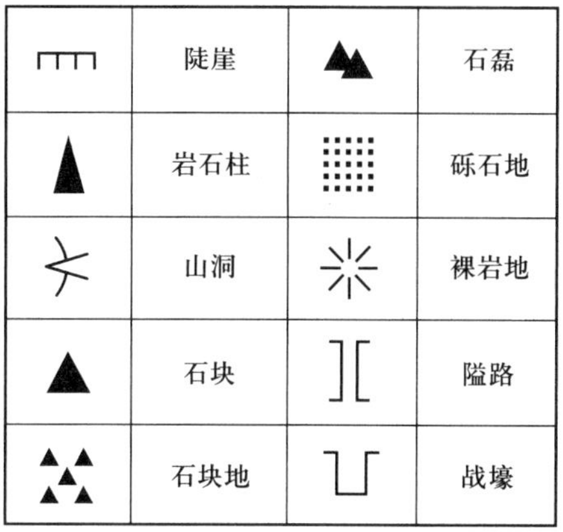

ᴘᴘ	陡崖	▲▲	石磊
▲	岩石柱	⋮⋮⋮	砾石地
⋋	山洞	✳	裸岩地
▲▲	石块	][	隘路
▲▲▲	石块地	⊔	战壕

图 2-1-19 岩石与石块

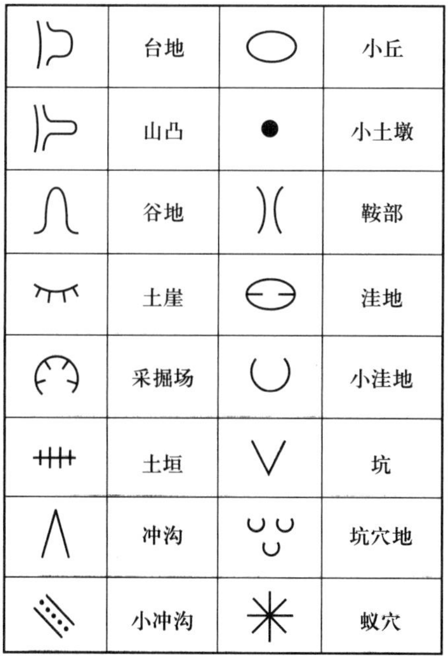

⌐⌐	台地	◯	小丘
⌐⌐	山凸	●	小土墩
⌒	谷地	)(	鞍部
⌢⌢	土崖	⊖	洼地
⌒	采掘场	⌣	小洼地
┼┼┼	土垣	∨	坑
∧	冲沟	⌣⌣	坑穴地
⋰⋰	小冲沟	✳	蚁穴

图 2-1-20 地貌

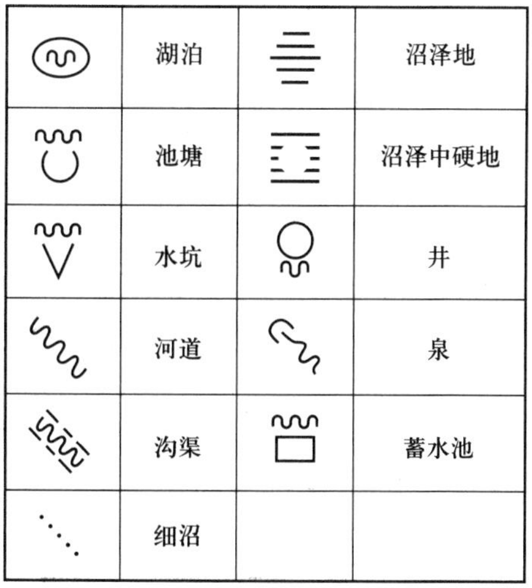

◯	湖泊	≡	沼泽地
◡	池塘	⊡	沼泽中硬地
∿	水坑	◯	井
∿	河道	∽	泉
∿∿	沟渠	⌒	蓄水池
⋯	细沼		

图 2-1-21 水系

◇	开阔地	⋯	线状树丛	
⋯	半开阔地	⋯	植被边界	
⌐	树林拐角	⋀	小片树林	
⋯	林中空地	△	突出树	
※	丛林	⊗	树桩	

×	特殊地物
○	特殊地物

图 2-1-22　植被与特殊地物

╱	公路	⋈	隧道	⌐⌐	废墟	△	碳灰堆
╱	小路	⋯	墙、垣	↗	管道	⋀	纪念碑、雕像
⋯	林道	⋯	围栏	⊤	塔	⊓	廊、棚
⋈	桥	⊢⊣	通过点	⌐	狩猎台	⌐	阶梯
⋈	输电线	■	建筑物	⊙	界碑	☆	禁区边界
⊗	电线塔	▨	铺筑地	↑	饲料架		

图 2-1-23　人工地物

⌢	低的	≡	沼泽的
⌣	浅的	▨	沙质的
∪	深的	⋀	针叶的
⋕	丛生的	❀	阔叶的
⋯	空旷的	⌐	毁坏的
▲	石质的		

图 2-1-24　外观特征

2.5	高度或深度
8×4	尺寸
0.5/3	特征物在斜坡上的高度
2/3	两个特征物的高度

图 2-1-25　地物大小

	交叉
	交汇
	转弯

图 2-1-26　组合和转弯

D	E	F	
/	/	×	小路交叉
 ⋮	～	×	林道与河道交叉
/	/	Y	大路交汇
～	⋮	Y	河道与小沼泽地交汇
⫽	■	Y	围栏与建筑物交汇

图 2-1-27　示例

G栏：检查点位置（图 2-1-28）

⊙	东北侧	∣∣	上部
Q	东南边缘	∣.∣	下部
⊙	西部	⊓	顶部
 ＞	东拐角内	L	脚下
 V	南拐角外	 O^L	东北角下
∠	西南尖端	⊏.⊐	底下
∧	西北端	⎯.⎯	两者之间

图 2-1-28　位置

H栏：其他说明（图2-1-29）

图2-1-29　其他说明

第二节　指北针

　　指北针是定向运动中运动员唯一可以使用的合法工具。其主要作用是辨别方向、标定地图、确定站立点与目标点的方向等。定向运动中使用的指北针一般都以装有磁针的透明有机玻璃盒为主体，根据选手使用方式上的差异分为两类：基板式和拇指式。在有机玻璃盒内一般装有起稳定作用的特殊液体，能够增强磁针的稳定性，特别适宜在奔跑中使用。

一、指北针的种类

1. 基板式指北针（图2-2-1）

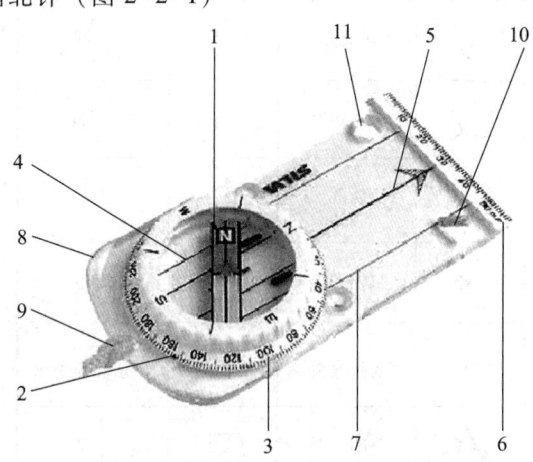

图2-2-1　基板式指北针

1. 磁针　2. 分度盘　3. 读数线　4. 充满液体的磁针盒　5. 前进方向箭头　6. 比例尺
7. 照准线　8. 基板　9. 系绳孔　10. 标图工具：起点　11. 标图工具：检查点

2. 拇指式指北针（图 2-2-2）

图 2-2-2　拇指式指北针

一般套在左右拇指上。

二、指北针的使用方法

1. 用指北针给地图定向（标定地图）

（1）将地图与指北针置于水平状态，指北针前进方向箭头朝向地图上方，与地图上磁北线平行（图 2-2-3）。

（2）转动地图和指北针，使磁针北端对正磁北线。

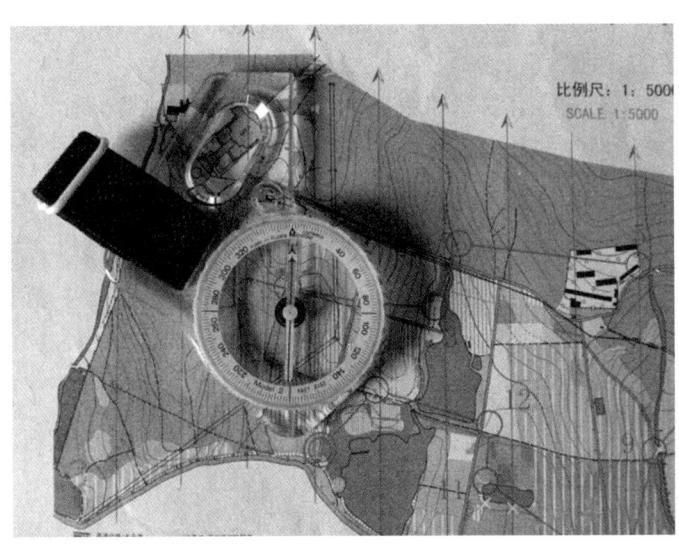

图 2-2-3　标定地图

2. 用指北针确定目标点的方向

（1）指北针与地图水平放置，使指北针直尺边平行于站立点至目标点的连线，前进方向箭头朝向目标方向（图 2-2-4）。

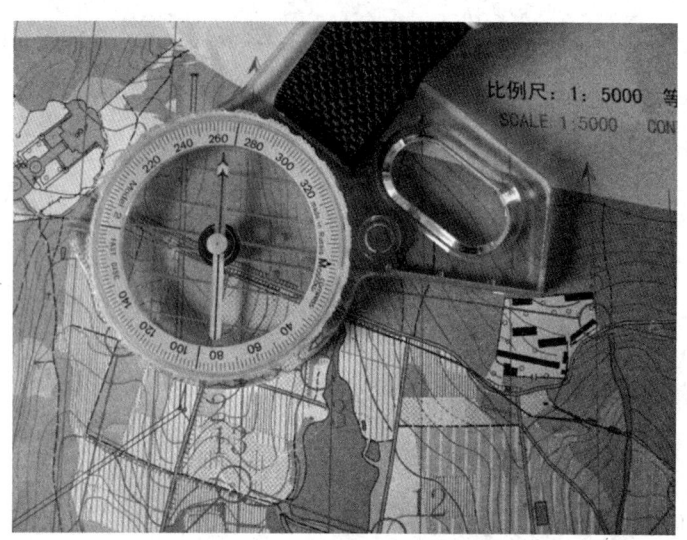

图 2-2-4　确定目标点的方向

（2）水平转动指北针与地图，身体也随之转动，直至指北针上的红色指针与地图上表示南北方向的指北线都和北方平行。

（3）这时指北针上的方向箭头所指方向就是行进的正确方向。

3. 测定自己的位置

在比赛中，初学者容易忽略自己的位置。遇到这种情况时，应保持冷静，可利用地理环境及指北针找出自己在地图上的位置，再定出前往目标的路线。

三、使用指北针的注意事项

（1）尽量保持指北针水平放置。

（2）指北针不要离铁、磁性物质太近。

（3）不要将磁针的 S 端与 N 端混淆，以免造成误判。

（4）使用前要检查磁针是否灵敏。其方法是用一钢铁物体（如小刀）多次扰动磁针，若磁针每次都能摆动并迅速停止于同一处，则表明磁针灵敏；反之则说明磁针不灵敏，该指北针已不能使用。

（5）存放指北针的时候要注意存放的位置。不要放在充满电磁效应的地方，如音箱喇叭的上面，因为喇叭上方的电磁场很强。此外，在阳光下暴晒会减弱磁针的磁性。

第三节 比赛器材与个人装备

一、比赛器材

不同类型、不同等级的定向比赛，其所需物质条件也不一样。但地图、指北针、检查点点标、点签、检查点和号码布，是任何赛级、赛项都不可缺少的物质条件。地图、指北针在前面已经做了详细的介绍，本节主要介绍一下其他几种比赛器材和个人装备。

（一）检查点点标

检查点点标是由三面正方形标志旗连接组成的。每面正方形小旗沿对角线分开，左上为白色，右下为红色，旗的尺寸为30厘米×30厘米。标志旗通常要编上代号，以便于选手根据代号来判断是否找到了正确的检查点。标志旗样式如图2-3-1。

图2-3-1 检查点点标

悬挂标志旗的方法有两种：有桩式和无桩式。悬挂高度一般从标志旗上端计算，距地面80~120厘米（图2-3-2）。

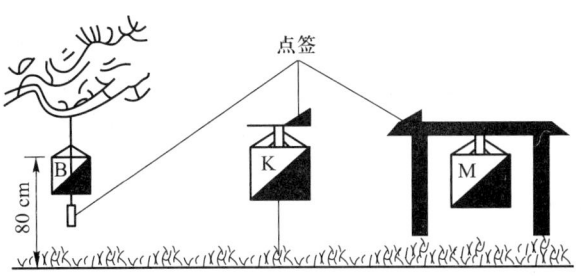

图2-3-2 标志旗悬挂方式

（二）成绩管理系统

目前在国内外大型定向赛事中都采用了先进的电子设备和软件系统来进行出发批次编排、线路分配、计时、成绩的输出和统计等管理工作，这不仅使得运动员的比赛操作变得更加容易，组织者工作变得极为简单，也使比赛更加公平。下面对这套成绩管理系统的构成和使用方法作简单的介绍。

1. 成绩管理系统的构成

成绩管理系统主要由指卡、点签器、便携式打印机和成绩统计软件组成。（图2-3-3）点签器分为清除、起点、分站、终点、主站，并分别具有不同的功能。

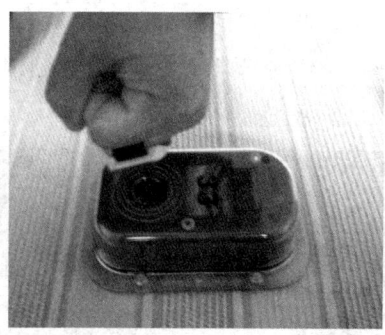

图 2-3-3　指卡、点签器和便携式打印机

2. 使用方法和流程

（1）使用方法：运动员在比赛前将指卡套在手指上。执行打卡操作时，将指卡靠近点签器的"打卡区"即点签器的圆孔位置，可听到设备发出"嘀嘀"声，同时红色指示灯闪烁，表示打卡成功。

（2）使用流程：① 运动员在比赛前打"清除"点签器，清除指卡中所有信息；② 运动员打"起点"点签器，比赛开始计时；③ 运动员依次到达各个检查点后，分别打该"分站"点签器（如31、32、33……100），表示已到访该检查点；④ 运动员到达终点后打"终点"点签器，比赛计时结束；⑤ 运动员打"主站"点签器，存储指卡中所有纪录，并通过打印机输出比赛成绩（图2-3-4，图2-3-5）。

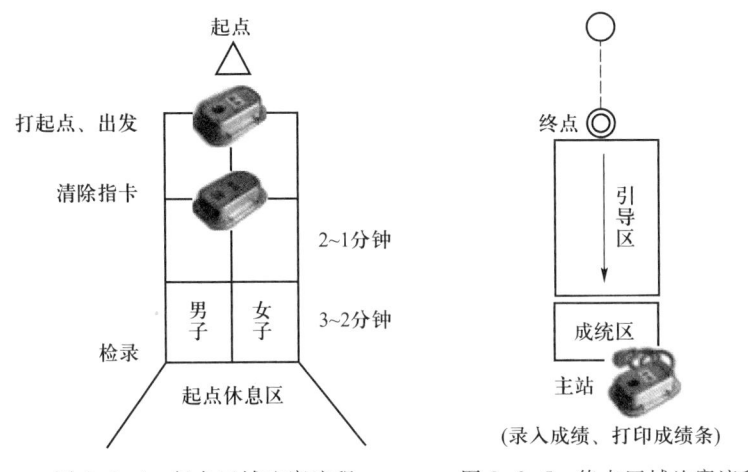

图 2-3-4 起点区域比赛流程　　图 2-3-5 终点区域比赛流程

（三）检查卡片

这是用于配合针孔打卡器判定运动员成绩的纸质卡片，分为主卡和副卡两部分（图 2-3-6）。运动员在比赛中携带主卡，并按顺序将每个检查点的点签图案印在空格中，到达终点时交裁判人员验证。副卡在出发前交工作人员留底，在公布成绩时使用。检查卡片的尺寸一般为 21 厘米×10 厘米。若规定比赛完毕必须交还地图，可以将检查卡片的内容直接印在地图空白处，样式可自行确定。

姓名：			工作人员填写	到达	：	：	裁剪线	副　卡	
编号：								第　名	
单位：				出发	：	：		姓名：　编号：	
组别：								单位：	
路线				成绩	：	：		到达　：　：	
出发时间：								出发　：　：	
7	8	9	10	11	12			成绩　：　：	
1	2	3	4	5	6			组别：	
								路线：	

图 2-3-6 检查卡片

二、个人装备

（1）衣裤：选择紧身而不影响呼吸与运动的衣裤。为防止树枝刮伤和害虫侵袭，最好穿面料结实的长袖衣和长腿裤或使用护腿。

（2）鞋：鞋应轻便、柔软而又结实。远足经验较少的，可穿旅行靴以保护脚踝；有经验的运动员可穿上比赛用的运动鞋。为便于上下陡坡、踩光滑的树叶或走泥泞地，鞋底的花纹最好是高凸深凹的。

（3）护腿：由弹性面料及泡沫材料制成。护腿可防止在定向比赛奔跑过程中小腿被树枝等碰伤，并保护腿不被蛇、虫咬伤。

（4）号码布：号码布面积一般不超过24厘米×20厘米，号码数字高不小于12厘米，字迹要清晰，字体要端正。正规的比赛还要求将号码布佩戴于前胸及后背两处。

（5）指北针：在选购指北针时，一定要根据自己的实践水平来确定选择什么款式和功能的指北针，并不是功能越多、越高级就越好。

第四节 定向运动安全风险的防范与处理

任何一种组织形式的定向运动，其首要任务就是确保人身安全。追溯定向运动的起源，掌握识图技能本身就是为自身提供安全保障的一项生存技能。了解定向运动常见的风险类别和防范措施，掌握迷失事件的应对方法，可以为定向运动教学、训练、比赛过程中的安全防控工作提供指导。

一、定向运动中常见的风险与预防措施

定向运动安全风险管控的对象为定向运动过程中所有的人、物和事件，主要包括：与环境相关的安全风险、与人相关的安全风险、与管理相关的安全风险。

（一）与环境相关的安全风险与预防

1. 与环境相关的安全风险

（1）活动区域的地形。地形平缓与陡峭变化、悬崖和峭壁、坑穴和沟壑等地貌特征的危险性，以及地表奔跑的安全性。水域、可攀越和不可攀越墙体、铁制栅栏和荒弃的栅栏、废墟、交叉路口等地物特征的安全性。

（2）活动区域内的动植物。树茬和竹茬（尖锐的）、树根（裸露的）、树桩和树枝（低树枝）、危险的植物（多刺的、锋利的、有毒的、致敏的）。有危险的家畜和野生动物（狗、牛、蛇、蜂和毒蜘蛛）等安全风险。

（3）其他潜在的、特殊的安全风险。极端天气（寒冷、高温、暴雨、冰雹、雷电、强风和洪水等）以及引起的场地毁坏、道路中断等安全风险。

2. 与环境相关安全风险的预防

（1）定向运动场地选择首先应遵循安全第一的原则。

（2）设计线路时应尽量规避危险区域的途径路线。

（3）如遇场地内有危险的家畜等安全风险时，应提前进行管控。

（4）高温湿热天气下应配足饮水补给站。如条件允许，可安排车辆进行安全巡逻，应配备 1~2 名急救人员、必要的药品和充足的饮水。

（二）与人相关的安全风险与预防

1. 与人相关的安全风险

（1）定向运动参与者。教练、运动员、裁判员、其他工作人员等参与者个人健康状况、个人定向技能、体能、安全意识构成的安全风险。

（2）活动区域内的其他人员。活动场地中的儿童和老人、景区中的游客、赛事观众、其他路人等构成的安全风险。

2. 与人相关安全风险的预防

（1）提升个人定向专业知识与技能水平，强化安全意识，掌握安全知识与技能。裁判员及其他工作人员在赛前专门进行基本安全知识和具体岗位专业安全技能培训。

（2）参赛者必须确保具有参加比赛的身体条件，强制购买专业定向保险，签署活动参与安全承诺书。条件允许的情况下，建议佩戴卫星定位跟踪器。

（三）与管理相关的安全风险与预防

1. 与管理相关的安全风险

（1）教学、训练、赛事活动计划的日程安排受到季节性天气变化影响的风险因素。

（2）比赛场地通信信号的覆盖与稳定构成的通信安全风险。

（3）赛场的道路与交通安全风险。

2. 与管理相关安全风险的预防

（1）构建完善的安全管控系统，明确职责，落实到人。

（2）利用活动通告、技术联系会等多渠道将活动中可能出现的安全风险、注意事项与要求提前告知。

（3）建立教学、训练、赛事应急救援机制与赛事活动医疗救护系统，随时提供恰当的急救措施和启动意外事故援救预案。

（4）大型比赛应设置通讯保障部门、专职人员，负责赛事的通讯保障工作，保障赛场区域的通讯畅通。

（5）建立比赛交通安全保障系统与应急预案，预防因交通所带来的各类安全隐患与风险。

二、定向运动迷失事件的应急处理

由于定向运动项目自身的特点，迷失事件在定向比赛过程中常有发生。如发生迷失事件后，未能及时采取有效的应对处理方案，则可能演变成重大的安全事故，因此，预先做好迷失事件应急预案将会对定向运动安全管控起到关键的作用。

（一）活动前期

预先做好参赛人员的信息登记，建立迷失事件的应急预案，确定迷失事件发生后的搜寻方案，明确搜寻工作组及相关人员（现场裁判组、医疗、交通、应急救援组等）的职责。

（二）活动中期

（1）所有参与者在教学、训练或比赛结束后必须向教师或裁判员报道。

（2）活动参与人员完赛核对。利用人工记录或电子计时系统核对活动参与者是否在安全有效时间内返回，如未在正常时间内返回终点，应及时报告。

（3）在教学、训练或赛事临近结束时就应查询严重超时未返回队员信息，包括号码、性别、着装、年龄、出发时间、比赛路线、比赛经验、技能与体能水平、比赛当天身体状况等。

（4）在启动搜寻之前应再次确认运动员是否有可能未在终点录入比赛信息而直接离开了比赛场地。

（三）活动后期

（1）一旦确认队员迷失，立即启动搜寻预案。

（2）加强搜寻人员自身安全管控。① 应时刻与搜寻人员保持联系。如果条件允许，应为搜寻人员配备定位跟踪设备；② 搜寻结束后，应及时召回所有搜寻人员和场地中的其他人员，确保所有人安全返回，安全风险管控总负责人才能宣布搜寻工作结束。

（四）迷失人员搜寻技巧

（1）根据迷失人员的地图线路，对迷失人员可能行走的路线进行检查。如果场地里有可通行的公路，用汽车等交通工具快速搜寻。

（2）带状搜寻法。这种高效的搜寻方式只要求搜寻人员对线状特征及其两侧区域进行搜寻。

（3）区域搜寻法。对选定区域进行地毯式搜寻，是一种要求配备大量工作人员的搜寻方式，这种方法找到迷失人员的可能性最高。

（4）迷失人员信息收集与分析。将迷失人员的基本信息发送给教练、裁判员或工作人员，向临近结束才完赛的队员询问是否见过迷失队员或者是否发生意外事故。还可以通过电子打卡系统，确认迷失人员最后到达的检查点。

（5）在高温湿热天气，应考虑其已处于无意识状态的可能性。

（6）合理安排搜寻路线，避免出现重复搜寻或遗漏。

 课后练习与思考

1. 了解定向地图上比例尺、等高线、等高距、磁北线和磁方位角的概念和作用。

2. 掌握指北针的使用方法。

3. 熟悉定向地图上《图例说明》和《检查点说明》的内容，了解它们的含义。

4. 定向运动常见安全风险分类有哪三类？

5. 根据某一次野外教学过程，绘制设计一份安全管控图。

3 第三章 定向运动基本技能

本章提要 定向运动基本技能包括运动员对地图的理解,对方向和距离的感知觉,对地形和地貌的认识,对地图和指北针的使用。本章主要介绍如何正确定位与定向、快速行进、捕捉检查点、选择路线、越野跑等技能,帮助你迅速成为定向运动的高手。

第一节 定位与定向

定向运动的实质就是用最短的时间到达规定的目标点。要想尽快地到达目标点，首先要会辨明方向、判定方位，即了解自己实地所在的位置，并能够在地图上找到站立点位置，在此基础上确定目标点的方向和位置，迅速找到目标点。

一、实地判定方位

实地判定方位是指在实地辨明方向。了解实地的方位是使用地图的前提。在野外，可帮助我们辨明方向的工具很多，白天可利用太阳和手表来辨别方向，晚上可利用星体来辨别方向，还可以利用地物特征、建筑物、风向等来判定方位。

1. 利用指北针判定方位

方法：将指北针放平，待磁针完全静止后，磁针的红色一端即 N 端代表北面，蓝色一端即 S 端代表南面。如果测定方位的人面向北，则他的左为西、右为东、背后为南。

如果想测某一点的方位，可将罗盘上的零刻度对准目标，待罗盘水平静止后，N 端所指的刻度便是测量点至目标的方位。如磁针 N 端指向 36°，则表示目标在测量位置的北偏东 36°。

2. 利用地物判定方位

在有地物和植物生长的野外，可以根据日常生活习惯和自然客观规律进行方位判定。如在北半球，我们居住的房屋或用于朝拜的庙宇大门通常都朝南开设；树木一般朝南的一侧枝叶茂盛，色泽鲜艳树皮光滑，向北的一侧则相反；长在石头上的青苔喜阴湿，以北面为多旺；积雪多半是朝南的一面先融化。

3. 利用太阳和手表判定方位

在晴朗的日子，上午9时至下午4时之间，用时针对准太阳，此时手表上的时针与12时刻度夹角平分线所指的方向为南方，相反为北方（图3-1-1）。但要注意一是将手表平置，二是在南、北纬 20°30′ 之间的地区中午前后不宜使用，三是要把标准时间换算为当地时间。

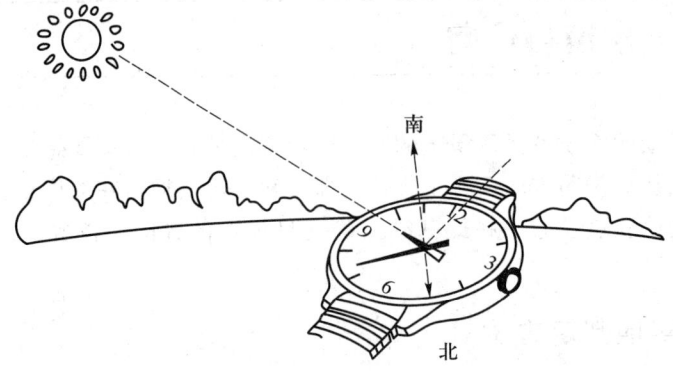

图 3-1-1 手表测向

二、标定地图

给地图定向就是标定地图，即使地图的方位与实地的方位一致。通过标定地图，就可以将地图上的地物地貌符号与实地的地物地貌一一对应，这不仅可以帮助我们迅速查看地图，了解实地地物的分布和地貌的起伏以及它们之间的关系，还可以帮助我们根据地图上的路线选择具体的实地运动路线。这一技能将贯穿整个运动过程。例如，图 3-1-2 是一张已被定向了的地图，湖泊位于

图 3-1-2 标定地图

地图的右边，运动场和学校位于地图的左边。常用的标定地图的方法有概略标定、利用指北针标定、利用地物标定。

1. 概略标定地图

地图上的方位是：上北、下南、左西、右东。当在实地正确地辨别了方向之后，只要将越野图的上方对向实地的北方，地图即已标定。这种方法简单、易学，是定向越野比赛中最常用的方法。

2. 利用指北针标定地图

在上一章中已介绍过定向地图上标有磁北线，用红色粗线条标出，箭头指向地图的上方。利用指北针标定地图时，通过转动地图，使指北针上的红色指针与磁北线的方向吻合或平行。由于指北针上的指针和地图上的磁北线都是红色的，所以也称此方法为"红对红"或"北对北"（图3-1-3）。

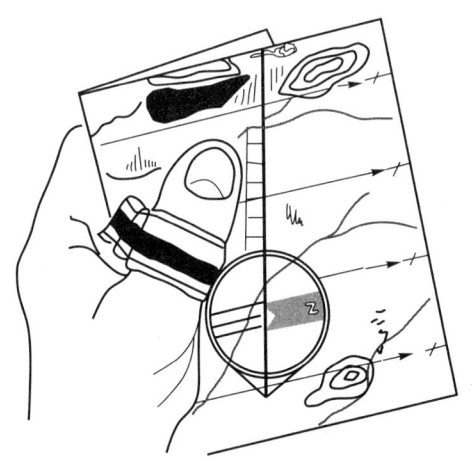

图3-1-3 利用指北针标定地图

3. 利用地物标定地图

（1）利用直长地物标定地图：直长地物是指较长的线状地物，如铁路、公路、土垣、沟渠和高压线等。

方法：

① 首先应在图上找到这段直长地物。

② 转动地图，使图上的直长地物与实地的直长地物方向一致。

③ 对照两侧地形，使图与实地各地形点的关系位置相符。

如图3-1-4，当利用路边的沟渠来标定地图时，只要平移且转动地图，使图上的沟渠与实地的沟渠大致重合即可。

图 3-1-4 利用直长地物标定地图

（2）利用明显地形点标定地图：在实地找出一个与地图上地物符号对应的明显地物，如小桥、亭子、独立的建筑等，然后转动地图使图上的站立点至目标的连线与实地的站立点至目标的连线重合。

方法：

① 选择一个图上与实地都有的明显的地物。

② 转动地图，使图上的站立点至目标的连线与实地的站立点至目标的连线重合（图3-1-5）。

图 3-1-5 利用明显地形点标定地图

三、确定站立点在地图上的位置

确定站立点在地图上的位置是从事定向运动的一项基本技能。其主要方法是：通过标定地图，将地图与实地的地物、地貌进行逐一对照，以确定自己的方位。

1. 直接确定

当自己所处位置在明显地形点上时，只要从地图上找出该地形点，站立点即可确定。这是最常用的确定方位的方法。图 3-1-6 表示定向者利用道路交会点确定自己所在的位置。

图 3-1-6 利用道路交会点确定

2. 利用位置关系来确定

当站立点位于明显地形点附近时，可以利用相对位置关系来确定。利用位置关系法确定站立点主要依据两个要素：一是站立点至明显点的方向，二是站立点至明显点的距离。在地形起伏明显的地方，还可以结合高差情况进行判定。如图 3-1-7，定向者站立于小河北岸、村舍正右方，左距公路 150 米远处，依照这样的方位关系，可在地形图上定出站立点的位置。

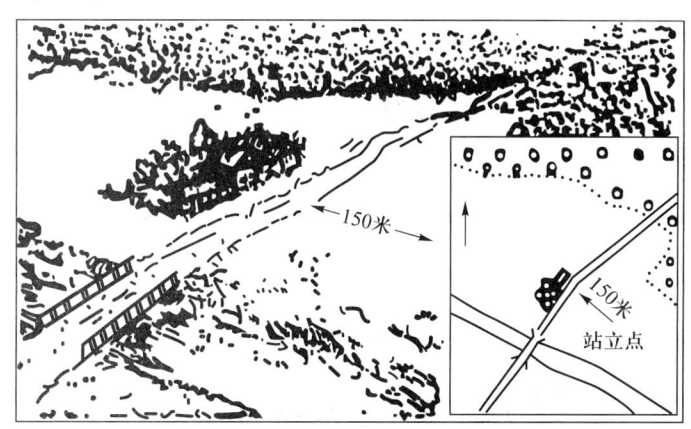

图 3-1-7 利用位置关系确定

3. 利用"交会法"确定

当站立点附近无明显地形点时，可以利用"交会法"确定站立点位置。按不同情况，它又可以具体分为90°法、截线法、连线法、后方交会法和磁方位角交会法。这些方法的优点是不需要判断或测量距离也能确定出较为准确的站立点位置，这对于初学者学习、巩固使用定向图是很有意义的。下面介绍几种常用的方法。

当站在线状地物上时，可以利用90°法、截线法、连线法来确定站立点位置。

（1）90°法：当运动在线状地物如道路、沟渠、山脊线上时，在与运动方向相垂直的方向线能够找到明显的标志物，就可以用90°法来确定（图3-1-8）。

（2）连线法：当在线状地物上运动，同时待测的位置恰好是在某两个明显地形点的连线上时，可以利用这种方法确定站立点位置。

铁塔与小丘的连线中间与小路的交点，就是站立点的位置（图3-1-9）。

小山顶与墓地的连线和路的交点，就是站立点的位置（图3-1-10）。

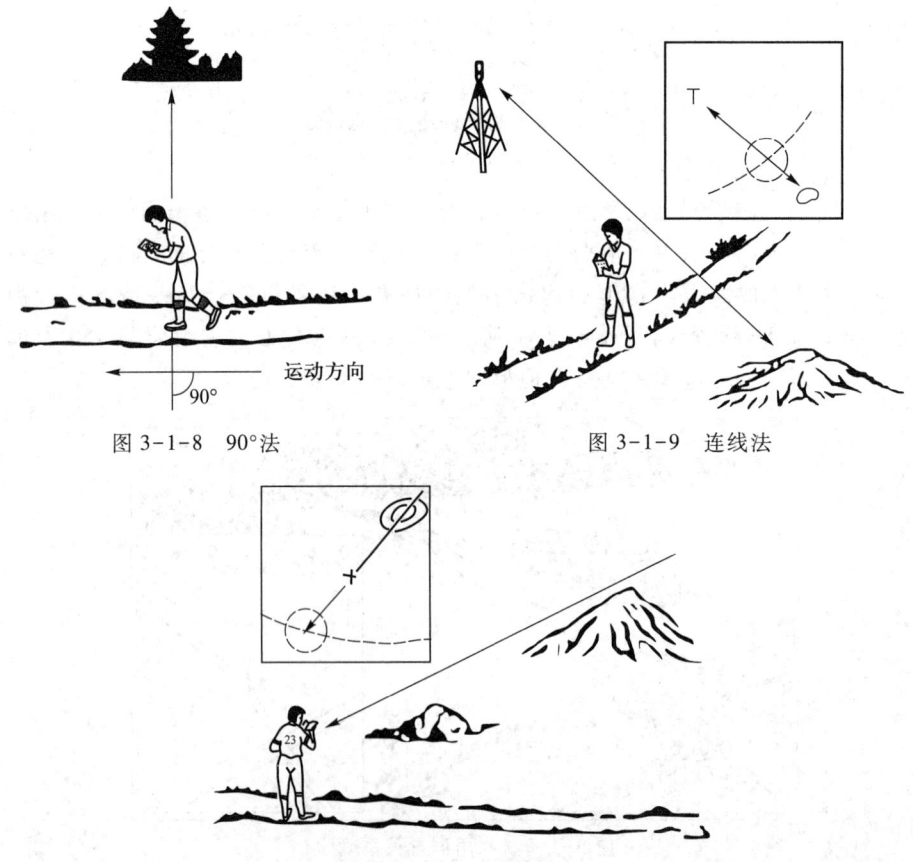

图3-1-8　90°法　　　　图3-1-9　连线法

图3-1-10　连线法

（3）后方交会法：在待测点上无线状地物可利用，地图与实地相应地都有两个以上的明显地形点，而且地形较开阔、视线良好的情况下，可以采用这种方法确定站立点（图3-1-11）。

图3-1-11　后方交会法

标定地图后：① 在地图上取一个山顶为标志，与实地相应山顶在地图上作一直线。② 地图上的树丛与实地相应的树丛在地图上作一连线。③ 两条直线的交会点就是站立点。

第二节　快速行进

一、依地图行进

（一）用拇指辅行法行进

在运动过程中，不断转动地图，使地图与实地方向一致，并将手指压在站立点上，做到"人在地上走，指在图上移"（图3-2-1）。

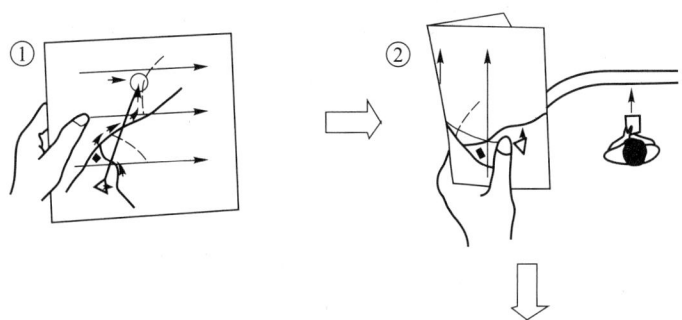

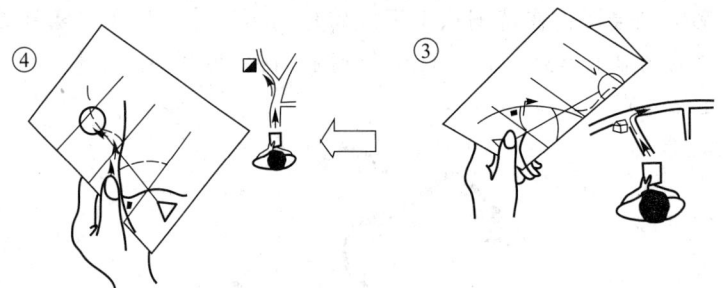

图 3-2-1　拇指辅行法

① 明确站立点、比赛路线、目标点。
② 转动地图，使地图与实地方向一致，并将左手拇指压于站立点一侧上，先上大路。
③ 到大路后转动地图，移动拇指，沿大路跑，看到路旁小屋后向右转。
④ 再转动地图，移动拇指，沿大路跑，经过右侧路口后在下一路口左转弯，可直达目标点。

（二）沿地形地貌行进

这是初学者必须掌握的一项基本技术。如河流、栅栏、小路、围墙、房屋、独立树、石碑以及等高线都是很好的参照物，可以提供安全、快捷的路线。其方法是按所跑路线的顺序，分段、连续或一次性地记住前进方向上经过的地形点、两侧的特征物等内容，使实地的情景不断地与记忆内容"叠印"，做到"人在地上跑，心在图上移"。

（三）行进技巧

1. 借线法行进

利用道路、围栏、高压线等线状地物，将它们作为行进的"导引"。由于沿着线状地物行走犹如扶着楼梯的扶手行走，因此，有人称此方法为"扶手法"（图 3-2-2）。

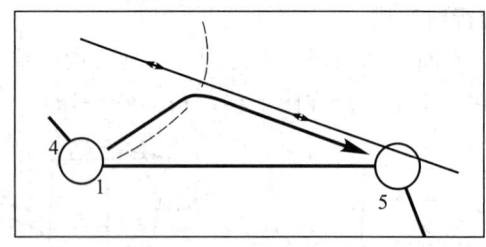

先沿小路到高压线下，再沿高压线找点
图 3-2-2　借线法行进

2. 借点法行进

借点法行进就是利用明显的地物地貌点控制方向向前行进（图 3-2-3）。当检查点附近有高大、明显的参照物时，可采用此方法。

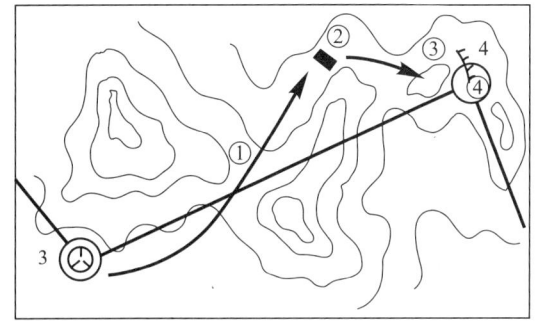

3号点与4号点之间没有路，地形复杂，通行困难。选择路线：
① 鞍部　② 建筑物　③ 丘　④ 在丘与陡崖之间找点

图 3-2-3　借点行进

3. 水平位移法行进

当站立点与检查点在同一高度上时，可沿等高线行进，但要确定站立点与检查点之间可否通行（图3-2-4）。

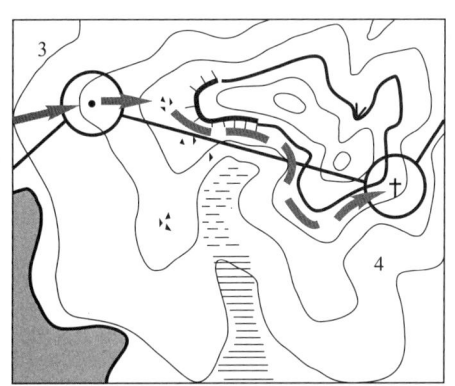

图 3-2-4　水平位移法行进

4. 提前绕行法行进

在检查点之间有较大的障碍时，可提前选择最佳路线。

（1）直线跑：上山过山顶，下山找目标。缺点是要艰难地翻过山顶（图3-2-5）。

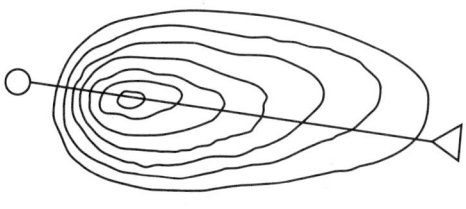

图 3-2-5　直线跑

（2）提前绕（图3-2-6）。①沿着山向前跑，虽然路线较长，但不必爬山。②沿着山脊向前跑，虽然路线比直线长些，但不需要太多的攀爬。

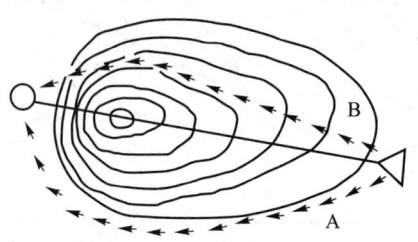

图 3-2-6　提前绕行法行进

（四）行进中应注意的问题

（1）经过岔路口、道路转弯点、居民地进出口时，应对照地形。

（2）遇到实地地形变化与地图不一致时，应仔细对照全貌，分析地形的变化和位置关系，然后准确地判定站立点的位置和行进方向，做到有疑不走、有矛盾不走、方向不明不走。

（3）发现走错了路时，应立即对照地形，回忆所走过的路，判明是从什么地方走错的、偏离原定路线有多远，再根据情况另选迂回路线或返回后再继续前进。

二、沿磁方位角方向行进

磁方位角是指从某点的磁北方向线起，依顺时针方向到目标方向线间的水平夹角。利用指北针确定磁方位角，并沿磁方位角方向行进，便是确定目标点方向、快速到达目标点的捷径。

沿磁方位角行进的技术关键在于对自己跑过的距离的正确判断和行进方向的确立与保持，目标=方向+距离。

（一）确定行进方向

利用指北针确定行进方向是一种最简易、最快速的方法，它特别适合初学者在特征物少、植被密度低、地形起伏不大的树林中使用。具体方法如下（图3-2-7）：

（1）将指北针直尺边切于目标方向线，指北针上的方向尖头指向所要到达的位置。

（2）把指北针和地图作为一个整体，水平放置于面前，然后转动身体，使指北针上红色指针的指向与地图所示的磁北线方向一致。

（3）指北针上方向尖头所指的方向即为行进的方向。

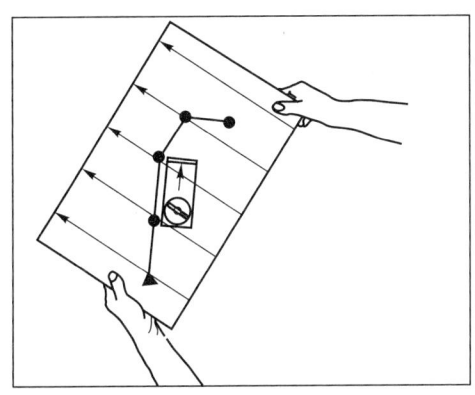 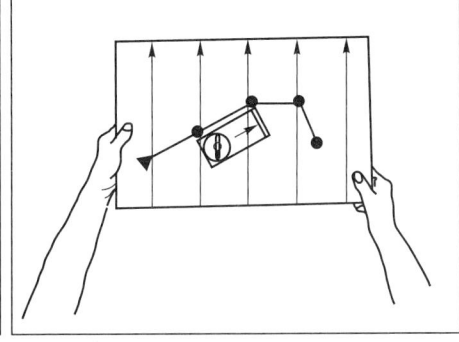

图 3-2-7 利用指北针确定行进方向

(二) 正确估算距离

确立了行进的方向，还必须结合地图上对目标点的距离进行判断和对已跑过的实际距离进行估算，才能快速而准确地到达目的地。

1. 利用比例尺换算图上距离和实际距离

利用比例尺换算图上距离和实地距离的方法，上一章已做介绍。但在实际比赛中，临场进行换算会耽误时间，因此，必须熟悉几种常用的长度单位与相应实地水平距离的对应关系。如在比例尺为 1∶10 000 的地图上，1 毫米相当于 10 米，而在 1∶15 000 的地图上，1 毫米相当于 15 米（表 3-2-1）。

表 3-2-1 几种基本尺寸与实地水平距离的换算

基本长度	比例尺		
	1∶10 000	1∶15 000	1∶20 000
0.5 毫米	5 米	7.5 米	10 米
1 毫米	10 米	15 米	20 米
2 毫米	20 米	30 米	40 米
5 毫米	50 米	75 米	100 米
10 毫米	100 米	150 米	200 米

从地图上量得的距离，无论是直线的还是曲线的，都是两点间的水平距离。但在实地，并不都是平坦的地形，在地形起伏较大的情况下，还必须根据地形起伏情况加上修正数（表 3-2-2，表 3-2-3）。

表 3-2-2　水平距离修正参数（一）

坡度	加改正数/%	坡度	加改正数/%
0°~5°	3	20°~25°	40
5°~10°	10	25°~30°	50
10°~15°	20	30°~35°	65
15°~20°	30	35°~40°	80

表 3-2-3　水平距离修正参数（二）

地形类别	加改正数/%
平坦地（有微起伏）	10~15
丘陵地（比高100米以下）	15~20
一般山地（比高100~200米）	20~30

计算公式：实际距离=水平距离+水平距离×修改系数

2. 步测法计算已跑过的距离

步测法是根据自己步伐的大小计算距离。它是实地估算距离的有效方法，但这一技能需要经过反复训练才能掌握。

采用这种方法测量距离，关键要了解自己的单步步长。不同的人，身高、腿长不同，其步长大小不同；跑步速度的快慢、柔韧性的好坏不同，表现出的步长大小也不同；即使同一个人，在不同的地形上跑，其步长也不尽相同。因此，最好通过平时的练习、测算，确定自己步长的大小。

测量步长的方法：

选择一块地势起伏不大的树林，从地图上算出两点间的距离后，到实地练习，计算出你一个单位长度（如50米或100米）所跑的步数。在此基础上再到其他地形上去练习，算出相应单位长度上的步数。

3. 目估法测算实际距离

目估法就是用眼睛估计、测算出距离。用眼睛虽然不能测量出精确的距离数值，但是只要经过勤学苦练，还是可以测得比较准确的。在高速奔跑中，这一技术很实用。

我们可以运用"物体的距离近，视觉清楚；物体的距离远，视觉就模糊"的规律对距离进行目测。在练习阶段，需要特别留意观察、体会各种物体在不同距离上的清晰程度，观察得多了，印象深了，就可以根据所观察到的物体形态（清晰或模糊程度），大体上目测出它们的距离来。

若觉得根据目标的清晰程度判断距离误差太大，可以利用平时自己较熟悉的某些事物的距离，如靶距、球场距离等进行比较判断。还可以用50米、100米、200米、500米等基本距离，经过回忆比较后做出判断。如果要测的距离较长，可以分段比较，然后推算全长。

值得注意的是，眼睛的分辨力常会受到天气、光线照射角度、物体自身颜色、观察的位置角度等条件的影响，目测的距离常常会因为这些因素而产生相当大的误差。

第三节 判读地貌

等高线是目前世界上公认的、最好的地貌表示法，定向地图也不例外。通过地图上的等高线以及相关的注记，可以了解很多地貌的信息。例如，通过等高线可以了解山坡的陡缓，通过高程注记可以了解山体的高度，通过等高线图形还可以判断出地貌的主要形态和特征。

一、山的各部形态

地貌千姿百态、千差万别，但都是由某些基本形态组成的。这些基本形态包括山顶、凹地、山脊、山谷、鞍部和斜面等。不管地貌多么复杂，均可将其分解成基本形态加以认识。

1. 山顶与凹地

比周围地面突高隆起的部分叫作山，山的最高部位叫作山顶。图3-3-1表示山顶的等高线呈小的闭合环圈。山顶依其形状可分为尖顶、圆顶和平顶三种。

　　尖山顶　　　　　　　圆山顶　　　　　　　平山顶

图3-3-1　山顶

比周围地面凹陷，且经常无水的低地叫作凹地。大面积的凹地称为盆地。图3-3-2表示凹地的等高线是一个或数个小闭合环圈。为了区别凹地与山顶，表示凹地的环圈都要加绘示坡线。示坡线是指示斜坡降落方向的棕色短线。

2. 山脊与山谷

山脊是从山顶到山脚的凸起部分，很像动物的脊背。下雨时，雨水落在山脊上向两边分流，所以最高凸起的棱线又叫作分水线。图3-3-3表示山脊的等高线以山顶为准，等高线向外凸出，各等高线凸出部分顶点的连线就是分水线。

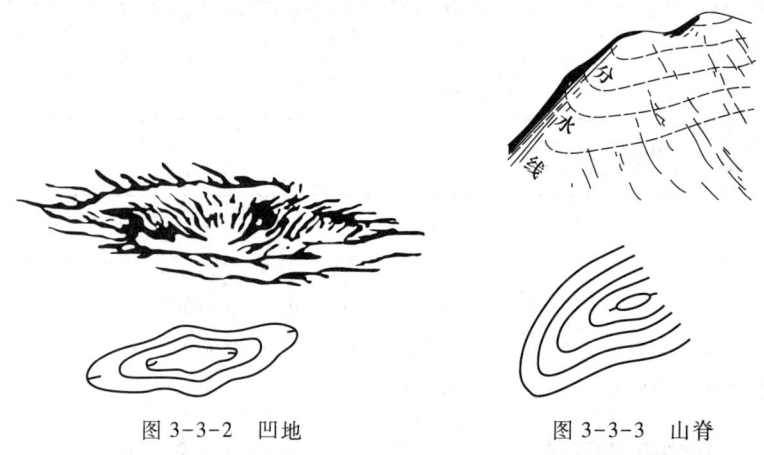

图3-3-2 凹地　　　　　　　图3-3-3 山脊

山谷是相邻山脊或山脊之间的低凹部分。由于山谷是聚水的地方，所以地势最低的凹入部分的底线叫作合水线。图3-3-4表示山谷的等高线以山顶或鞍部为准，等高线与山脊相反，向里凹入（或向高处凸出），各等高线凹入部分顶点的连线，就是合水线。

3. 鞍部

鞍部是相连两山顶间的凹下部分，其形如马鞍。鞍部由一对表示山脊和一对表示山谷的等高线显示（图3-3-5）。

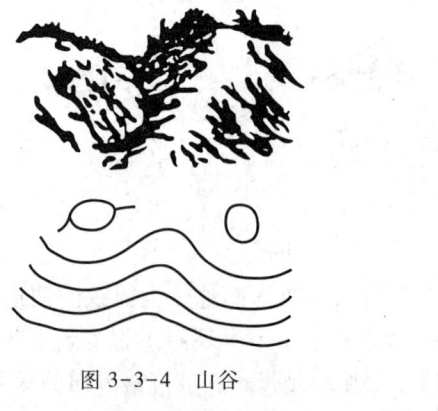

图3-3-4 山谷　　　　　　　图3-3-5 鞍部

4. 山坡

山坡是山体的倾斜部分,近似一个斜面,根据外形可分为等齐坡、凸形坡、凹形坡和阶状坡(图3-3-6)。

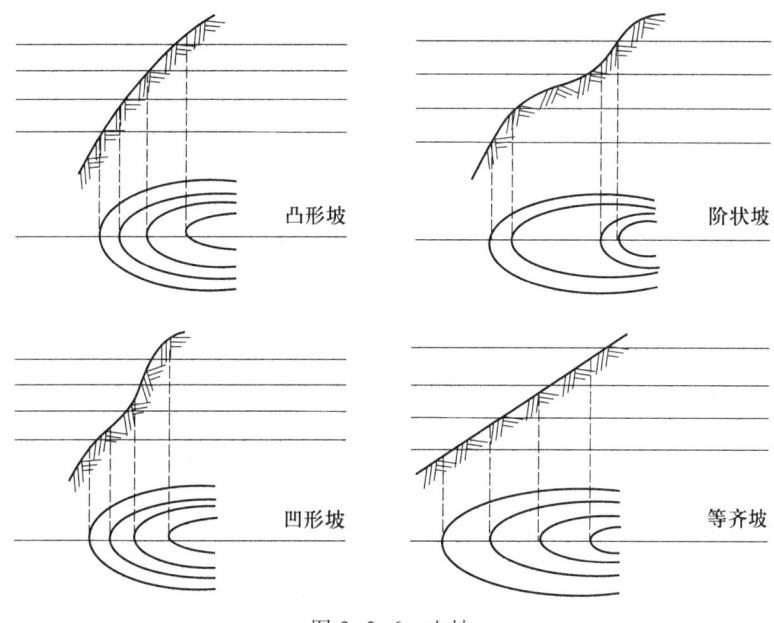

图3-3-6 山坡

5. 小丘

小丘是体积较小、只能以一条等高线表示的小山包(图3-3-7)。

图3-3-7 小丘

二、地貌起伏的判断

1. 根据等高线图形的形状来判断山体的坡向

山脊、山垄等地貌隆起部分的等高线图形，其突出部分总是朝着下坡；而山谷、凹地的等高线图形相反，总是朝着上坡。

等高线图形由疏变密为上坡，等高线图形由密变疏为下坡（图3-3-8）。

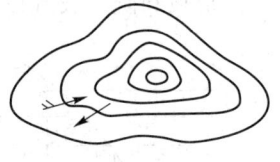

图3-3-8 根据等高线图形的形状来判断山体的坡向

2. 根据等高线的示坡线来判断斜坡的坡向

顺示坡线方向为下坡，逆示坡线方向为上坡（图3-3-9）。

3. 根据等高线的注记来判断斜坡的坡向

朝字头方向为上坡，背着字头的方向为下坡（图3-3-10）。

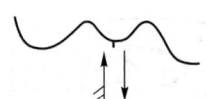

图3-3-9 根据等高线的示坡线来判断斜坡的坡向

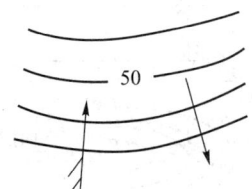

图3-3-10 根据等高线的注记来判断斜坡的坡向

4. 坡度和形态的判断

（1）坡度：根据等高线的疏密来判断山体斜坡的陡缓。图3-3-11中，等高线相距近，表示陡坡；等高线相距较远，则表示缓坡。

（2）形态：根据等高线的疏密变化来判断山体斜坡的形态（图3-3-12）。

匀坡：等高距相等，等高线疏密一致。

凹坡：等高距自上而下由小到大，等高线上密下疏。

凸坡：等高距自上而下由大到小，等高线上疏下密。

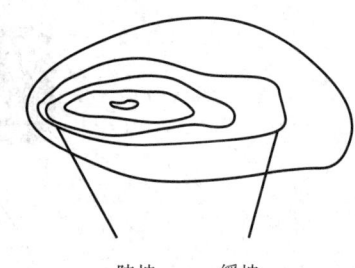

图3-3-11 坡度判断

复合斜坡：是由以上三种典型斜坡组合而成的。这种斜坡由下而上先缓后陡，再缓又陡，其等高线则先疏后密，再疏又密。

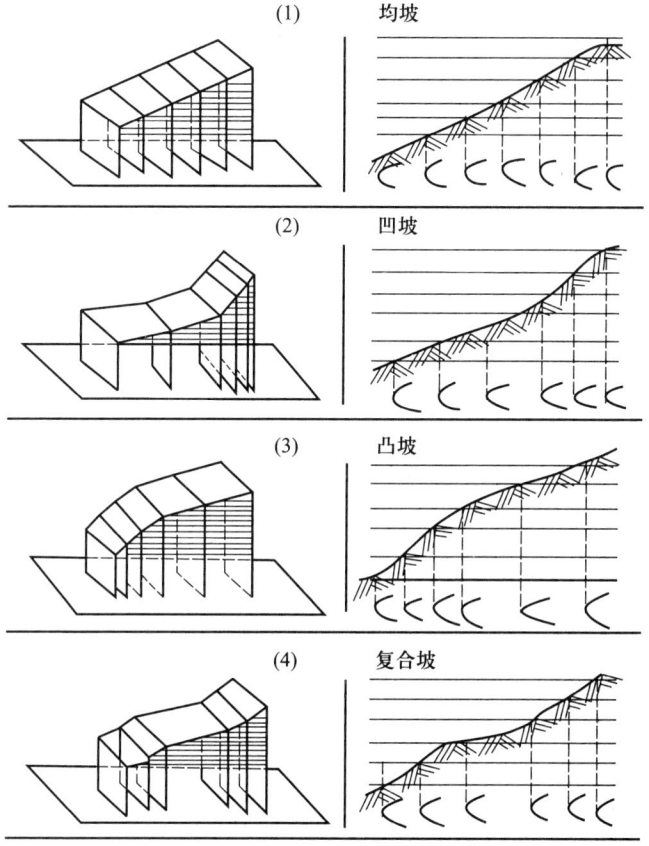

图 3-3-12　根据等高线疏密的变化来判断山体斜坡的形态

三、高程和高差的判定

根据高程注记和等高线来判定高程和高差，从而了解山体之间的高低关系。

1. 高程的判定

高程是地面上某点的海拔高度。判定高程的步骤如下：

（1）先查明地图的等高距，并在判定点附近找出高程点的注记或等高线的高程注记。

（2）根据判定点与高程点或有高程注记的等高线的关系位置，判断上、下坡方向，即高程增减方向。

（3）根据判定点与等高线位置关系，判定该点高程。

查看独立房高程时，先弄清本地图的等高距为 10 米，在独立房附近找到计曲线差三个等高距，且知计曲线至小房是下坡方向，所以独立房高程为270米（图3-3-13）。

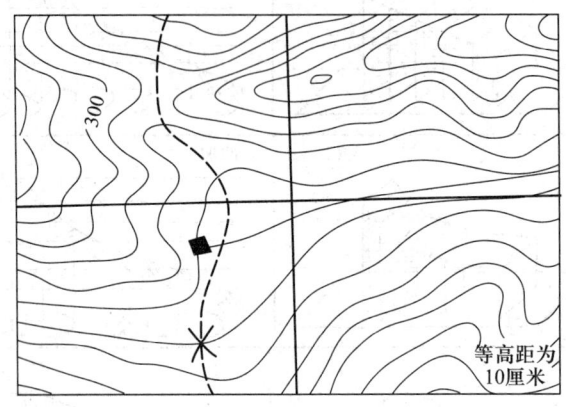

图 3-3-13　根据判定点与等高线位置关系判定高程

高程计算的方法：

（1）如果判定点在等高线上，查出所在等高线的高程，即为该点高程。

（2）如果判定点在某两等高线之间，应判明该点上下两等高线的高程，再按该点所在等高线间的部位进行估计。

（3）如判定点在两等高线之间约1/2处，它的高程就等于下面那条等高线的高程加上半个等高距，用此方法可以推算出两等高线之间约1/3、1/5或其他位置上任意点的高程。

（4）如果判定点在山顶，则先判定表示山顶的等高线的高程，然后加上余高。

（5）如果判定点在凹地里，可先判定凹地等高线的高程，然后再减去余高。

2. 高差的判定

高差是指地面上某两个点的海拔高度之差，其计算方法如下：

（1）当两个点位于同一斜坡上时，只要数一下等高线的间隔数量，乘上等高距并加上余高，就可以算出两点间的高差。

（2）当两个点不在同一个斜坡上时，先要分别算出它们的高程，然后相减，才能算出它们的高差。

第四节　选择路线

定向地图上各检查点的连线是提供方位的直线，然而，沿这条方位直线一般是不可能直接到达的，必须依照地图上各种符号和色彩的提示，进行路线选择。不同的人技术水平不同、体能状况不同，所选择的路线也不尽相同。

一、选择路线的标准

省体力、省时间、最稳妥、最能发挥自己的特长、尽量不失误或减少失误和顺利完成赛程并最终夺取胜利，是选择路线的基本标准。

二、选择路线的原则

（1）充分利用道路，坚持"有路不越野"的原则，如图3-4-1所示。

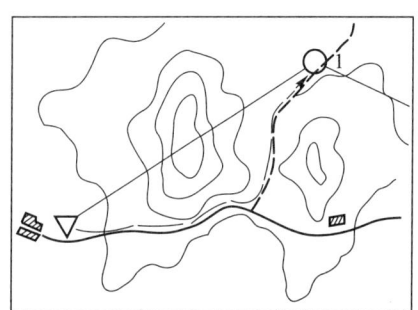

起点到第一个点，如直线跑需艰难地翻越一座山峰，沿着小路行进到一岔口左转弯至小路的交会处，寻找点标。沿着小路行进，路线虽长一些，但不需翻山，省力。

图 3-4-1　有路不越野

（2）地形起伏不大，树林稀疏可跑的地段，坚持"选近不选远"的原则，如图3-4-2所示。

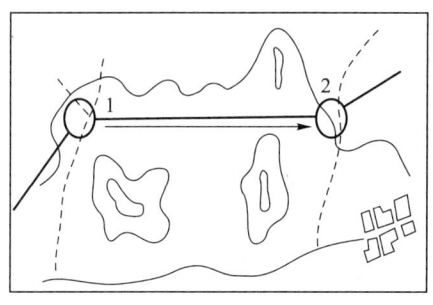

1号点与2号点之间是一片树林稀疏的地段，选路时采用直线跑到小路旁找点，如选其他路则距离远。

图 3-4-2　选近不选远

（3）地形起伏较大，树林密集，障碍大的地段，坚持"统观全局，提前绕"的原则，如图3-4-3所示。

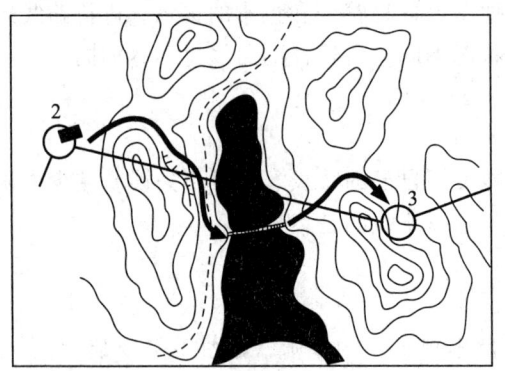

图 3-4-3 统观全局，提前绕

2号点与3号点之间是一段复杂的地形，不能直线跑。选路线：
A. 过鞍部沿陡崖下跑，目标是堤坝。
B. 过堤坝沿着右侧山坡右转至小谷地寻找目标点。

（4）坚持"依线又依点"的原则，如图 3-4-4 所示。

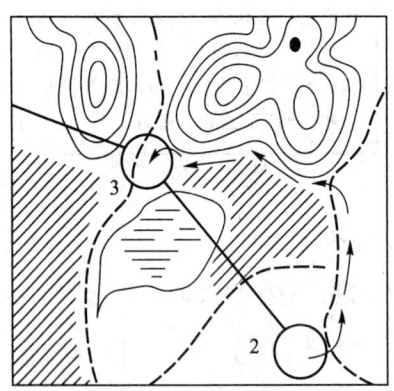

2号点与3号点之间直线不能通行，依小路向前，沿山坡与地类界到小路找点。

图 3-4-4 依线又依点

三、实例分析

在实践中，仅依靠上述一般原则决定路线的选择是很不够的。只有让自己的"感觉"或"估计"变得更有科学根据，才有可能更快地提高定向越野成绩。分析与解决路线选择基本问题的方法有多种，下面仅介绍其中的一种——经验法。

某人以自己在道路上奔跑 300 米需要时间 2 分钟（近似值）作为标准，通过多次实践，对自己的奔跑速度有如下了解，见表 3-4-1。

表 3-4-1　不同地形每 300 米所用时间比较表

地形类别	每 300 米用时/分钟	倍率	每 2 分钟行进距离/米
大路	2	1	300
杂草地	4	2	150
有灌木的树林	6	3	100
密林或荆棘丛	8	4	75

那么，他就可以用这样的方法解决问题：假定穿过密林的距离为 1（75 米），沿大路跑的距离为 4（300 米），则两种选择所用的时间相等。如果他的体力好而定向技能差，那他就应该选择沿大路跑。

对于其他选择，可以按照同样的方法进行分析。

第五节　捕捉检查点

捕捉检查点是参加定向越野比赛决定胜负的一项关键性的技能。每一条比赛线路的设计，都会体现出不同的交替出现的难题，它们有时考验体能，有时考验技能。当接近检查点时，应对检查点的实地准确位置做出分析和判断，并考虑采用何种方法去捕捉它。一般来说，常用的方法有定点攻击法、偏向瞄准法、距离定点法和地貌分析法等。

一、定点攻击法

当检查点设在明显、较大的地物、地貌点上或附近时，可采用这种方法。

首先将这些明显的地物、地貌设为攻击点，然后根据这一攻击点与检查点的相对方位、距离关系寻找检查点。

如图 3-5-1 所示，3 号点到 4 号点，沿着小路行进，目标是建筑物，找到建筑物后，在建筑物的北面就能找到检查点。

如图 3-5-2 所示，沿一座明显的小山坡行进，横穿公路后到湖边，继续朝池坑跑去，在坑的左边找检查点。

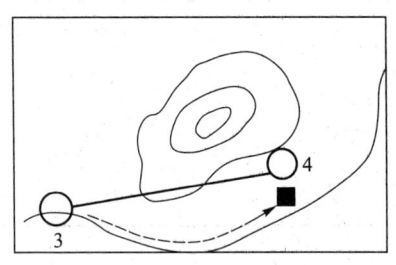
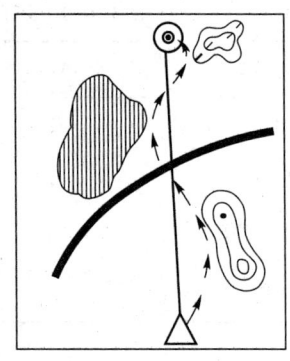

图 3-5-1　定点攻击法（1）　　　图 3-5-2　定点攻击法（2）

二、提前偏差法

当检查点设在线状地物如大路、沟渠、河流的一侧时，可用此方法。

首先根据地形条件，选择线状物为目标点，然后提前偏离检查点，跑到线状物上，再根据线状物与检查点的位置关系找到检查点。

如图 3-5-3 所示，检查点为山脚下的小屋。可以用指北针直接定位该点，但很有可能跑偏而错过目的地。相反，用指北针定位在小屋偏右、两山鞍部的方向，当跑到山脚下，地势开始明显升高时，再沿等高线向左边水平位移，就可找到检查点。

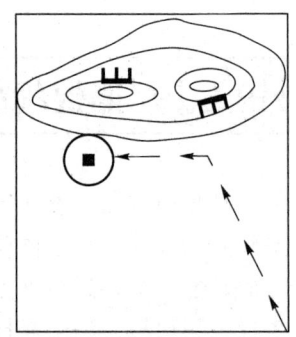

图 3-5-3　提前偏差法

三、距离定点法

当检查点处于地势较平坦、无路、植被较多等以细碎为特征的地貌中时，可以采用距离定点法。

首先要以周围的地物、地貌特征为攻击点，利用指北针瞄准目标点方向，然后结合步测、目测等方法测算距离，一步步地接近检查点。

如图 3-5-4 所示，检查点位于细碎的地貌特征之中，情况复杂。

（1）择小路交会处作为攻击点。

（2）沿小路到达攻击点，图上量出至检查点的距离（换算成步数）。

（3）用指北针仔细地测定检查点的方向，沿此方向步测前往。

（4）必要时，途中还需要仔细查看地图。

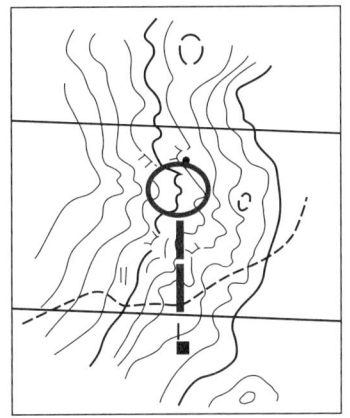

图 3-5-4　距离定点法

四、地貌分析法

在地貌有一定起伏的地域内，检查点设在低小地物附近时，采用此方法。

采用这种方法时，首先根据地图上检查点与地貌的关系位置，分析出实地相对应的关系位置，再依据这种关系位置来寻找到检查点。如图 3-5-5 所示，寻找第 9 号检查点。

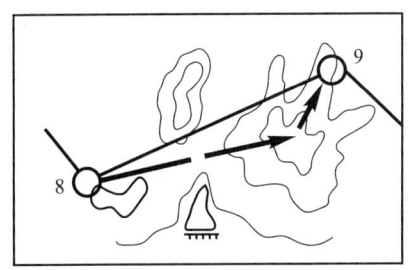

图 3-5-5　地貌分析法

（1）首先跑到检查点西南山顶，在山顶位置通过地图与实地对照，判定出检查点在山脊。

（2）沿山脊下山寻找石碑，即可发现第 9 号检查点。

注意事项：

（1）接近检查点之前，要在地图上分析、确定下一段最佳运动路线，并熟悉路线两侧的主要地形。

（2）发现一个检查点后，要核对该点标上的代号是否与检查点说明卡上注明的代号相符。

（3）一次"捕捉"检查点不成功时，应再次确认站立点的位置，分析自己是否偏离了运动方向。若确认偏离了运动方向，离检查点有一定距离时，应按运动中迷失方向后的方法处理；若确认自己只是局部上的误判，应在明确站立点之后，再次"捕捉"检查点。

（4）在运动速度上应注意，接近检查点之前速度要慢，便于在慢跑中校对检查点的实地位置，争取一次成功。

第六节 越野跑

掌握越野跑的技术也是决定定向越野成绩优劣的重要因素之一。要想在比赛中既能保持高速度、长距离地奔跑，又能避免一切可能发生的危险并取得好成绩，还需要掌握一定的越野跑技能。

一、越野跑的特点

定向越野中的越野跑实际上是一种长距离的间歇跑。由于在途中常常需要停下来看图和辨别方向，在崎岖的道路上不可能始终保持均匀的跑速，越野跑总是体现出走、跑、停相交替的间歇跑的特点。在野外环境中，这种奔跑的形式，可以使身体肌肉的紧张与放松、身体的负荷与精神的专注不断交替进行，使参赛者的身体各个部分特别是呼吸系统与心血管系统得到较好的锻炼。也正因为这一特点，使得对定向越野中的越野跑技术要求不能等同于一般长跑的技术要求。

二、越野跑的基本要求

1. 基本跑步姿势

上体保持正直或微向前倾，使身体各部分（包括头、颈、躯干、臂、臀、腿和足等）的动作协调配合。善于利用跑步中产生的支撑反作用力和惯性，这一点在山地和丘陵地带尤其重要。时刻注意调整上体的姿势，使身体保持平稳，从而提高奔跑的速度。

2. 呼吸

最好利用鼻子与半张开的嘴共同呼吸。在野外，风大、尘土多，要学会用舌尖顶住上颚呼吸。呼吸要保持自然、平稳、有节奏。当出现生理"极点"现象时，应及时调整呼吸的节奏与深度。

3. 体力分配

可以按选择路段、比赛阶段、自身体能状况的不同确定体力分配。通过运动阶段（运动肌肉紧张）和休息阶段（运动肌肉放松）适时交替的方法，达到既快又节省体力的目的。

4. 行进速度

一般来讲，越野跑的速度不宜过快。过快或在途中加速太猛不仅会影响体力的正常发挥，而且会严重影响判断力。当地形有利（如参照物多，道路平坦）时，可适当加速。

5. 行进节奏

行进的节奏要平稳、适宜。节奏过快会降低对周围环境的感知能力，过慢则会影响运动成绩。有节奏的动作可以减少体能的消耗。

6. 距离感

在越野跑中保持一定的距离感是必要的。它不仅可以帮助提高找点的速度，也有利于体力的计划与分配。可以通过测量自己的步长，或参考有关数据进行距离感的训练。

7. 间歇时采取的正确方式

一般来说，在间歇时采用放松性的慢跑比走好，走比停下来好，没有特殊情况不要坐。

三、不同地形越野跑的技术

越野跑时，由于跑的地点和环境在不断地变化，因此跑的技术也要随之变化。下面介绍几种在常见地形上的越野跑的技术。

（1）沿道路跑时，采用与中、长距离跑基本相同的技术，并尽量注意在路面平坦的地方可采用加速奔跑。

（2）过草地时，用全脚掌着地，看清地面，以免陷入坑洼或碰在石头上。

（3）上坡时，上体应前倾，大腿应高抬，并用前脚掌着地，小步跑上去。遇到较陡的斜坡时，可改用走步的方法或用"之"字形跑（走）法，必要时还可用单手或双手辅助攀登。

（4）下坡时，上体应稍后倾，并以全脚掌或脚跟着地的方法行进。遇到较陡的下坡或地面很滑的斜坡时，可改用侧脚掌着地，甚至采用蹲状并用手在体后牵拉草、树或撑地等方法行进。到达下坡的末端时，可顺坡势疾跑至平地。

（5）从稍高的地方（1.50米以下）往下跳时，可用跨步跳的方法。踏在高处的腿（支撑腿）必须弯曲并用力蹬地，另一条腿则向前下方伸出，跳下；

两脚着地,并屈膝来缓和冲击的力量。在落地时,两脚应稍微前后分开,以便继续前跑。从很高的地方往下跳时,应设法降低下跳的高差,并根据情况采用屈膝深蹲或坐地双手撑跳下或侧身单手撑跳下的方法。落地时要两腿用力,屈膝深蹲。

(6) 穿树林奔跑时,要注意避免被树枝、树叶、藤蔓等刮伤,特别要防止眼睛被树枝戳伤。此时,一般都随时用手护住脸部。

(7) 过障碍物遇到小的沟渠、土坑、矮的灌木丛或倒伏树木时,要增加奔跑速度,大步跨跳而过,落地的同时上体稍向前倾,以保护腰部,便于继续前跑;在通过较宽的沟渠时,可加速跑,采用大跨步跳和跳远的方法越过,落地时,要防止后倒;遇到大的倒伏树木或其他矮障碍物,可以用踏过它们的方法越过;遇到较高的障碍物如矮围栏、土墙等,可用正面助跑蹬跳和单手或双手支撑的方法翻越。

(8) 通过独木桥等狭窄悬空的障碍物时,应采取使脚掌外转成"八"字形的方法。如果这类障碍物很长,就不应跑过,而应平稳地走过。

课后练习与思考

1. 用一张已标明线路的定向地图进行如下练习:

(1) 按照地图路线行进,注意观察所通过的地物和地貌,并与地图上的颜色和符号进行对照。

(2) 按照定向地图的公路、小径、小溪、电线杆和田野边缘等线形地貌行进,并用彩笔画出你的行进路线。

(3) 在地图上选择一个点作为出发点,在它的周围选择若干个目标点,利用指北针分别给各目标点定向,并沿着它前进,找到该目标点。

2. 测出自己每100米的步数,给自己制作一个步幅尺。
3. 选择路线的原则有哪些?在实践中你是如何运用的?
4. 捕捉检查点时应注意哪些问题?如何快速寻找检查点?

第四章 定向运动教学指导

本章提要　定向运动是体育教育专业田径类课程的重要内容。通过本章的学习，应掌握如下基本知识：能够制定有关定向运动的教学文件，组织教学；了解定向运动教学中的重点和难点，能够采取适当的教学手段和方法予以解决。

第一节 教学方案设计

教学方案设计是体育教学中的一个重要环节，也是一项复杂的教学技术。美国学者马杰（R. F. Maget，1968）曾比喻教学方案设计的三个基本课题为：要去哪里？如何去那里？怎么来判断已经到达了那里？这就是教学方案设计中经典的目标、策略和评价三项基本内容。下面就按照这一思路，以体育教育专业学生为学习对象，从教学目标、教学内容、教学组织与安排和考核与评价这几个方面对定向运动课程（36学时）的教学方案进行设计。

一、教学目标

（1）学习和掌握识图、定向、辨向、选择路线等定向运动的基本技能，能够根据地图，利用指北针，以较快的速度较为准确地找出若干个目标点。

（2）了解定向运动的起源、发展、项目特点，理解定向越野对培养学生基本生存生活能力、发展体能、提高基本运动能力的价值和作用，能够掌握3~5种定向运动的练习方法指导学生进行锻炼。

（3）了解定向运动的竞赛组织和比赛规则，能够组织小型的定向运动比赛或游戏。

（4）了解定向运动地图绘制的方法，能借助绘图软件自制简单的定向越野教学、训练地图。

二、教学内容的选择

（一）理论部分

1. 定向运动概述
（1）什么是定向运动。
（2）定向运动的特点和益处。
（3）定向运动的起源与发展。

2. 定向运动的基本知识
（1）阅读地图。
（2）使用地图和指北针。

3. 定向地图的绘制
（1）了解制作定向地图的基本步骤。
（2）简单教学、训练地图的制作。

4．组织竞赛

（1）小型定向运动比赛的设计与组织。

（2）定向运动竞赛规则和裁判方法介绍。

（二）实践部分

1．校园定向

（1）学习实地对照地图，确定目标点和站立点的位置。

（2）按地图行进，寻找目标点。

（3）用校园定向地图进行实地练习。

2．公园、野外定向

（1）学习利用指北针定向、辨向。

（2）分析地图，选择路线。

（3）利用地图、指北针寻找目标点。

（4）用公园地图、野外地图进行实地练习。

3．体能训练

（1）综合练习。

（2）越野跑、登山。

4．教学比赛

三、教学组织与安排

1．学时数分配（共36学时，表4-1-1）

表 4-1-1　学时数分配

分类	教学内容	学时	总学时数	百分比
理论部分	1．定向运动概述	2	8	22%
	2．定向运动的基础知识	2		
	3．定向地图的绘制	2		
	4．定向运动竞赛组织和裁判法介绍	2		
实践部分	1．校园定向	8	22	61%
	2．公园、野外定向	8		
	3．体能训练	4		
	4．教学比赛	2		
其他	1．技术考核	4	6	17%
	2．机动	2		
总计		36	36	100%

2. 教学进度（表 4-1-2）

表 4-1-2　教 学 进 度

课次	主要内容	学时数	上课地点
1	介绍定向运动的概念、特点、锻炼价值，了解定向运动的起源和发展	2	教室
2	体验定向运动：定向游戏	2	校园
3	学习定向地图知识	2	教室
4	学习图地对照、标定地图、确定站立点位置的方法	2	校园
5	学习依地图行进的基本技能	2	校园
6	校园定向练习	2	校园
7	体能训练	2	校园
8	学习利用指北针定向和辨向	2	校园或公园、野外
9	指北针导向练习	2	校园或公园、野外
10	学习图上距离的计算、实际距离的估算	2	校园或公园、野外
11	制作步幅尺	2	校园或教室
12	学习利用等高线判断地貌	2	教室或野外
13	体能训练	2	校园或野外
14	公园或野外定向练习	2	公园或野外
15	定向地图绘制方法介绍	2	教室
16	OCAD 绘图软件介绍	2	教室
17	考核	2	校园或公园、野外
18	机动	2	

四、考核与评价

1. 考核内容

（1）理论考核：讲授的内容。

（2）实践能力考核：技术评定。

（3）平时考核：课外作业。

2. 考核方法与形式

（1）理论考核：笔试。

（2）实践能力考核：以技评为主，通过记录在规定的时间内，能正确地寻找目标点的数量来确定技术水平。

（3）平时考核：课外作业、学习态度。

第二节 实用教学手段与方法介绍

一、读图练习

（一）沿线行进寻找检查点

1. 练习目的

培养和提高学生认真细致地阅读地图的能力。

2. 练习准备

（1）准备两张地图：一张为学生用图，图上标有要求学生走的有线状物特征的路线地图（图4-2-1）；另一张为放点者用的副图，图上标有线状物特征的路线和检查点（图4-2-2）。

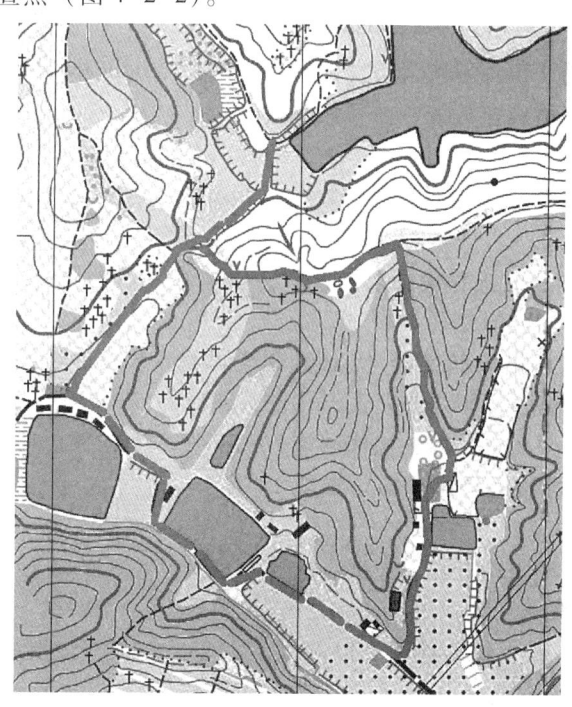

图4-2-1 学生用图

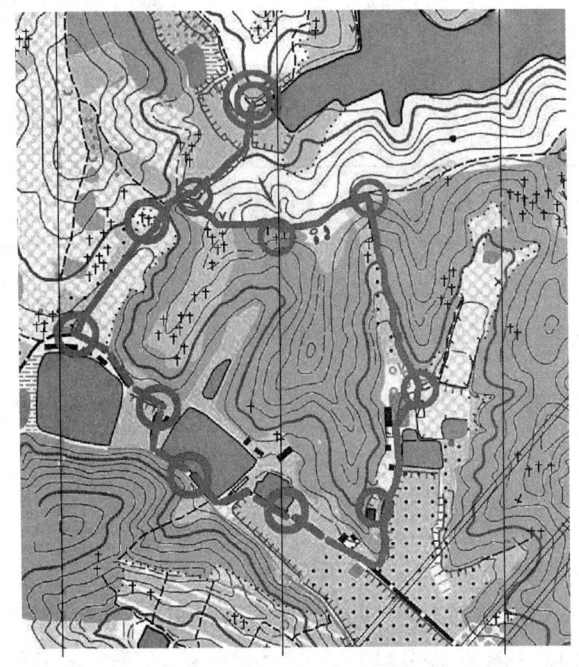

图 4-2-2　有检查点的副图

（2）图上路线设计不宜太长，一般为 1 000~2 000 米。

（3）课前把检查点放好，布置好路线。

3. 练习方法

（1）每间隔 1~2 分钟出发一个人，要求他们精确地沿着所要求的路线行进。

（2）当他们沿线找着检查点点标时，要求取回检查点标记卡，并把检查点标记在地图上相应的位置。

（3）错过或标错检查点时，可以让学生再找一次发生错误的检查点。

注意：这个练习，因为需要细致读图，所以时间上可以不作硬性规定，但以后可以提出一些要求，以加强读图能力。

（二）切割蛋糕（悬挂点标）练习

1. 练习目的

通过辨别和确定检查点的位置，增强学生精确读图的能力。

2. 练习准备

（1）准备一张主要的地图，以起点为中心，在四周设置一些检查点。如图 4-2-3 所示，把地图分割成几个部分，每一个部分有两个检查点，由两个学生放置检查点。检查点的设置要符合学生的能力，让学生能够互相提问和帮助。

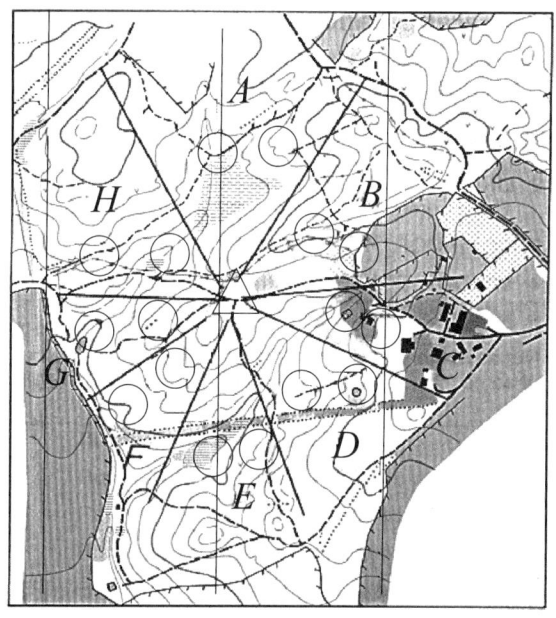

图 4-2-3　地图

（2）准备具有各个部分的地图，每一个部分要有检查点说明，如：A 部分检查点设在凹地处。

3. 练习方法

（1）把学生两人一组分成若干组，他们可以一起放点或各放一个点。设置好检查点后挂上点标，立刻回到起点。

（2）全部回到起点后，他们可以交换地图（如 B 拿 A 的图，C 拿 B 的图……依次下去），读图寻找其他部分的点（可以成对也可以单独去找）。

二、图地对照练习

1. 练习目的

（1）让学生把实际的地形、地面的特征与地图联系起来。

（2）让学生能够测量、估测地面上的特征物在图上的相对位置。

2. 练习准备

（1）准备一张有主要特征和边界的地图，如图 4-2-4 所示（可以是有楼房的草图或简化的定向地图）。

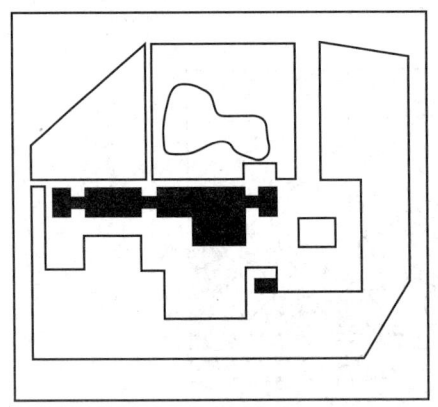 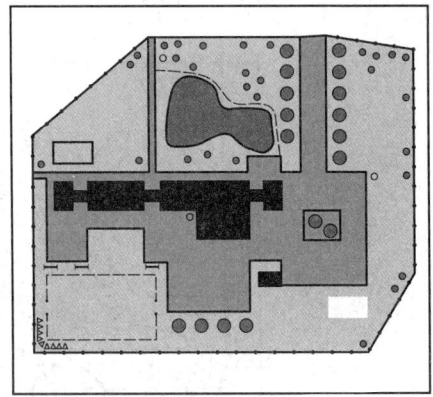

图 4-2-4　图地对照练习

（2）向学生介绍有关地面特征物在地图上的标识和颜色，如图 4-2-5 所示（图例说明）。

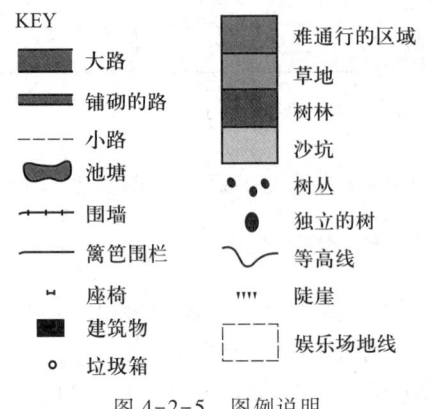

图 4-2-5　图例说明

（3）每个学生准备一个夹板和水彩笔。

3. 练习方法

（1）首先让学生到实际地形中走一圈，让他们记下一些大而明显的特征物，如草地、空旷地、池塘等的颜色和形状，回到起点让他们为所记下的特征物定位着色。

（2）再让学生走一圈，让他们记下一些较为明显的特征物，如围墙和篱笆等，回到起点让他们画下所记特征物的位置和颜色。

（3）让学生走最后一圈，记下树木、灌木丛、座椅等一些特征物，回到起点让他们画下所记特征物的位置和颜色。

（4）如果在野外，可以标示出陡崖峭壁的倾斜度和等高线。

三、地图记忆练习

1. 练习目的

让学生记住在地图上检查点周围路段上的主要特征物。

2. 练习准备

（1）准备一张主要的地图，以起点为中心设置 10~15 个检查点，起点到每一个检查点的距离在 200 米以内（图 4-2-6）。

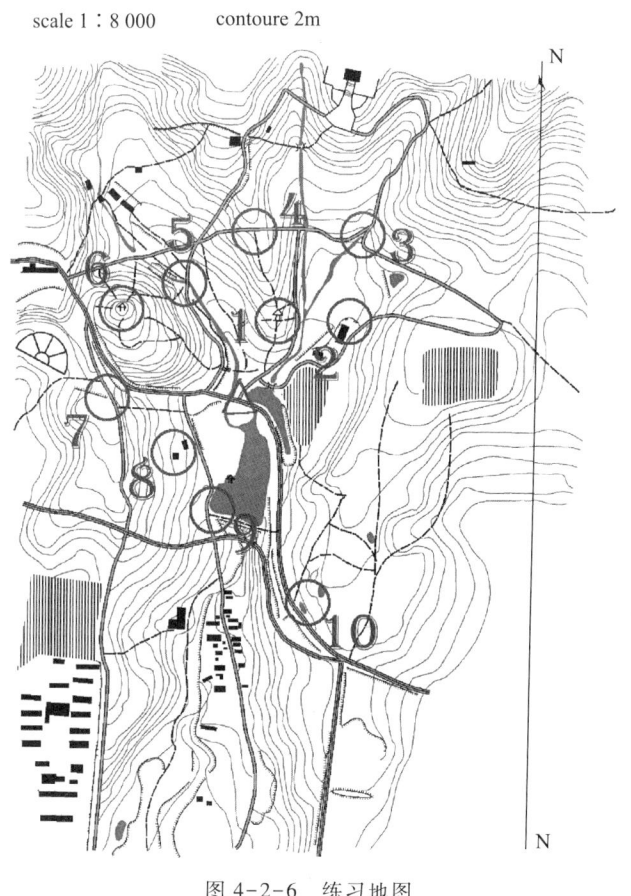

图 4-2-6 练习地图

（2）准备一张点标核对单，列出每一个学生需要跑哪几个点（表 4-2-1）。

表 4-2-1　点标核对单

姓名	1	2	3	4	5	6	7	8	9	10
A	/	/		/	/	/		/		
B		/	/	/			/	/		
C	/			/	/	/		/		

3. 练习方法

（1）给每个学生编号。

（2）将所有学生集合到起点处，让每个学生看一下地图，找到自己所要找寻的第一个点，记住路径和检查点附近主要的特征物。

（3）听到出发命令后，开始寻找自己的检查点。在每一个检查点处都会有一个点签单或点签箱，拿到相应点签回到起点，再接着跑下一点。

（4）在起点处要有两个负责人维持秩序和提供帮助。

（5）直到取回所有规定的点标才算完成任务。

注：对能力较差的学生要关照他们正置地图、面向正确的方向，在他们离开起点时帮助核对。

四、距离的估算练习

（一）计数练习

1. 练习目的

通过练习使学生能够精确地测量距离。

2. 练习准备

（1）沿一条小路或一小径测量 100 米。

（2）设置 200~400 米路段用线绕成一圈。

（3）找一块有小路、上坡、空旷森林、草地等各种地形的区域，各种地形丈量 100 米。

（4）每个学生准备一张记录卡片。

3. 练习方法

（1）个人在 100 米的小路上走或跑并记录步数。

（2）个人走 200~400 米的圆圈记录步数，然后再计算 100 米的步数，得出的是较为准确的平均数。

（3）学生把数据记录在记录卡上。

（4）让学生进行 100 米不同地形的步数计算。

（二）距离的估测

1. 练习目的

掌握地图上的比例尺与地面的实际距离的相互关系，以增强距离感。

2. 练习准备

（1）设计一条 6~10 个检查点的路线，要求路线上点与点间能相互看见，各个路段的长度都在 150 米以下且互不相同。在每个检查点处放一张卡片，卡片背后标出实际的距离（表 4-2-2）。

表 4-2-2　记 录 卡 片

姓名：
每一百米所走的步数 = 每一步 =
每一百米所跑的步数 = 每一步 =
每一百米平均步数 =

（2）为每个学生准备一张记录卡片（表 4-2-3）。

表 4-2-3　记　录　表

姓名：			
测量的距离：			
	目测	计步	答案
S-1			
S-2			

3. 练习方法

让学生在去找检查点之前先目测距离，然后走过去并计算步数，在每个检查点的卡片背后找到实际答案，把这些数据填写在卡片上。

五、指北针导向练习

1. 练习目的

掌握用指北针定向的方法。

2. 练习准备

在一张地图上标出所有的点标，设置三条距离相等的线路（距离 400~

800米）。每一条线路用不同的颜色标出，终点和起点都要清晰可见并设在道路的交叉处。每个学生记住自己的路线并画下来（图4-2-7）。

图 4-2-7 练习地图

3. 练习方法

（1）折叠地图，用指北针给地图定向。

（2）在每一个检查点上确定将要行进的方向。

（3）沿着指北针的指向箭头前进。

六、利用等高线进行练习

（一）轮廓的绘制

1. 练习目的

通过练习使学生能更深入地理解等高线及了解等高线的走势。

2. 练习准备

在地图上画一条线路，地图要选择等高线较多的、变化形式较复杂的。

3. 练习方法

（1）准备一张条状的纸，把纸的一个边缘沿着两个检查点圆圈的连线放好。

（2）每遇一条等高线就在纸上做标记，标明你是在上升还是在下降。

（3）在另一条纸上画出一条基本线，将这张纸沿着这条基本线放好，标出每一条等高线的位置并把它们连成连线。

（二）发展学生高度感的练习

1. 练习目的

发展高度感是为更好地解读地图和选择路线。

2. 练习准备

（1）准备一张山形较多等高线变化较复杂且只标有等高线的地图（图4-2-8）。

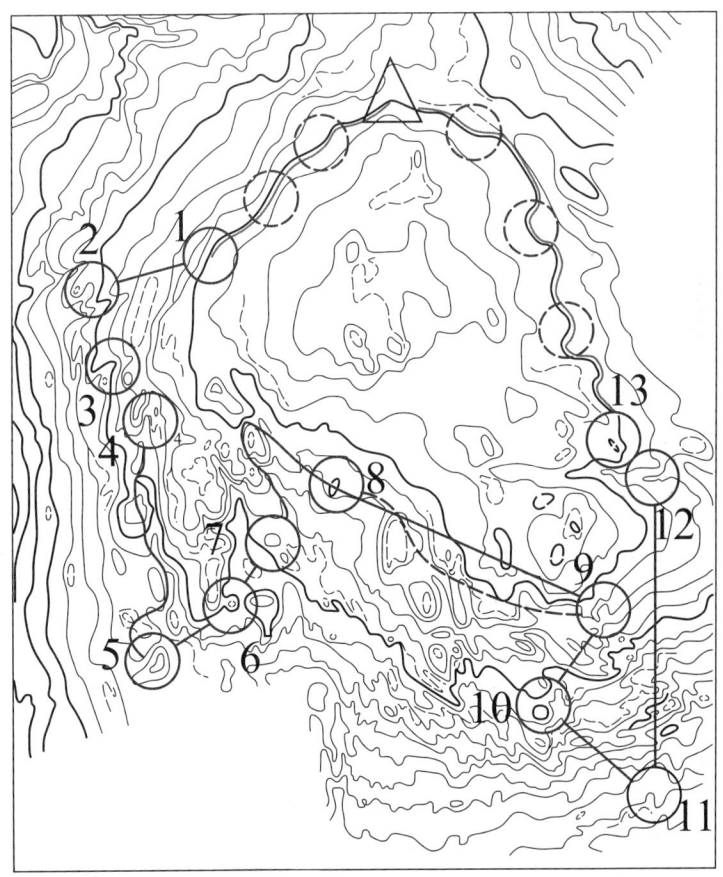

图 4-2-8　练习地图

(2) 设置 10~12 个检查点，检查点的设置要求为：相邻检查点有在同一等高线上的，有距离较近的、距离中等的和距离较远的几种。

3. 练习方法

(1) 让学生去找同一等高线上的几个点。

(2) 让学生去找距离较近的几个检查点。这可以训练他们把图记在头脑中，不看图从进攻点（检查点附近的明显特征物）去找检查点的能力，如检查点 2—4、5—7。

(3) 500 米以下的线状路线，训练学生在能经常读图的同时记一些前方主要的特征物，以保持运动的持续性，如检查点 4—6、7—8。

(4) 长距离路段，教学生用一些明显的等高线上的特征物定向，而不是直接跑，如检查点 8—9。长距离且较简单的检查点，可以用等高线上一些大型的特征物进行辅助定向，适当加快速度，如检查点 11—12。

七、定向小游戏

（一）记忆力游戏（室内室外皆可）

1. 练习目的

通过练习，帮助学生提高对地图和路线的记忆能力。

2. 练习准备

准备一些地图、纸和笔。

3. 练习方法

(1) 游戏 1

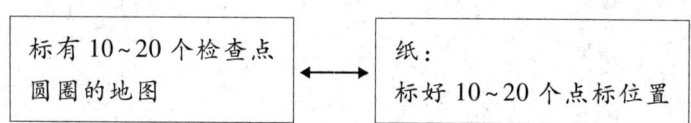

给每个人分配一个检查点，按检查点编号。第一轮先看检查点特征，练习者跑过去写下检查点处的特征物，再跑回来，换下一个人做同样的工作，直到所有的点写完；第二轮看检查点圆圈的部分，练习者跑过去把检查点圆圈里面的特征画下来，再跑回来，直到所有的点画完。两轮连续进行，全部完成才算完成任务，可以分组进行比赛。

(2) 游戏 2

给每个学生发一张画有线路的地图，给学生一定的时间去读地图，然后收回，并发给他们一张画有这个区域的空白地图，要求学生把自己所看到的路线画在这张空白地图上。

(二) 趣味定向

1. 练习目的

增强学生在对照、辨别和确定特征物时的信心。

2. 练习准备

在地图上选择4~6个区域，每个区域至少有三处以上的特征，如第一个区域为凹地，第二个区域为慢跑区域，第三个区域为有山顶的区域，第四个区域为悬崖峭壁区域。这些区域最大要跨过300米。把它们画在地图上，不需要标上检查点。

3. 练习方法

(1) 分发地图并解释游戏。

(2) 一组中的一个人有3分钟的时间出去寻找藏身之处。按照事先议定的地物特征处和区域，剩下的人去找这个人的藏身之处。第一个找到的人要提前出发藏身于第二个区域处，其他人找到藏身之处后，在原地等待，直到每个人都到达。如果10分钟后人还没到齐，可以通过站起身或呼喊的方式提醒迷失的伙伴，再向下一个区域出发（图4-2-9）。

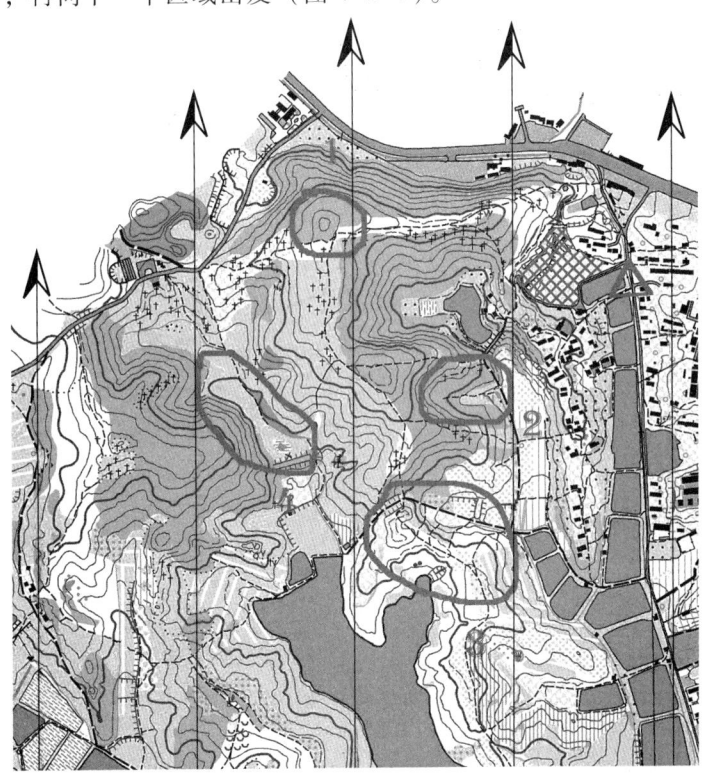

图4-2-9 练习地图

（三）路线选择游戏

1. 练习目的

培养学生路线选择和快速判断能力，发展速度耐力。

2. 练习准备

选择校园空地一块，篮球场大小，按图4-2-10所示布置好检查点，放置打卡器。为每位学生准备一张全点图。

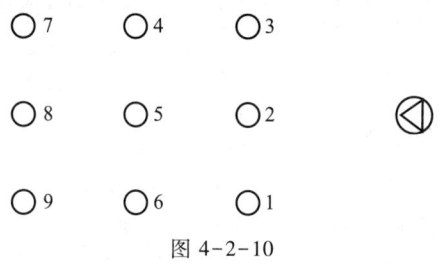

图 4-2-10

3. 练习要求

要求学生从起点出发，黑白点间隔到访。当学生拿到地图后，在向第一个目标点奔跑时立即进行全程路线设计，利用起点到第一个检查点的奔跑时间来完成。

4. 练习方法

（1）在9个检查点中任选7个，检查点必须黑白点相间（图4-2-11），并按设计跑完线路上的所有检查点。以时间最少者为胜。

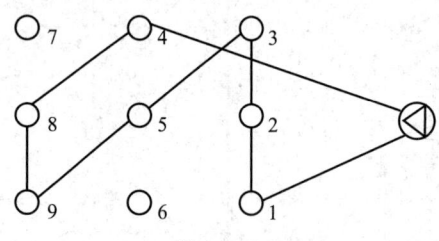

图 4-2-11

（2）老师指定起、终点的位置和最后一个检查点，中间到访的点必须黑白间隔。

5. 教学建议

（1）此练习可安排多次，让学生体会不同的路线选择。

（2）老师还可以根据需要增加或减少检查点的数目，调整黑白检查点的比例。

（3）此练习还可以通过变化检查点的摆放位置达到线路的无穷变化，如矩阵摆放、圆形摆放、菱形摆放等。

（四）迷宫定向

1. 练习目的

学会用地图配合指北针定向、辨向，发展快速奔跑中的灵活性。

2. 练习准备

准备好标上检查点的定向简图一张，在操场上或小树林用绳索或彩带摆成迷宫图形（图4-2-12）。

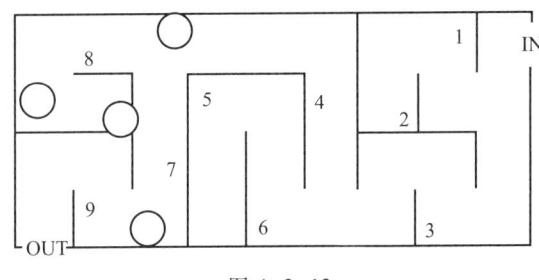

图4-2-12

3. 练习方法

以IN（入口）为起点，不要求按顺序，但要求以最快的速度到达图中的每一个检查点，以OUT（出口）为终点，记录完成的时间，时间最短者为优胜。这种练习方法，学生的自由度大，可以最大限度地拓展思维，尽情发挥，创造出绝妙的奔跑线路。

老师设计一条跑的路线，如1-3-2-4-5-6-8-7-9等，要求学生严格按照路线顺序，依次到达各个检查点，以时间短者为优胜。这种练习方法按规定进行，适合课堂教学比赛，有利于激发学生的学习兴趣。

4. 教学建议

因为每个学生都有图，可以两人一组，各自设计一条线路让对方练习。这可以同时满足多人次进行练习，适合教学使用，提高课堂练习的密度。

（五）定向接力赛

1. 练习目的

培养学生快速反应的能力，发展协调、灵敏和快速奔跑的能力。

2. 练习准备

选择校园某一空旷区域，如足球场、篮球场等，按图4-2-13所示布置场地，放上点标旗和打卡器。制作路线卡片，每组一套，每套8张卡片，每张卡片上有一条线路。8条路线可设计为1-2-3-4-5、2-3-4-1-6、3-4-1-2-7、4-1-2-3-8、5-6-7-8-1、6-7-8-5-2、7-8-5-6-3、8-5-6-7-4等。

3. 练习方法

将学生分为若干组,每组 8 人,进行定向接力比赛,要求每组每人跑一条线路,依次跑完 8 条线路。每个学生跑的线路将通过随机抽卡片的形式获得。

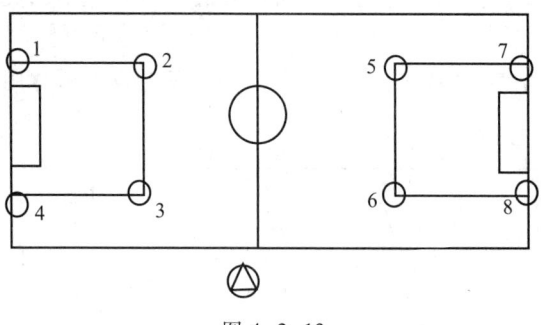

图 4-2-13

(六) 障碍跑

1. 练习目的

提高学生学习定向运动的兴趣,发展身体综合素质。

2. 练习准备

在篮球场或体操房,准备高跳箱 2 个、跳箱盖 3 个、栏架 2 个、体操垫 2 块、标志杆 6 个、体操凳 3~4 条和打卡器或自制点标。根据练习要求布置场地(图 4-2-14)。

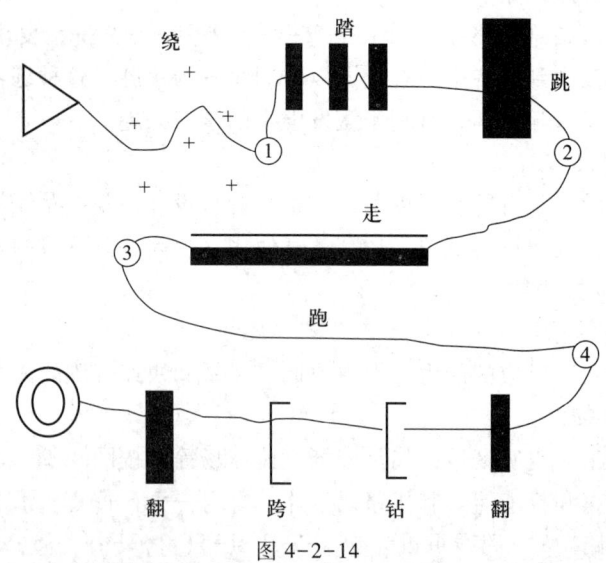

图 4-2-14

3. 练习方法

根据场地布置,从起点打卡出发,绕过6个标志杆,打1号点,踏过3个跳箱盖,跑上由体操凳搭起的斜坡,并跳落至体操垫,打2号点后从体操凳上走过至3号点,打卡后直线跑至4号点打卡并翻过高跳箱,钻过一栏架、跨过一栏架,再翻过高跳箱后打中卡结束。

4. 教学建议

(1)可根据学生水平设置障碍物的数量及难度。

(2)练习前一定要讲清方法,强调安全。可以记录单个成绩,也可以分组进行接力比赛。

(七)室内定向游戏

1. 积分赛

方法:游戏者从四周的器械处跑向中间的锥形体,并击打锥形体,有两个或三个守卫站在中间进行拦截,在规定时间里以击打锥形体次数的多少来决定胜负(图4-2-15)。

图4-2-15 积分赛

2. 9/6

方法:在每一个锥形体上标上一个数字,给游戏者一个序列,让他们按顺序或逆顺序奔跑。经常改变号码序列,计算其需要的时间。该游戏要求游戏者思维敏捷、行动快速,能有效提高游戏者在一定压力下快速做出决定的能力(图4-2-16)。

3. 争分夺秒

方法:游戏者按规定路线,在锥形体之间来回奔跑,每一路线跑两次,以两次奔跑成绩相差最小的人为胜(图4-2-17)。

图 4-2-16 9/6

图 4-2-17 争分夺秒

4. 障碍跑

方法：按照规定路线，越过障碍奔跑，该游戏可设计不同的障碍，可在室内也可在室外进行（图 4-2-18）。

图 4-2-18 障碍跑

第三节 组织教学建议

定向运动是集健身性、趣味性、知识性、竞技性为一体的新兴体育运动项目，符合青少年的身心特点，深受广大学生的喜爱，现在被广泛地引入学校体育教学中。定向课程开设时间相对较短，目前，对定向运动教学如何在学校体育课中进行的研究相对较少。为了使该课程能够顺利地实施，下面从组织教学方面提出一些指导性建议。

一、关于技术部分的教学

识图是从事定向运动的前提，用图是从事定向运动能力的体现。在定向运动教学中，应把如何认识地图、如何利用地图作为教学的重点。

（一）识图教法指导

1. 对定向地图上地物、地貌的识别

方法1：阅读定向地图，熟记地图符号。要求不能机械地记忆，而要善于把每种地物、地貌的特征与符号的图形、色彩等联系起来进行记忆。

方法2：图上作业法。让学生在标有定向路线的地图上独立完成规定的路线，并估算每段路线的实际距离、各点之间的磁方位角、爬高量等，以提高学生分析、判断地物特征、地貌起伏变化的能力。

方法3：记图练习。教师根据学生识图的情况，在地图上标出一段路线，让学生看几分钟后凭记忆将路线经过的地形大概地进行描述，并说出在越野中可利用的地物、地貌特征，然后到实地一一进行验证。

2. 对检查点说明符号的识别

在标准的定向地图上，附有《检查点说明》。检查点说明是通过符号和文字来指示检查点特征物、检查点点标的位置与该特征物之间的相互关系。在教学中，要求学生了解并能熟记国际定联规定的检查点说明符号。因为只有熟悉了检查点说明符号，在野外寻找目标点时才能轻松自如。对检查点说明符号的识别教学，可以采用以下方法：

（1）浏览全部检查点说明符号，从同类符号中寻找规律，来帮助学生记忆。

（2）对于相近似的符号，经常性地对学生进行抽测，以强化学生的记忆。

（3）多做说明符号的解释练习，将以往比赛或训练中的检查点说明表发给学生，让他们独立完成解释练习。

3. 利用堆积简易沙盘进行地图的立体化教学

堆积简易沙盘是对定向地图进行立体形象化训练的极好方法。实施中可以由 1~2 名学生根据要求，在操场沙坑中堆积具有一定范围的地形，其他人员观摩过程，而后由教练员修正或讲评。也可以由每个学生独立完成堆积沙盘的过程，然后互相检查效果。简易沙盘的堆积必须从简单的地形开始，逐渐过渡到较为复杂的地形，使学生通过训练，不但能掌握简易沙盘的堆积方法，而且能看到地形图就能联想出该地的地形特征，以便更快地掌握定向技能。

（二）用图教法指导

用图是定向运动的一项综合技能。在教学中应重点让学生学会图地对照、确定站立点位置和目标点的方向。

（1）标图练习法：在野外发给学生每人一张未标定方向的路线地形图，由教师带领学生一起行进，至某一地点停下，让学生快速独立地标定站立点在图上的位置。反复多次，独立进行，最后相互交流核对。

（2）记图训练法：在起点挂有标绘起点到 1 号点的路线和地形的地图。让学生根据记忆将该情况熟记，然后越野至 1 号点，看点位上的地图；1 号点挂有 1 号点至 2 号点的路线及地形的地图，看完后再行进至下一点，以此类推。如果学生跑错了位置，就拿不到地图，必须跑回前一点位看地图，再重新越野至下一点位。此练习可以训练学生记图的能力。

（3）描绘地形训练法：将标有路线的空图（没有地物地貌符号）发给学生，由教师带领学生行进或越野，学生将行进或越野过程中所遇见的地物、地貌描绘在标有定向路线的空图上，最后与定向的地形图相对照，由教师对描绘地形的方法进行统一讲评。

（4）在教学中让一组学生自己去放置检查点，再由下一组学生检查前一组学生放置的位置是否正确，以提高学生对检查点的判断能力。

（三）提高学生方向感的教法指导

培养学生在野外的方向感是定向运动教学的一个难点。很多同学到了野外，转了几个弯，就迷失了方向。在教学中，应让学生学会用多种方式来辨别方向。如利用地物、地貌定向，利用指北针导向，在行进中善于记忆所走过的路线和所转的方向。具体方法如下：

（1）指北针导向练习：在较简单的地形上，让学生按磁方位角进行练习，要求学生在出发前读准方向，瞄准方向线，选准参照物。

（2）把检查点选择在不能直接通行，需要绕过池塘、水库、茂密灌林等障碍物的地方，观察学生绕过障碍物后能否返回到原方向线上找点。

（四）技术教学中应注意的问题

（1）根据场地的地形条件和学生的定向技能水平安排教学内容，教学中要采取循序渐进的方法，由易到难。特别是对于初学者，要把握让其能够接受的原则，逐渐提高学生的识图和用图能力。

（2）在地区和路线选择方面，做到由简单地形到复杂地形，路线的距离由近到远，设立检查点由一两个点到多个点过渡。

（3）各种练习方法可以互相交叉进行，但必须采取多次记忆的办法，即在同一地点同一路线训练两次，帮助学生加深印象。特别是在第一次训练中出错的地方，通过讨论讲解后应复走一次。

（4）教学用图往往不同于比赛用图：教学用图有的是以往比赛用过的地图，有的是代用图，而且大部分是素图（黑白图）。对于地图与实地的差异之处，可以让学生自己去发现、纠正，从而提高他们使用地图的能力。

二、关于场地与设备

1. 教学场地

定向运动不像足球、游泳等项目需要专门的场地，它可以利用校园自然地形。一般的校园，地形有一定的起伏，大部分有植被覆盖，明显的地物较多，是比较理想的定向教学场地。有条件的学校，还可以利用周边的公园、丘陵地带作为教学场地进行教学。但事先要和公园管理部门联系妥当，在教学中要求学生爱护自然环境。

2. 教学用图

教学用图对于新开设定向运动课程的学校来说是一个急需解决的问题。由于国内目前专用定向地图使用还不普遍，制作专业定向地图周期较长，成本较高，教学中对图的需求量又大，建议充分利用校园规划图、公园游览图进行改造，制作黑白的教学用图（制作方法见第七章）。

3. 检查点点标和点签

检查点点标是学生寻找和辨别检查点的主要依据。在正式比赛中，国际定联对点标的尺寸、颜色和设置方法都有明确的规定。在教学中，由于要频繁使用检查点点标，因此检查点点标可以用小红旗、彩色硬纸版，编上号码来代替。同样，点签也可以用印上图案、号码的标贴来代替，以证明你已到达该检查点。

三、关于教学中的安全问题

在定向运动的教学中，由于项目的特点，经常需要带学生到校外和野外进行练习，安全问题是教师必须加以重视的。

首先，教师对进行野外教学、训练的地形，预先应有充分的了解，一些不安全、有危险的区域要在地图上注明，在进行路线设计和检查点设置之前，教师必须先做实地考察，排除不安全的因素。

其次，加强学生组织纪律性的教育。把学生带到校外，强调学生要一切行动听指挥，要有组织观念、集体观念和时间观念，同学之间要互相关心和帮助。在教学初始阶段，野外练习最好以组为单位进行。

最后，教师应掌握一些必要的野外防范措施和急救知识。如在野外常常会遇到狗，有很多同学怕狗，教师在设计路线时应尽量避开有狗出没的地方，同时也要告诉学生万一遇到狗该如何处理；又如，在野外学生常常会遇到蚊虫叮咬、蜂蜇伤、蛇咬伤以及中暑等情况，教师应掌握一些急救措施和处理的方法。

课后练习与思考

1. 根据某一堂课的具体任务，制定一份教学方案。
2. 根据现有的教学条件，设计 2~3 套趣味定向练习。

第五章　定向运动训练指导

本章提要

　　本章主要围绕定向运动训练的有关内容进行阐述。介绍了定向运动训练应遵循的原则以及训练计划制订的步骤和内容。从技能、体能和心理三个方面阐述了定向运动训练的基本方法和手段，重点讲解了针对不同场地、类型比赛的综合性训练方法，为定向运动训练提供指导。最后，通过介绍Quick Route分析软件使用方法，阐述了卫星定位系统工具在定向运动训练和比赛数据分析中的作用，为进一步提升教练员的训练水平提供参考。

第一节 训练原则与训练计划的制订

一、定向运动训练的基本原则

定向运动训练原则是定向运动训练活动客观规律的反映，是组织定向运动训练所必须遵循的基本准则。由于定向运动一般是在户外自然环境下进行，训练中经常需要不断克服场地变换、天气变化等各种不确定因素带来的困难。为有效实施训练计划，提高运动员的运动水平和竞技能力，我们重点从竞技需要原则、系统性原则、区别对待原则和动机激励原则四个方面介绍定向运动训练所要遵循的基本原则。

（一）竞技需要原则

竞技需要原则是指在定向运动训练过程中，依据定向运动比赛特点确定运动员所需具备的各种竞技能力，以此科学合理地安排训练的原则。在定向运动训练内容的设计、训练方法和手段的实施、训练负荷的调控等方面都要遵循竞技需要原则。

定向运动的项目特点不仅要求运动员具备良好的体能基础，还要具有识图、判定方向和快速选择行进路线等技术能力。运动员只有在具备良好的定向技能和心理素质基础上充分发挥其体能优势，才能取得优异的比赛成绩。除此之外，定向比赛运动员要身兼多种类型的比赛任务，如百米定向、短距离赛和中长距离赛，这除了要求运动员必须全面掌握不同类型赛事所需的特定技能，还对运动员的速度和耐力等方面提出了更高的体能要求。定向运动复杂的体能、技能、智能和心理能力构成了定向运动员训练所要达到的竞技能力。在训练过程中，应遵循竞技需要原则，针对定向运动竞技能力结构的特点，科学合理地安排训练内容、采用高效的训练方法和手段，有效组织和实施定向运动的训练活动。

（二）系统性原则

系统性原则是依据定向运动竞技特点和重大定向赛事安排，系统持续地组织训练的原则。在遵循人体运动能力和智力发展规律的基础上，根据定向运动的竞技特点以及各技能之间的内在联系，有序、持续地组织定向运动训练。

定向运动是一项体力与智力相结合的运动项目。运动员的智力因素是通过识图、选择路线、确定目标点等技术能力体现出来的，而这一过程也是获取信息、加工信息、作出判断和决策的一系列连续的心理过程。教练员必须深入了解定向比赛过程中运动员的心理认知过程，系统合理地安排各项技术内容，并遵循智力发展的规律，有序地组织训练。

除此之外，定向运动员的体能表现并非独立于定向技术，如何将体能训练更加有效地融入技能训练中是获得最佳训练效果的关键。在不同的训练阶段中，教练员必须处理好体能与技能的关系，依据不同赛事的竞技需求，将体能与技能训练有机结合起来，系统、全面地设计各项训练的内容和比例，并有序地组织训练。

（三）区别对待原则

区别对待原则是因比赛条件、训练阶段和运动员特征等方面不同而分别进行不同训练安排的原则。定向比赛受到自然环境条件的影响，因此，教练员应依据运动员的具体情况，在不同训练环境和条件下实施不同的训练。

在定向运动训练过程中，教练员不仅要安排运动员进行定向运动的一般技能训练，还应根据不同的比赛条件分别实施不同的训练内容、方法和手段，使运动员获得适应不同比赛条件的竞技能力。如百米定向赛应注重运动员的速度和应变能力的发展，中长距离比赛更注重耐力水平的提高，空旷场地比赛要求运动员能够快速准确判断方向，而野外场地比赛应加强野外穿越和野外奔跑等技术的训练。

教练员在训练过程中应尊重运动员的个体差异性，处理好集体训练和个性化训练、体能与技能训练之间的关系，分析每个运动员的体能和技能等方面的特征及训练需求，分别实施不同的训练方案。如针对体能好、技能弱的运动员，应加强识图和用图等技能训练，而对于技能强、体能弱的运动员，应在确保快速准确寻找目标点的前提下加强体能训练。

（四）动机激励原则

动机激励原则是通过多种方法和手段，激发运动员主动积极地进行长期训练活动的原则。动机是引发行为的内驱力，良好的训练动机能有效提高运动员训练的积极性、主动性和创造性，是维持运动员长期艰苦训练的源动力。

遵循动机激励原则要求在定向训练过程中注意以下几个方面：① 训练目标的设置要合理、具体、可行，并具有一定的挑战性，能够体现运动员的需求；② 变换训练条件，采用多种训练方法、手段来维持或提高运动员的训练动机，如经常变换训练场地，减少训练的单调性，除进行体能和技能训练外，还要注重对运动员地图、空间环境认知等心理能力的训练，让运动员了解定向运动大脑认知特征，激发运动员对定向心理认知过程的探究精神；③ 充分发挥运动员的主观能动性。让运动员参与定向地图绘制以及线路设计，了解地图制作的原理，深入提高对地图信息的认知能力，并参与定向训练计划的制订，发挥运动员的主体作用。

二、定向运动训练计划制订的步骤与内容

训练计划根据时间跨度可划分为多年训练计划、年度训练计划、阶段训练计划、周训练计划和课训练计划。不同时间跨度的训练计划制订的基本程序基本相同，训练计划制订的基本步骤主要包括：训练目标的确定、训练阶段划分及任务确定、训练内容的选择和训练方法、手段及负荷安排。

（一）训练目标的确定

确定训练目标是制订训练计划的第一步。训练目标可以通过定向运动竞技能力如体能、识图能力或比赛成绩等具体指标得以实现，是制订训练计划的主要依据。确定训练目标首先要对训练对象进行前期分析，了解运动员的初始竞技水平，这是制订训练计划的基础。例如，初学者应以提高定向运动的一般技能为主要训练目标，而优秀运动员则以达到最佳竞技状态，创造优异比赛成绩为训练目标。训练的内容、方法和手段以及负荷的安排都应围绕着训练目标来组织实施。

（二）训练阶段的划分及任务确定

训练的最终目标是实现预期的比赛结果，而比赛也是检验训练效果的最佳途径。首先确定年度的比赛安排及比赛时间，以此作为阶段划分的依据，可将年度计划分为单周期或双周期，每个周期可以进一步划分为基本训练期、比赛期、恢复期。针对1~2个月短期集训的训练计划，可把训练周期划分为准备周、赛前训练周、比赛周和恢复周等。确定训练阶段后，需要明确每个阶段的训练任务。如基本训练期的训练任务是提高体能，改进技术，提高定向专项训练水平；比赛期训练任务是完善定向技术，提高定向综合训练水平，达到最高竞技状态，创造好的比赛成绩；而恢复阶段主要任务是消除生理和心理疲劳，总结比赛经验。除此之外，还要根据不同阶段任务，合理规划训练负荷的动态变化，如准备阶段应逐渐提高运动负荷量和负荷强度，比赛阶段训练应保持负荷强度，降低负荷量，恢复阶段应降低训练负荷强度和负荷量。

（三）训练内容的选择

根据所设定的训练目标选择训练内容，训练内容的选择必须遵循竞技需要的原则，不同的训练内容发展不同的竞技能力，最终服务于各阶段任务和目标。例如，准备期训练应加强速度、耐力、力量等素质训练，在技能训练方面，注重定向运动一般技能训练，逐渐过渡到专项技能训练。在赛前训练期主要以综合技能训练为主，加强心理素质锻炼，可参加小型定向比赛，提高运动员竞技状态。由于定向运动比赛受到地形、环境和气候等因素的影响，因此，还应结合赛事的具体情况来安排训练内容。

(四) 训练方法、手段及负荷安排

确定训练内容后，应选择合适的训练方法和手段，以期达到预期的训练效果。首先要了解自己所掌握的训练资源，训练条件是训练计划得以实施的重要保障。尤其是训练地图，它是制约定向训练最大的瓶颈，应尽可能收集更多数量不同地形的地图，以满足训练的需求。基本训练期体能训练以持续训练法和间歇训练法为主，负荷量较大，强度中等，重点发展运动员的乳酸代谢和有氧代谢能力；一般技能训练主要以发展单项技术能力为主，多采用重复训练法巩固基础技术的准确性和稳定性，识图技术训练可采用表象法和记忆法；专项技能训练可以将体能与单项技术融合起来进行训练，负荷强度大，负荷量小，确保在奔跑过程中保持大脑的清醒状态。赛前准备期应更加注重综合技能的运用，强调奔跑、识图、选择路线等技术环节的连续性和流畅性，多采用模拟比赛训练法，要不断改变训练环境。

第二节 技能训练

定向运动技能是指在野外环境中合理运用地图和指北针判定方向，选择路线，以最短时间到达目标点的能力。定向运动技能可分为基本技能和综合技能。基本技能是利用地图和指北针寻找目标点的能力，是初学者参与定向运动所必备的基础条件。除此之外，定向运动是一项体能与智力相结合的竞技性运动项目，不仅需要运动员掌握定向运动的基本技能，还要求运动员能够在高速奔跑状态下综合运用多项定向技能，快速、准确地寻找目标点。本节主要介绍定向运动技能的训练方法，并着重阐述适合不同环境场地条件、不同类别比赛的综合技能训练的常用方法。

一、定向运动基本技能训练

定向运动基本技能主要包括识图、用图、判定方向和确定目标点等技能。基本技能的练习方法可参考第四章介绍的定向运动基本教学方法与手段，除此之外，本部分内容主要通过介绍识图和用图训练方法以及模拟比赛训练方法来阐述定向运动基本技能的训练方法。

1. 识图训练

定向运动的识图训练是要求练习者能够熟练掌握地图上各种符号的含义。通过识图训练，能够提高运动员快速读图和利用地图判定地形的能力。定向识图训练的方法有以下几种：

（1）定向地图地物地貌符号识别训练。针对定向地图的特点，在图上开展作业。要求首先掌握定向地图符号的规律和特点，既要学会判定地貌的起伏、高差、坡度和简单的通视度等，又要牢记定向运动地图上的特殊符号。训练的基本方法与步骤如下：① 通过阅读定向地图，牢记地图符号。② 实施图上作业。在标有线路的地图上，独立完成越野路线，估算每段路的实际距离及各点间的磁方位角等。③ 记图训练。首先认真阅读地图，然后通过记忆将越野路线的大致地形描述出来，尤其是越野路线的距离和具有明显特征的地物。

（2）检查点说明符号识别训练。① 浏览全部检查点说明符号，对各种符号进行归类，找出规律，有助于增强记忆。② 抽测自己掌握情况，特别是相似符号，要区分含义。③ 反复进行说明符号的解释练习，使用以往比赛或训练地图的检查点说明表，独立完成解释练习。

（3）地图立体形象训练。堆积简易沙盘是进行地图立体形象化训练的一种有效的辅助方法。通过堆积沙盘的训练，不但能够快速识别地图显示的地貌特征，更为重要的是能够快速实现二维地图地形与现实地形之间的信息转换。堆积沙盘训练可以在操场沙坑中操作完成，依据地图上显示的地貌形态，堆积相应的立体地形的沙盘。堆积沙盘先从简单地形开始，逐渐过渡到较为复杂的地形。

2. 用图训练

用图训练是在野外进行的一种技能训练，可以分为运动中的方向（或标定地图）训练、运动中的站立点和目标点确定训练以及图地对照训练等。

（1）运动中的方向训练。确保练习者在野外具有明确的方向感，要学会快速标定地图的能力。这一技能可以通过以下方法进行训练：① 利用指北针，在较简单的地形上，进行方位角行进练习，提高方向感和距离感；② 利用地图在不能以直线行进两点间的练习，在绕行过程中，检查方向感和距离掌握情况。

（2）运动中站立点和目标点确定训练。确定站立点和目标点是定向运动的关键技能，其训练过程必须与图地对照训练结合起来。具体训练方法如下：① 标图训练法。在野外用一张未标定方向的路线地形图，跑到某一地点停下，快速标定站立点在图上的位置，反复多次，独立完成，而后由自己描述所标绘的越野路线，让其他人进行校正。② 记图训练法。在起点的地图上标上1号检查点位置，在1号点地图上标出2号检查点位置，以此类推。练习者在脱离地图的状态下，通过记忆寻找下一个检查点。如果在跑动过程中无法记清下个点标的位置，只能返回上个检查点重新阅读地图，才能找到下个检查点。③ 描绘地形训练法，用一张标有线路的空图（没有地物地貌符号）进行练习,将行进过程中所观察到的地物地貌描绘在空图上,最后与原图进行对照。

(3) 用图训练注意事项。① 用图训练应根据场地条件和定向技能水平来安排具体训练内容。训练难度应遵循循序渐进、由易到难的原则。② 几种训练方法可以相互交叉进行,但必须采取多次记忆的办法,即在同一地点同一路线训练多次,尤其是在容易出错的地方应反复练习。③ 当训练地图与现实地形出现差异时,可以有意识地引导队员去发现、纠正地图错误,增强识图能力。

3. 模拟定向比赛训练

制作一条简单的线路,以训练的形式按照定向比赛流程进行练习。通过模拟定向比赛训练,使初学者熟悉比赛的基本流程,能够合理运用定向运动的基本技术来完成定向比赛。

二、综合技能训练

(一) 空旷环境的定向技能训练

空旷环境场地具有地物少、通视度好、地形相对简单的特点,目前主要应用于百米定向比赛。由于其场地特点,决定了百米定向所具备的技能要求与野外定向有所区别,更加体现了速度和方向变化等特征要素。百米定向要求运动员在微型场地上短时间、快速完成定向比赛任务,是检验运动员在不断改变速度和方向中调整节奏、减少干扰、快速选择和完成路线的能力。根据百米定向的技能特点,下面主要从快速应变能力和实战性练习来介绍提高百米定向成绩的训练方法。

1. 快速应变能力训练

训练目的:利用地物的相对位置关系,提高练习者在快速奔跑中迅速反应,快速作出判断、选择路线的能力。

场地布置:在一块空地上,将红、黄、蓝路锥无规律混放,锥体间隔2~3米。在距离该区域5~10米处平行放置红、黄、蓝各一个路锥,间隔1米,作为起点(△)。在该区域另一侧,同样摆放红、黄、蓝各一个路锥,间隔1米,作为终点(◎)(图5-2-1)。

训练方法:练习者背对练习区站立,转身出发跑至起点处,根据教练发出的颜色口令,依次快速触摸起点、练习区、终点所有该颜色路锥。根据不同要求,练习路线可以衍生出多种类型:

(1) 单色线路:练习者全程触摸一种颜色路锥。

(2) 双色线路:练习者全程触摸两种颜色路锥,但不能连续触摸同一种

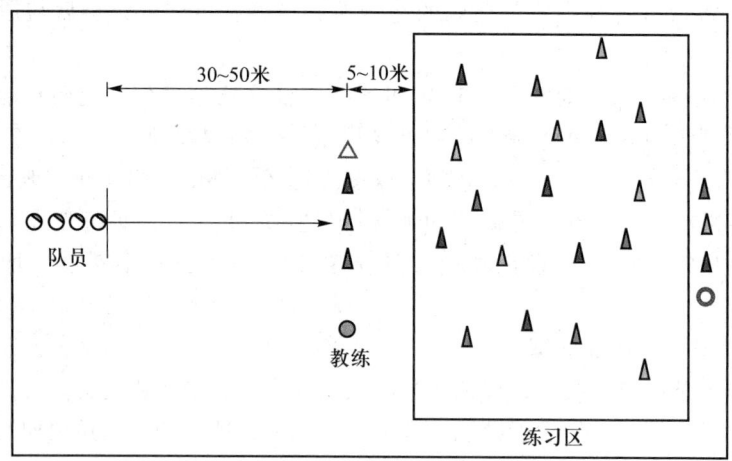

图 5-2-1 场地布置示意图

颜色的路锥。

（3）三色线路：练习者全程触摸三种颜色路锥，但不能连续触摸同一种颜色的路锥。

练习要求：

（1）队员不能提前观察练习区。

（2）快速、流畅地完成练习。

2. 百米定向实战性训练

训练目的：通过百米定向的实战练习，提高练习者在快速奔跑过程中的反应速度、方位判断和路线选择等综合能力。

场地布置：选取足球场地作为百米定向的训练场地（图 5-2-2），制作一条百米定向线路（图①）。

训练方法：

（1）按照图①线路反复练习。

（2）在图①线路的基础上逐渐增加检查点和干扰点数量，提升训练难度，反复练习（图②）。

（3）在图①线路的基础上增加线路检查点数量和方向变化频率，反复练习（图③）。

（4）同场地设计多条线路，多人同时练习，增加人数干扰，提高练习难度（图④）。

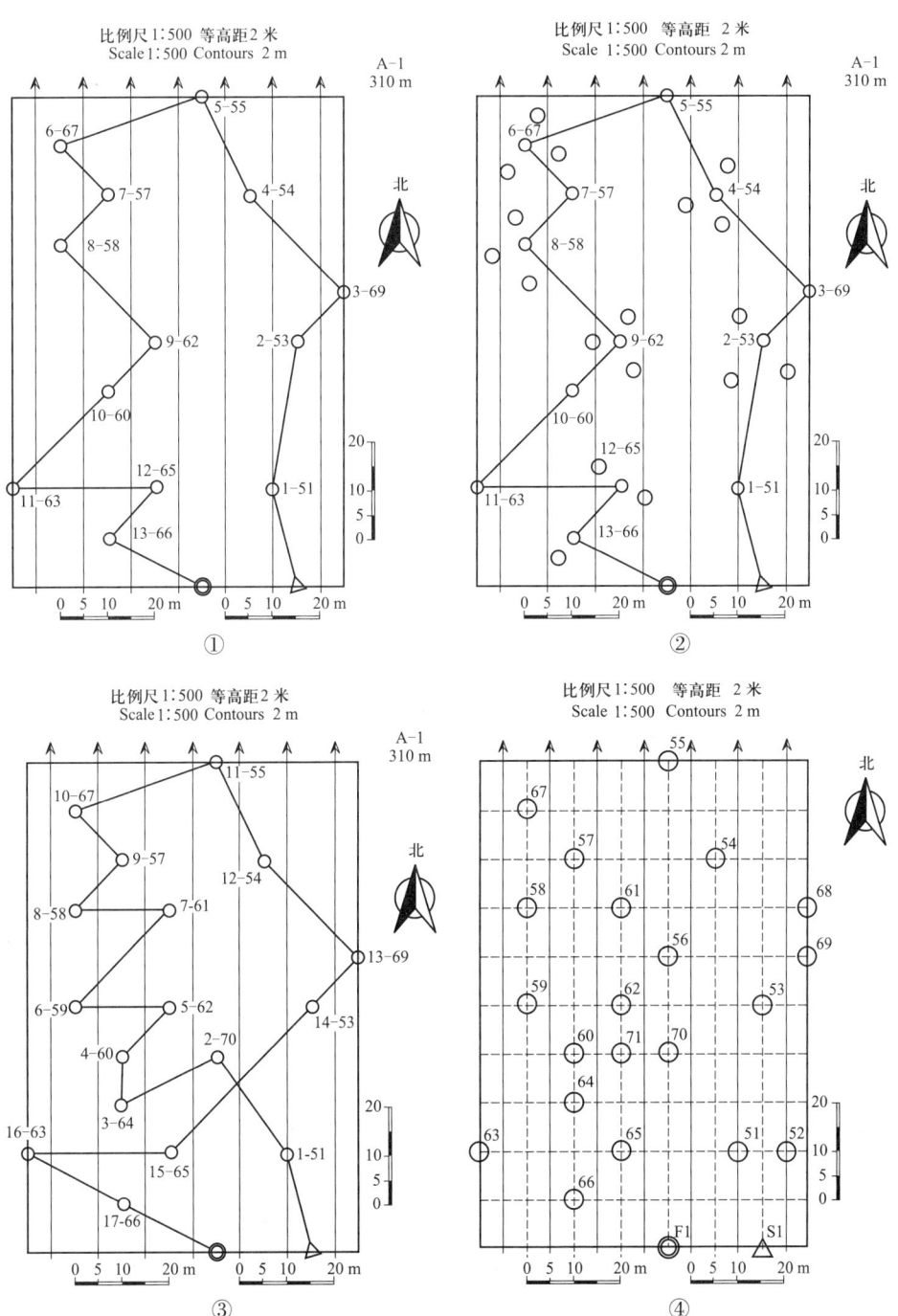

图 5-2-2 百米定向场地布置示意图

练习要求：快速、准确、流畅地完成练习。

（二）校园、公园环境的定向技能训练

校园和公园环境具有人工地物多、奔跑速度受限等特点，可适用于绝大多数的定向比赛场地。本部分内容主要针对短距离赛、接力赛、积分赛和团队赛的比赛特点和技能要求，分别阐述提高定向比赛成绩常用的训练方法。

1. 短距离

短距离赛体现了项目的速度要素，是检验运动员在复杂环境中认知地图，选择最佳路线，快速、准确到达各个检查点的能力。

（1）持图奔跑技术。

训练目的：在保持一定的奔跑速度状态下，能够快速、准确阅读地图。

训练方法：① 练习者持图在实地奔跑，并将经过的显著特征地物在地图上标示出来（图5-2-3）。② 预先在道路两边设置一定数量的点标旗，要求队员跑完后，在地图上标出点标旗的位置。③ 持图在凌乱地上奔跑，在固定距离内控制完成时间（图5-2-4）。

训练要求：在任何地形上能够做到边跑边看图，速度由慢到快。高速奔跑中，跑动流畅。

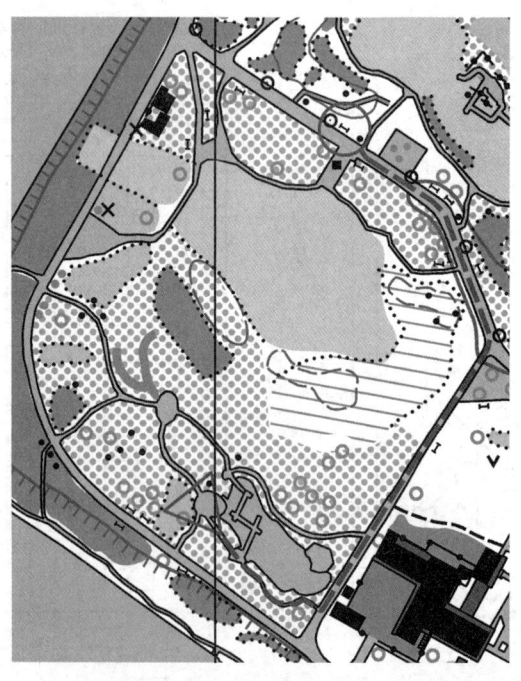

持图在道路上奔跑彩图

图5-2-3　持图在道路上奔跑

第五章 定向运动训练指导

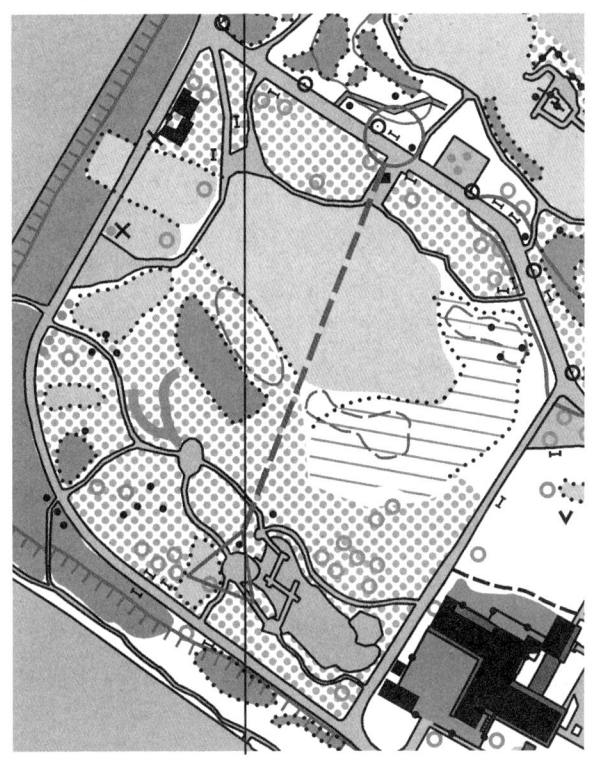

持图在凌乱地上奔跑彩图

图 5-2-4 持图在凌乱地上奔跑

（2）出发技术。

训练目的：预先了解赛场周边环境信息，快速进入比赛状态。

训练方法：在比赛出发前，使用指北针标定北方，并观察起点周边的地形特征。比赛出发后，取图，同时缓慢加速，双手持图，视线落在任何一个检查点上，根据连线迅速找到起点在地图上的位置后，快速标定起点到"1"号检查点方向，并确定行进路线，加速奔跑。

训练要求：严格按出发流程操作，出发后拿图、看图和奔跑动作要协调流畅。

（3）地图记忆法。

训练目的：强化大脑对地图信息的记忆加工能力，减少跑动过程中的看图次数和时间。

训练方法：① 练习者认真阅读地图，筛选地图上起点到终点的有效信息，并在大脑中形成记忆。② 脱离地图，从起点出发，根据大脑中形成的"心理地图"来选择路线，并不断通过实际地形与记忆地图进行信息匹配来确定站立点位置，最终到达终点。

以下图（图5-2-5）为例，首先仔细阅读地图，记忆路线中几个关键的参照点顺序：小路交叉——长方形广场——十字路口——三岔路口——丁字形路口（终点），然后脱离地图按记忆的路线奔跑，每看到一个参照点，说明跑动的路线是正确的，依次跑完全程。

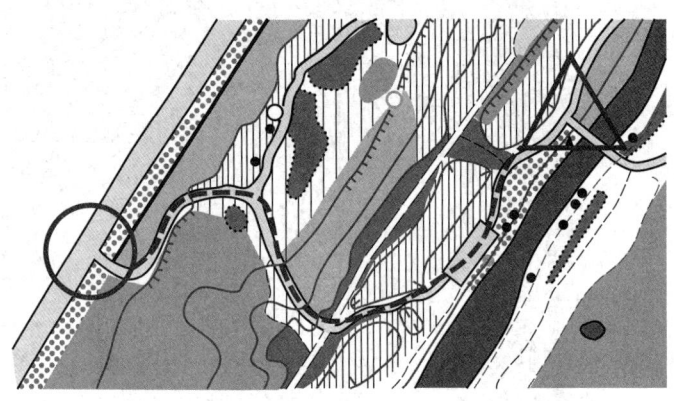

地图路线记忆
示意图彩图

图5-2-5　地图路线记忆示意图

训练要求：① 开始训练时不强调速度，注重强化记图能力。② 在地图记忆熟练、准确的前提下，可以逐渐提升奔跑速度。③ 抓住地图上的主要信息，减少干扰信息。

（4）星形综合训练。

训练目的：提升队员在短时间内，面对不同地形技术切换的能力。同时找出技术短板，在后期训练中有针对性地进行训练。

场地布置：选取有针对性的地形，使这些"障碍"位于起点到各个检查点之间（图5-2-6）。

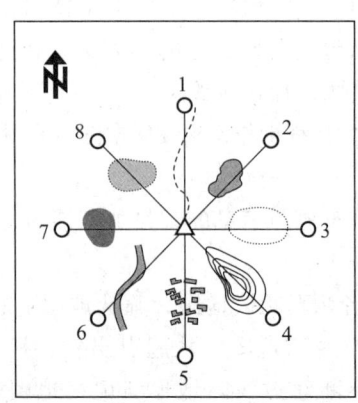

图5-2-6　星形综合训练场地示意图

训练方法：① 每个队员一次分配一个点标，从起点出发，到达目标点后返回起点。以此类推，将所有点标全部找完。② 每个队员一次分配两个相邻的点标，从起点出发依次到达两个点标后返回起点。以此类推，直至找完所有点标。③ 设计任意多个点组合成线路，按照上面方法进行练习。

训练要求：① 全程高速奔跑。② 记录每个人每次练习的时间，相互比较，进行总结。③ 教练在起点位置，注意观察队员情况，作必要的指导。

2. 接力赛

接力赛类似于多个短距离赛的组合，除具备短距离赛的技能要求外，还需要熟悉比赛的流程，掌握正确的交接图技术，具备良好的心理素质，体现团队竞争与协作的能力。

接力赛模拟训练

训练目的：熟悉接力赛操作流程，掌握交接图技术。

训练方法：① 选取小型场地，设计距离短、检查点较少的接力赛线路。② 可以让队员设计接力区的进出路线，然后按照接力赛流程进行练习。

训练要求：① 接力区换图时，不能拿错图。② 在接力区应注意观察即将到达的队员，并迅速完成交接图。③ 接力区场地布置较为复杂，特别是隔离线较多。比赛中不能翻越任何隔离线。

3. 积分赛

积分赛要求运动员在固定时间内尽可能到访更多数量、更高分值的检查点（图 5-2-7）。由于积分赛无须按照检查点顺序完成比赛，要求运动员自己规划线路。因此，线路规划的能力是技术训练的重点。

（1）地图线路设计方法训练。

训练目的：掌握积分赛线路设计的方法和技巧，能够做到根据不同地形和检查点位置，合理规划最佳线路。

地图线路设计方法与技巧：① 训练初期，设计线路时仅考虑地形因素，不考虑点标分值，要求在有效时间内尽可能寻找更多数量的点标。② 训练后期，以"高分值点为主，顺便带上线路附近的低分值点"方法进行线路设计。

训练方法：准备多份积分赛地图，让队员在规定时间内完成线路规划。然后，将每位队员做出的线路相互比较，归纳与总结，选出最合理的线路。图上作业训练可以弥补场外训练不足的缺点，提升线路规划的理论水平。

训练要求：设计的线路要"平滑"，尽量不要有折返。

（2）场地训练。

训练目的：通过实地训练，检验线路设计的合理性，并对线路设计不断进行完善。

上篇 定向运动

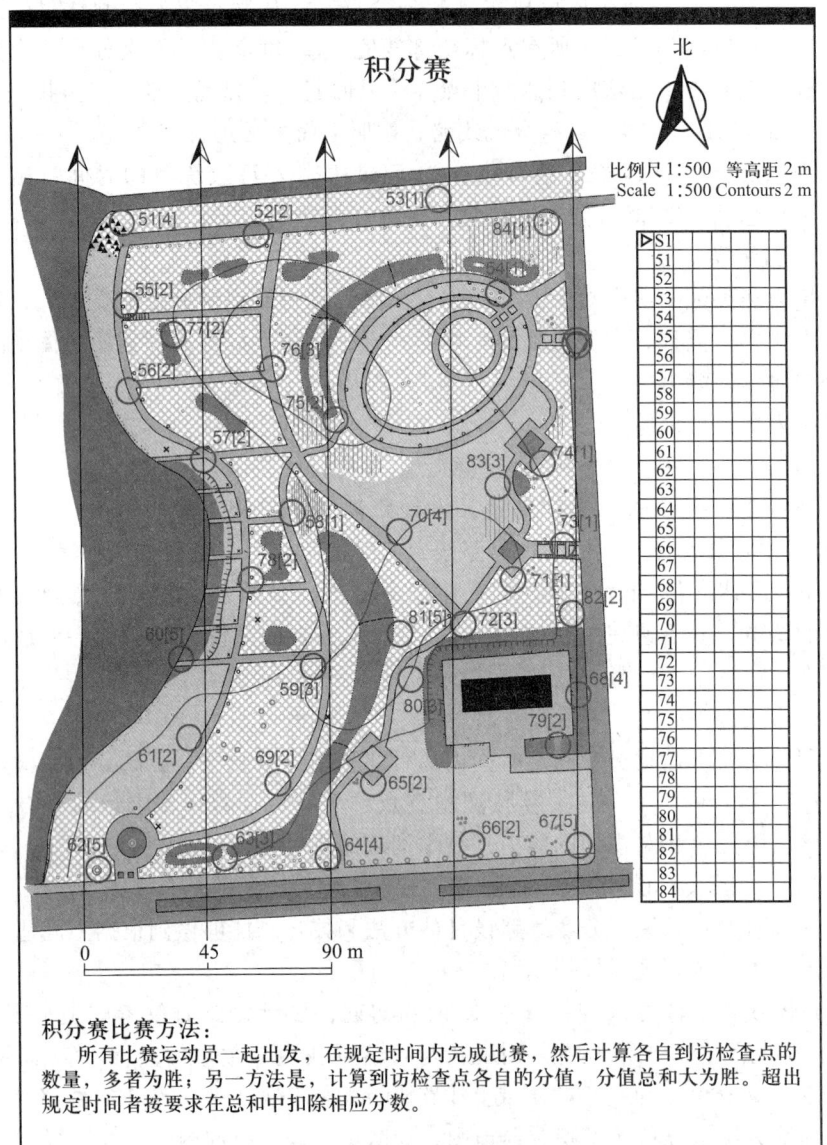

图 5-2-7 积分赛线路图

积分赛比赛方法：
　　所有比赛运动员一起出发，在规定时间内完成比赛，然后计算各自到访检查点的数量，多者为胜；另一方法是，计算到检查点各自的分值，分值总和大为胜。超出规定时间者按要求在总和中扣除相应分数。

训练方法：练习者依据自己设计的线路按要求完成一次完整的积分赛练习，练习结束后在地图上画出自己实际的行进路线，并与线路图进行比较，找出不足，然后再重新设计一条新的线路重新进行一次练习，依次类推，不断完善线路。

训练要求：按积分赛要求，严格控制练习时间。

4. 团队赛

团队赛要求团队成员互相协作，共同完成所有的点标任务（5-2-8）。根据团队成员的技术特点，如何合理分配点标任务，处理好必打点与自由点的关

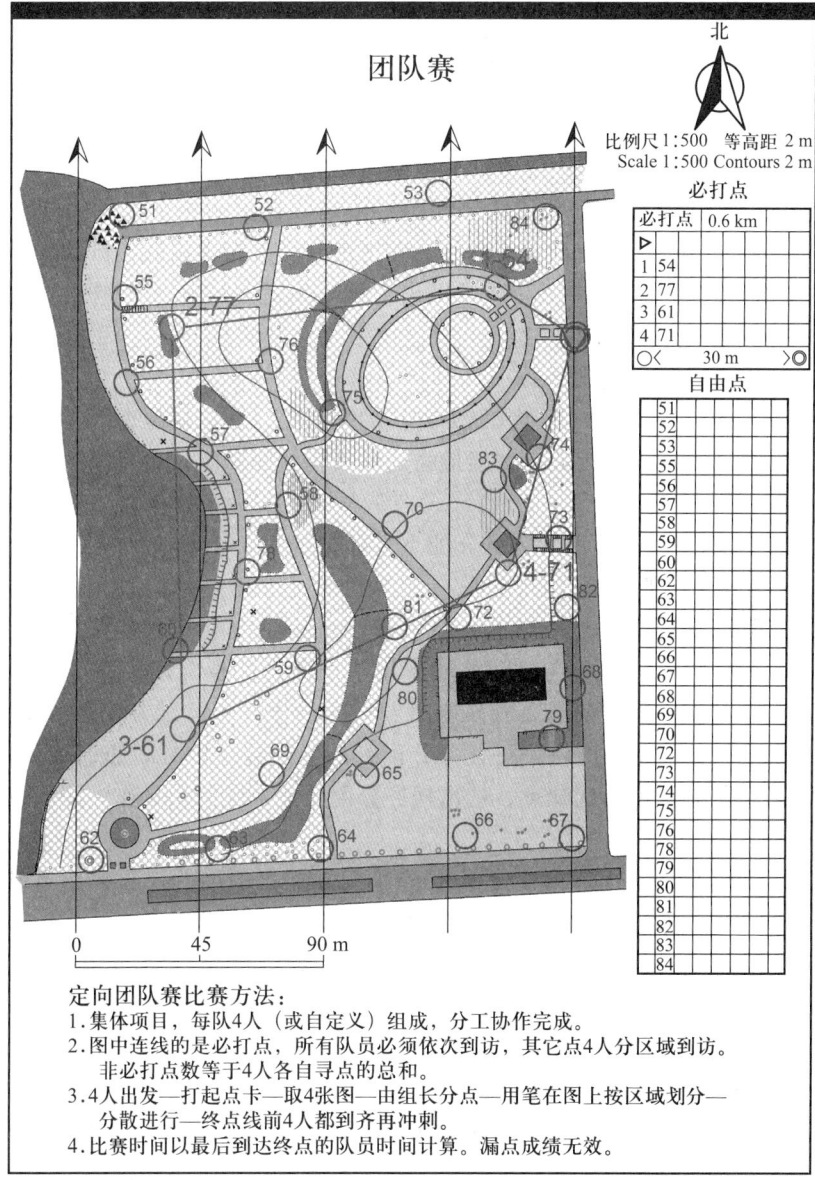

图 5-2-8　团队赛线路图

系，选择最佳行进路线是高效完成比赛的关键。

（1）任务分配的图上作业训练。

训练目的：掌握团队赛任务分配的基本方法和技巧，能够依据队员特点，在短时间内对地图上所有点标进行合理分配任务。

任务分配的基本方法与技巧：① 如果比赛场地是相对平坦的地形，可按区域划分进行点标任务分配，主要考虑自由点的数量和路线距离。② 如果比赛场地起伏较大，可根据等高线海拔高度进行任务分配，尽量减少跑动中地形的起伏变化。③ 根据队员的特点合理安排分配任务，如将难度较大的点标分配给技能好的队员，距离远的点标分配给体能好的队员。

训练方法：① 准备多份团队赛地图，并且假定团队 4 个成员的技能特点如体能优势、技术优势等，让所有队员在规定时间内根据团队成员特点，合理安排点标分配任务。② 将每位队员做出分配方案进行比较，归纳与总结，不断提升队员地图点标分配的能力。

（2）任务分配的场地训练。

训练目的：在掌握图上分配任务方法的基础上，通过场地训练，检验任务分配方法是否合理，并挑选出技能最强的队员担任团队组长负责团队赛的点标任务分配。

训练方法：① 指定一名队员分配点标任务，每个队员按照分配自己的任务完成团队赛练习。练习结束后队员相互讨论，进行总结。② 在此基础上，重新优化分配方案，再次完成练习，并通过比较两次练习时间或根据第一名和最后一名到达终点时间差（时间差越小说明任务分配越合理）来确定方案的优劣。以此类推，直到找出完成该地图点标的最佳任务分配方案。③ 团队每一名队员均要按照上述方法进行任务分配训练。经过一段时间的训练积累后，综合分析每一名队员的优缺点，选出任务分配技能最强的队员作为团队组长负责团队赛任务分配。

（3）训练建议。① 训练过程中，除采用常规比例尺的校园和公园地图进行训练外，还要熟悉不同比例尺地图的使用，以适应比赛的需求。② 场地训练后，教练应带领队员重返一遍完整路线，对行进路线进行讲解、分析。③ 从奔跑速度与看图速度的匹配程度上分析队员存在的问题，要求队员在快速识图、准确判断的前提下提升奔跑速度。

（三）野外环境的定向技能训练

野外环境具有范围分布广、植被覆盖率高、通视度低、地形复杂等特点，比较适用于中、长距离的定向比赛。比赛场地特点决定了运动员除了需要具备较强的体能外，对野外穿越、不同地形距离的判断和野外方向的判定等技能也提出了更高的要求。本部分从野外直线穿越、距离感和确定目标点三个方面技能阐述在野外环境中定向技能的训练方法。

1. 直线穿越技术训练

训练目的：快速、准确地通过"白林"区域。

训练方法：

（1）利用指北针标定目标点方向，再将指北针底部的平行槽旋转至与红针指向一致，锁定指北针（图5-2-9）。

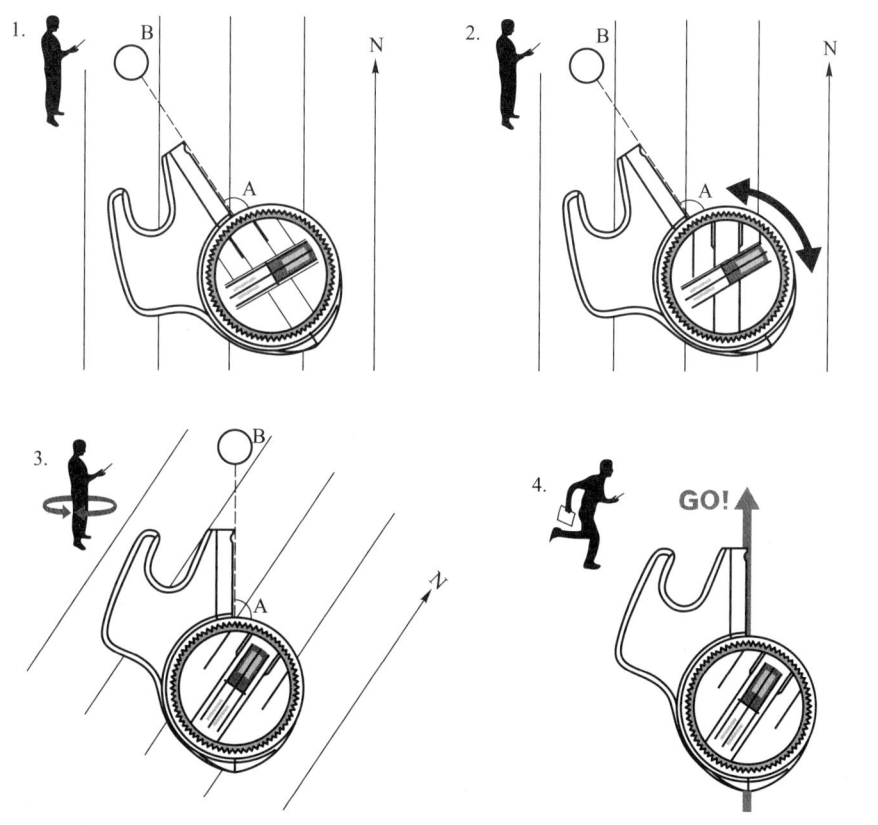

图 5-2-9　直线穿越指北针的使用方法

（2）运用"三点一线"原理，分段穿越，最终到达目标点。在可视范围内的指北针标定方向线上选择一个临时参照点如树或其他地物，并向该参照点方向行进，在跑动过程中要确保指北针始终锁定在平行槽中。到达临时参照点位置后，采用同样的方法，以此类推，最终到目标点（图5-2-10）。

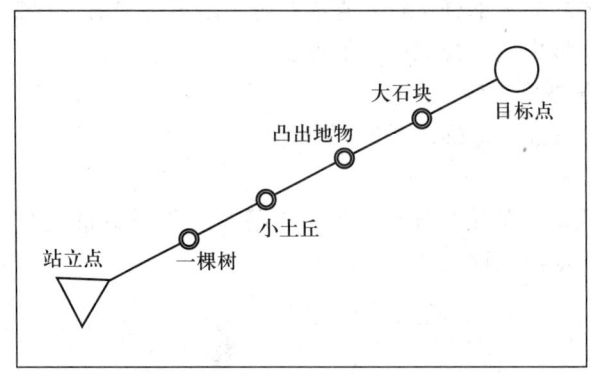

图 5-2-10 "三点一线"直线穿越法

（3）在跑动过程中，可能会遇到由于地貌等原因导致行进方向发生偏离的状况，此时指北针与平行槽之间出现夹角，应立即调整行进方向，使指北针与平行槽重叠，这时就返回到原先设定的行进方向上了（图 5-2-11，图 5-2-12）。

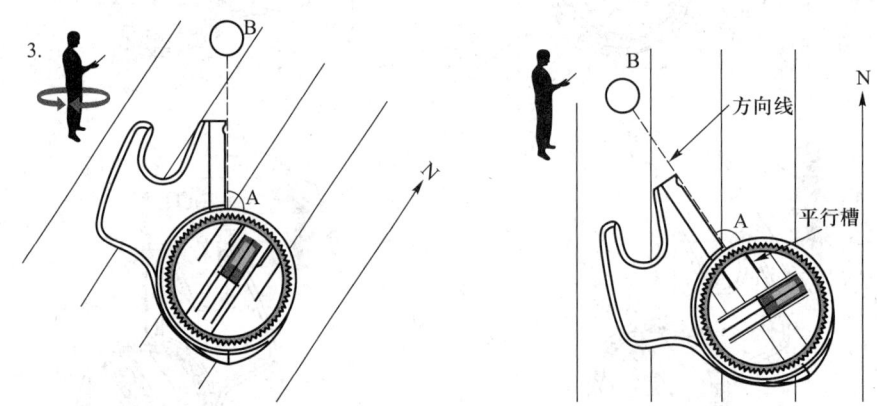

图 5-2-11 起始：指北针与平行槽重叠　　　图 5-2-12 跑偏：指北针与平行槽有夹角

训练要求：① 需要配备一款高精度的指北针。② 每一步操作必须精确无误。③ 训练时，可以让队员故意偏离方向，训练队员快速纠错的能力。

2. 距离感训练

训练目的：提升在跑动过程中准确判断距离的能力。

训练方法：① 在平坦道路上设定固定的距离，以中等速度匀速奔跑，并记录跑完全程所用的步数。反复练习，直到达到相对稳定的步数。② 按照上述方法，在凌乱场地上奔跑，纪录达到稳定步幅状态下的步数。③ 按照上述方法，在起伏较小的场地上奔跑，纪录达到稳定步幅状态下的步数。

3. 方位角训练

训练目的：依据方向和距离确定目标点。

场地布置：场地布局如图（图5-2-13），以 A 点为原点，建立 B 点方位坐标。

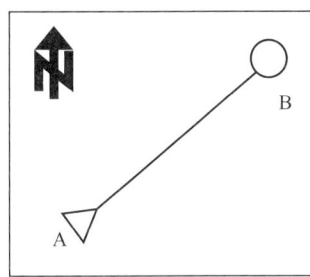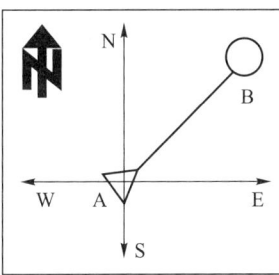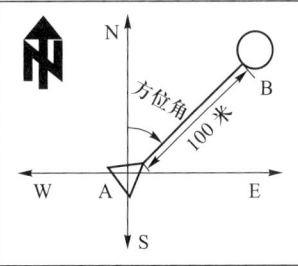

图 5-2-13　方位角训练的场地布置示意图

训练方法：① 给出 B 点坐标，如（东北方向45°，100 米）。② 快速跑到 B 点位置。③ 不断变换 B 点坐标位置，反复练习。

训练要求：速度要快，方向定位准确。

4. 训练建议

（1）训练过程中，队员必须有高度的自觉性，严格执行训练要求。

（2）每次外场训练，要求队员画出从宿舍至训练场地的行进轨迹，提升对地图幅面的掌控能力。

（3）要求队员做好训练日记，记录训练突破的技术以及对新知识、新技术的认知程度。

第三节　体能训练

一、定向运动体能特点

在体育运动竞技中，体能是决定比赛胜负的重要因素。拥有较强体能的运动员能够从容面对比赛，更利于夺得优异成绩。定向运动作为一项综合考察运动员智力与体力的运动项目，有着独特的体能特征。定向运动是一种不同形式的越野跑，它需要不断改变前进的方向，并且距离也是不确定的，具有间歇性和高强度的特点。在比赛的过程中运动员会因比赛环境的影响不断地进行跑动速度的改变，并且还要最大程度地保证以最高速度行进，因此定向运动员需要不断提高自身在比赛中的变速能力。同时定向运动比赛场地多在公园或者野外，路况的变化很大，草地、林间小路、沙地等会交替出现，上坡、下坡、打点及跨越等一系列动作都需要运动员具有较强的核心力量与身体协调能力。根据定向运动专项特点，设计适合定向运动员专项体能训练的耐力、速度、力量、柔韧协调性等综合素质的训练，并加强脚踝、膝关节等小肌肉群的训练，这样可以在加强专项体能的同时又能有效预防运动员损伤。

二、体能训练方法

（一）耐力训练

1. 肌肉耐力——立卧撑

训练目的：身体素质综合练习，提高肌肉耐力。

训练方法：由直臂支撑俯卧姿势开始，两腿始终保持并拢状态，收腿成蹲撑，跳起双手头上击掌成直立，然后再次还原成开始动作。每次做1分钟，4~6组，间歇5分钟（图5-3-1）。

训练要求：动作规范，必须站起来才算完成一次练习，也可以穿上沙背心做该练习。

图 5-3-1　立卧撑

2. 有氧耐力—定时定距跑

训练目的：提高运动员在不同场地环境下的耐力跑能力。

训练方法：在操场、公路、树林、草地、山坡等场地进行定时跑完固定距离的练习。例如，在14~20分钟内跑完3 000~4 000米。次数和强度根据专项任务与要求而定。

3. 无氧耐力——反复识图跑

练习目的：提高运动员大强度耐力跑后无氧状态下的识图能力。

练习方法：每人一张地图，所有地图放在指定区域，运动员统一起跑，先进行400米耐力跑，回到地图指定区域进行识图路线规划，每人每次规划2~3个点位，规划后再进行400米耐力跑，依此类推进行5~8次循环，结束后两人一组对路线规划的准确性进行互评。

（二）速度训练

1. 上下坡变速跑

训练目的：提高运动员变速跑能力。

训练方法：上坡阻力跑训练一般在3°~40°坡上进行，跑动时应保持正确的身体姿势和技术动作，跑动距离一般为10~50米，练习速度不低于最大跑速的90%。下坡跑训练首先在平坦的地面上进行20米冲刺，接着进行15米倾斜角度在3°~7°的下坡冲刺，最后再进行15米的平地冲刺。可根据训练目的决定强度，也可以心率控制运动强度，或进行负重练习。

2. 多角度打卡练习

训练目的：提高运动员的跑动速度和打卡的流程性。

训练方法：每名运动员从起点出发，首先到达40号点位，直至跑完场地中所有的点位（起点—40—31—40—32—40—33，以此类推），最后回到终点（图5-3-2）。

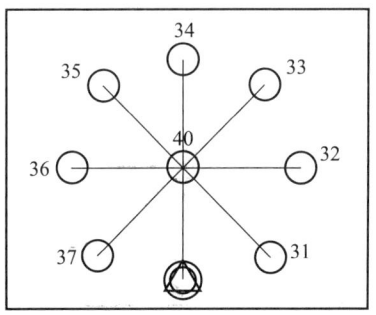

图5-3-2　多角度打卡练习示意图

3. 折返打卡接力练习

训练目的：提高运动员的跑动速度和打卡的流程性。

训练方法：将运动员分成相等人数的2~3组，打卡距离设置为50~100米，两端放置打卡器，每组运动员打卡从起点出发，到达对面打卡返回起点线后，下一名运动员打卡出发，以此类推，直至最后一名运动员返回终点。

（三）力量训练

1. 平衡能力训练——双腿下蹲练习

训练目的：加强身体的平衡能力，增强身体稳定性与协调性训练方法：练习者双脚与肩同宽站立在平衡垫上，双手持泡沫轴前伸，保持身体的稳定与直立，慢慢屈膝下蹲成半蹲状，维持平衡，再站立恢复至初始状态，反复练习 15~20 次（图 5-3-3）。

训练要求：保持身体稳定。

图 5-3-3　双腿下蹲练习

2. 核心力量训练——支撑摆腿

训练目的：发展臀中肌、腹侧肌核心力量。

训练方法：练习者并腿侧支撑在平衡垫上保持平衡，另侧腿向上抬起并保持静止或有节奏地外展，也可做反复抬腿练习，在此基础上可增加抗阻力练习（图 5-3-4）。

训练要求：采用腹式呼吸，呼吸自然，髋部顶起，控制身体平衡。

图 5-3-4　双腿下蹲训练

3. 下肢力量训练——前、后弓箭步练习

训练目的：发展下肢力量、脚踝力量及灵活性，预防受伤。

训练方法：练习者单脚站立在平衡垫上，上体直立保持平衡，另一条腿向前屈膝下蹲呈弓步，维持平衡，再向后呈后弓步（图5-3-5）。

训练要求：保持身体的稳定性，重心不能起伏。

图 5-3-5　前、后弓箭步练习

（四）柔韧协调性训练

1. 双脚连续跳跃栏架练习

训练目的：加强身体爆发力与协调性，增强运动员野外奔跑能力。

训练方法：练习者双腿起跳，预先快速屈髋，屈膝下蹲后，充分伸髋上跳，侧向跃过栏架，双臂上摆协助。双脚依次跳跃圆形及直线摆放的栏架，保持身体稳定性（图5-3-6）。

图 5-3-6 双脚连续跳跃栏架练习

2. 单脚跳跃栏架练习

训练目的：发展下肢肌肉快速伸缩能力与身体的协调能力。

训练方法：练习者单脚站立，异侧腿呈高抬腿姿势，预先快速屈髋，屈膝下蹲后，充分伸髋上跳，侧向跃过栏架，双臂上摆协助，可进行纵向、横向练习（图 5-3-7）。

训练要求：保持动作的连贯性和紧凑性。

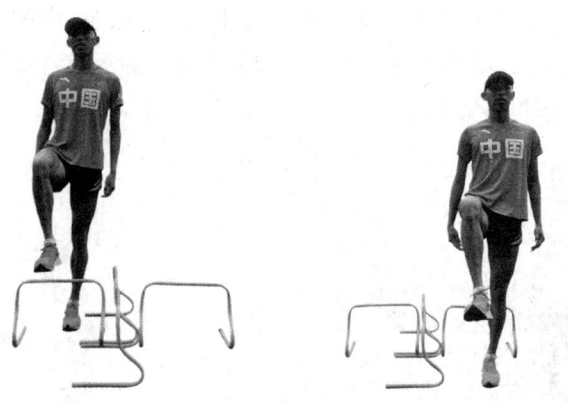

图 5-3-7 单脚跳跃栏架练习

3. 穿越栏架练习

训练目的：加强运动员跨、钻协调能力，增强身体柔韧与协调性。

训练方法：练习者单腿站立在栏架一侧，异侧腿跨越栏架，保持身体姿态稳定，跨越后单腿站立，下蹲从栏架下钻回，呈起始姿势，反复练习 8~10 次（图 5-3-8）。

图 5-3-8 穿越栏架练习

第四节 心理训练

一、定向运动心理训练的特点

定向运动是参与者通过地图信息在野外环境中寻找目标点，而这一过程涉及一系列的心理认知过程，包括地图认知、心理地图与实际地形的匹配、路线的选择与决策等认知过程。定向运动的心理认知特征决定了运动员不仅需要具备基本的定向技能，还要具备地理空间信息加工的能力。另一方面，定向运动员是在高压环境下进行思考、作出判断和决策，独立完成比赛任务的，具备良好的心理素质是运动员稳定发挥的必要条件。本节主要从一般心理素质训练和专项心理能力训练两个方面介绍定向运动心理训练的方法。

二、定向运动心理训练方法

（一）一般心理素质训练方法

1. 抗干扰能力训练

训练目的：培养运动员面对困难时冷静思考、消除紧张情绪，正确处理问题的能力。

训练方法：在训练过程中人为制造干扰，如在检查点处不放打卡器或点标偏离检查点等，使运动员学会冷静思考，提高运动员抗干扰能力，抵抗人为因素对比赛过程心理上的干扰。

2. 意志品质训练

训练目的：培养运动员在艰苦环境下顽强拼搏的意志品质。

训练方法：日常训练可利用外界不利条件如雨天、烈日下训练或人为设置一些障碍，使运动员能够以超强的耐心忍受生理和心理上的极度疲劳，最大限度地动员体能和心理潜能，培养运动员顽强的意志。

3. 正念技能训练

训练目的：提高运动员维持有效注意和抗干扰的能力，改善负性情绪，增强积极情绪。

训练方法：自身行为上的正念技能训练，比如观察呼吸、身体扫描、专注力训练等。认知能力上的专项"觉悟"训练，通过与定向运动员分享和讨论"胜利""失败"的概念、经历，认真回忆以往的失败情景以及自己在出现失误后的应对方式。

（二）专项心理能力训练

1. 记忆能力训练

训练目的：提升运动员对定向地图信息的客体工作记忆和空间工作记忆能力。

训练方法：在电脑显示屏幕上，呈现一张地图（地图信息可以多样化，如点位信息或点位+路线信息），运动员注视5秒后地图消失，电脑屏幕上出现3张地图，其中仅有一张与原地图信息完全一致，让运动员在最短时间内选择正确的地图选项，电脑自动记录正确率和反应时（图5-4-1），训练材料可通过PPT软件播放。

2. 视觉搜索能力训练

训练目的：提升运动员对定向地图信息及实景信息的快速视觉搜索能力。

训练方法：

（1）在电脑屏幕上呈现四张地图（地图信息可以多样化，如点位信息变化或地图方向变化），一张为原图，另外三张为选择项，其中仅有一张与原地

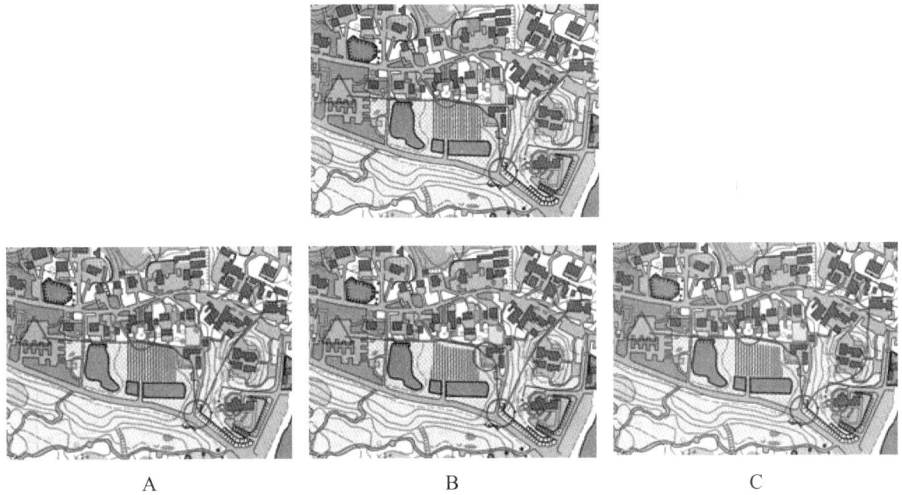

图 5-4-1 记忆能力训练示例

图信息完全一致,让运动员在最短时间内选择正确的地图选项,运动员注视最长时间为 10 秒,也可以提前按 shift 键结束,电脑自动记录正确率和反应时(图 5-4-2),训练材料可通过 PPT 软件播放。

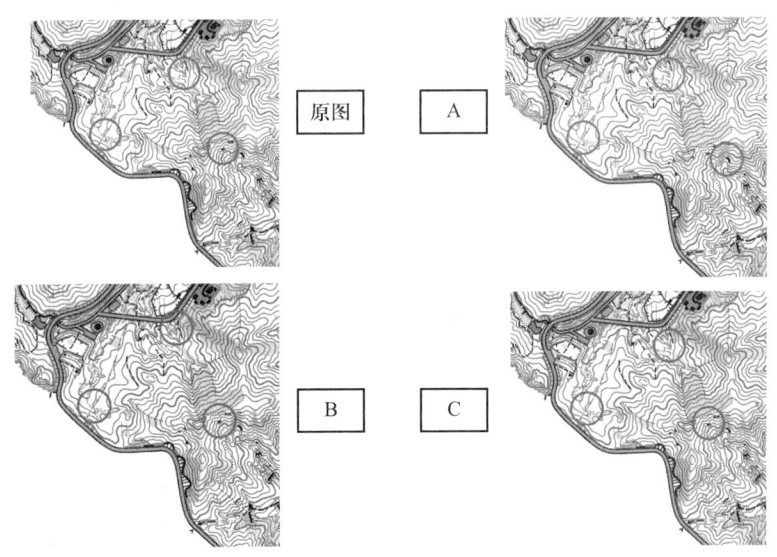

图 5-4-2 视觉搜索训练示例

(2)在实地定向运动训练中,在检查点及附近位置摆设 3~4 个点标旗,让运动员根据检查点信息快速选择出正确的点位进行打卡或到达一个指定位置,定向运动员根据实地信息快速画出其在地图上的准确位置,培养运动员对地图与实景信息的快速识别能力。

3. 空间认知能力训练

训练目的：培养运动员空间立体图形与平面图形的转换能力以及对空间位置关系的判断能力。

训练方法：

（1）在电脑屏幕上显示一个立体图形，从 A、B、C 三个面的角度观察三维图形，然后从 5 个选项中选出所看到的平面图形（图 5-4-3），每个图形限时 10 秒钟，训练材料可通过 PPT 软件播放。

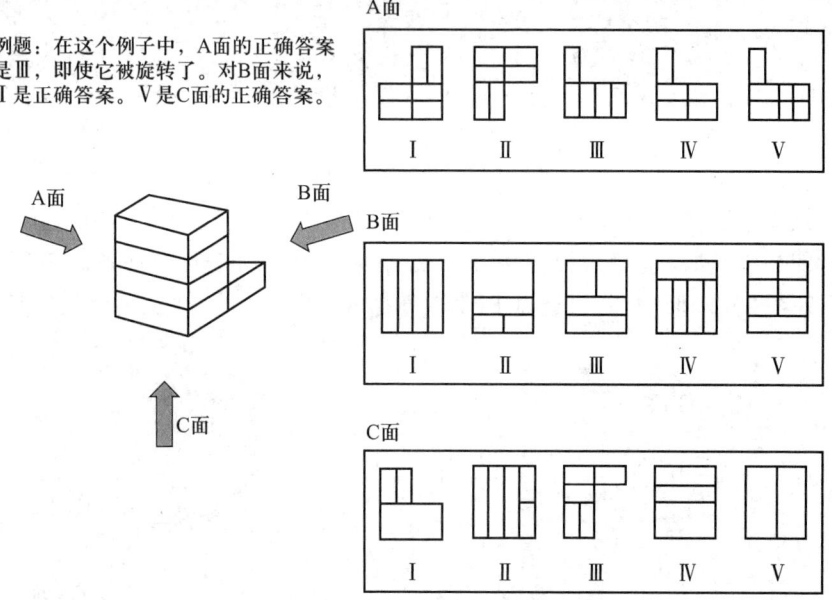

图 5-4-3　空间想象能力训练示例

（2）在电脑屏幕上显示一个正面或反面图形，这些图形都经过一定角度的旋转，每张图形显示时间为 0.6 秒，要求在此时间内判断图形是正面还是反面（图 5-4-4），训练材料可通过 PPT 软件播放。

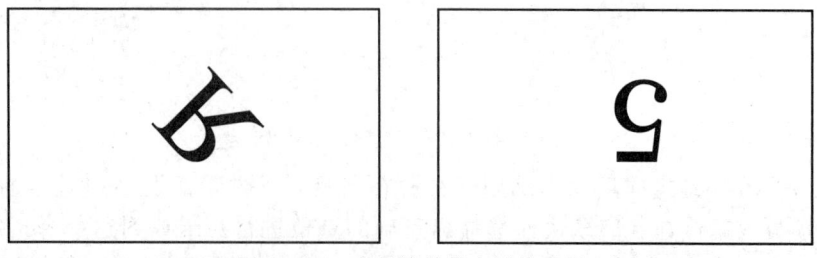

图 5-4-4　空间旋转能力训练示例

第五节 卫星定位系统辅助工具在定向运动中的应用

定向运动是在野外等自然环境中完成训练和比赛任务，距离长、面积大、地形复杂，教练员无法全程观察运动员的训练和比赛过程，因此难以了解运动员在训练和比赛过程中真实的运动表现以及存在的问题，难以为运动训练提供有效的针对性指导建议，这也是目前影响定向运动训练的最大障碍。卫星定位系统辅助工具可以追踪定向训练和比赛的完整过程，并通过数据的可视化分析，直观找出运动员在训练和比赛中出现的问题以及问题产生的原因，从而更好地进行纠正和指导，提高训练效率。本节将简明扼要地按照软件操作步骤，演示 Quick Route 软件的操作过程，通过操作过程达到分析目的。

一、Quick Route 软件操作基本步骤

随着卫星定位系统技术的发展，定向运动的训练与比赛也可以直观的进行分析，找出存在的问题，并对问题进行合理的解释。

定向运动分析工具有很多种类，Quick Route 是主要的定向运动专用分析软件之一，它的特点是便于操作、准确、快速，它对运动速度、运动轨迹、运动方向、直线与曲线距离百分比、分段用时、分段速度情况等可以进行精细分析。

（一）软件的准备

使用 Quick Route 作为分析工具，还需要两个软件作为辅助，一个是卫星定位系统的专用软件，另一个是谷歌地球（Google Earth）软件。首先我们需要下载 Quick Route 软件，它是一个开放免费软件。在 IE 浏览器中输入 Mats Troeng 点击进入，找到 Quick Route，下载安装后即可以使用。

其次我们要下载一个卫星定位系统软件，一般情况下，购买卫星定位系统的同时会有软件提供，安装后就可以使用了（注意：购买卫星定位系统时一定要有带 GPX 格式数据输出功能的卫星定位系统）。

最后是下载 Google Earth，在 Google Earth 官网下载安装即可使用。

（二）数据获取与加载

在训练或比赛时，携带的卫星定位系统记录了运动员在运动过程中的各种数据，并以 GPX、XML 等数据格式存储下来。可通过卫星定位系统自带的软件打开卫星定位系统，找到所记录的数据，把数据以 GPX 格式的文件导出备用。

打开 Quick Route 软件，新建文档，把已经生成为 JPEG 格式的训练地图导入，再把从卫星定位系统里带有 GPX 数据的路线导入，点击确定完成数据加载。

二、Quick Route 分析软件的介绍

（一）Quick Route 软件及其特性

在没有 Quick Route 之前，教练员与运动员对训练进行分析时，大多采用回忆和在地图上绘制路线的方式进行，这样的方法在很多细节上没有办法获得真实的数据，运动员在场地中的运动速度、运动配速、两个点之间的运行情况等诸多问题也只能通过运动员的口述来进行分析和判断。

Quick Route 的出现，完全改变了定向运动的分析模式，通过卫星定位系统获得的数据，对数据进行简单的加工，就可以获得运动员在运动过程中真实详细的数据，并结合地图进行全面的解读分析。

下面我们就对 Quick Route 进行简单的讲解。

（二）认识 Quick Route（图 5-5-1）

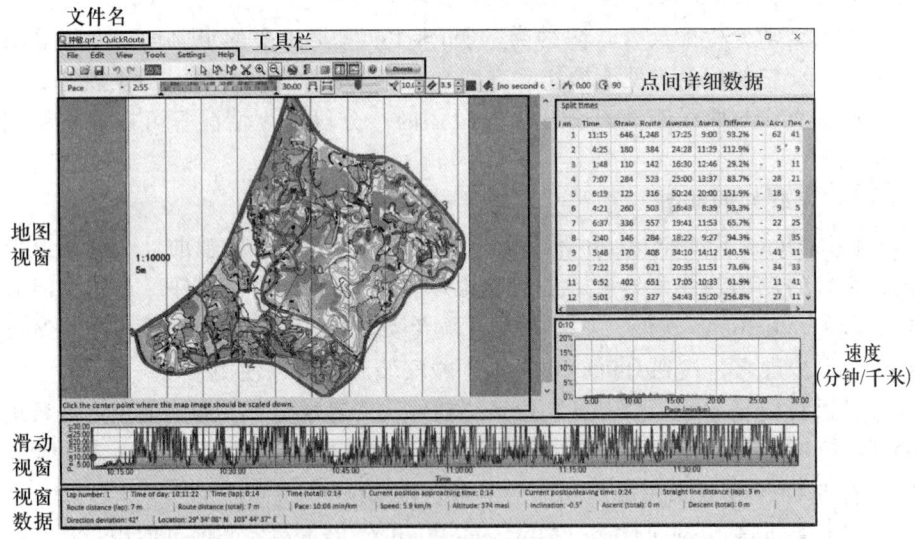

图 5-5-1　Quick Route 软件界面

1. 标题栏

软件界面的左上方为标题栏如图 5-5-2 所示：

File：文件。打开、新建文档和把文件转换成其他格式文件等。

View：窗口视角。选择适合的窗口。

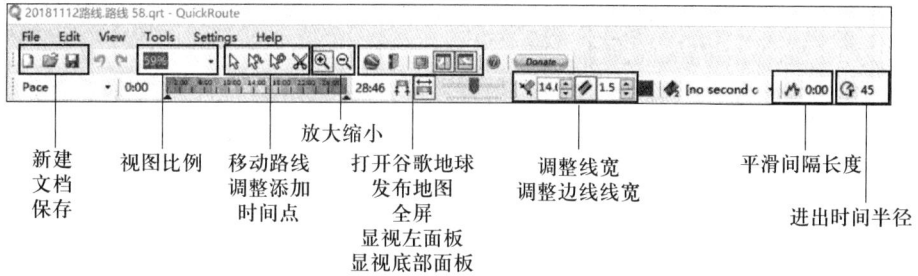

图 5-5-2 Quick Route 软件菜单栏

Tools：工具。通过工具选项可以加载数据到 Google Earth 中进行分析。
Settings：设置。文字切换。
Help：帮助。提供软件的帮助选项。
2. 工具栏（图 5-5-3）

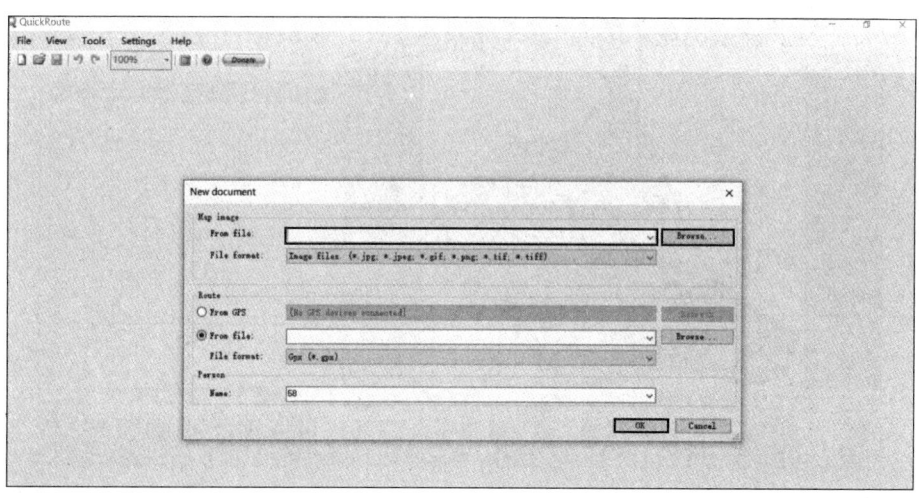

图 5-5-3 QuickRoute 软件工具栏

三、操作步骤

（一）新建文档

打开 Quick Route 软件，点击新建文档，弹出对话框（图 5-5-4）。

图 5-5-4 新建文档对话框

点击右上 Browse，选择加载的带有路线的地图；再点击右中 Browse 选择加载带有 GPX 格式的数据，最后点击 OK，完成图片与数据的加载（图 5-5-5）。

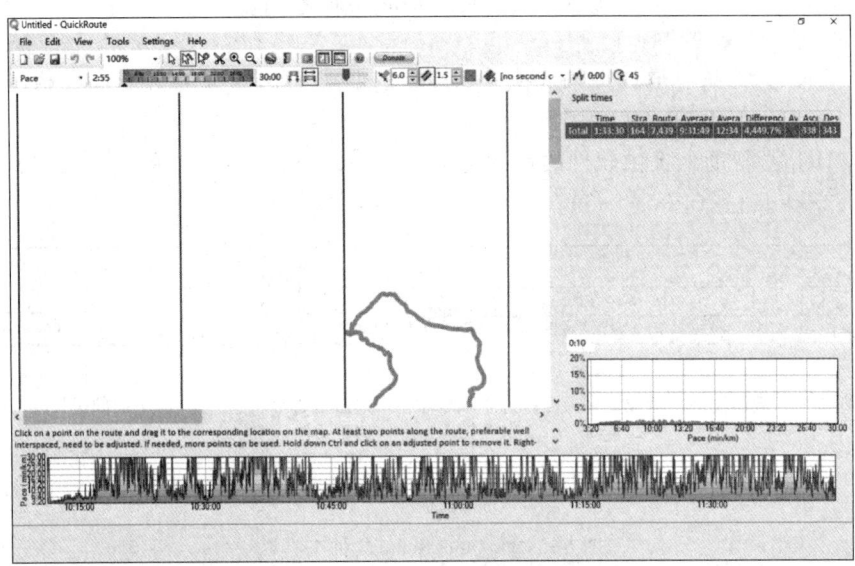

图 5-5-5　完成数据加载后界面

点击放大或缩小把地图与数据内容完全呈现在视窗内，我们可以看到图中的路线轨迹与地图没有吻合，点击调整 ▣（图 5-5-6）。

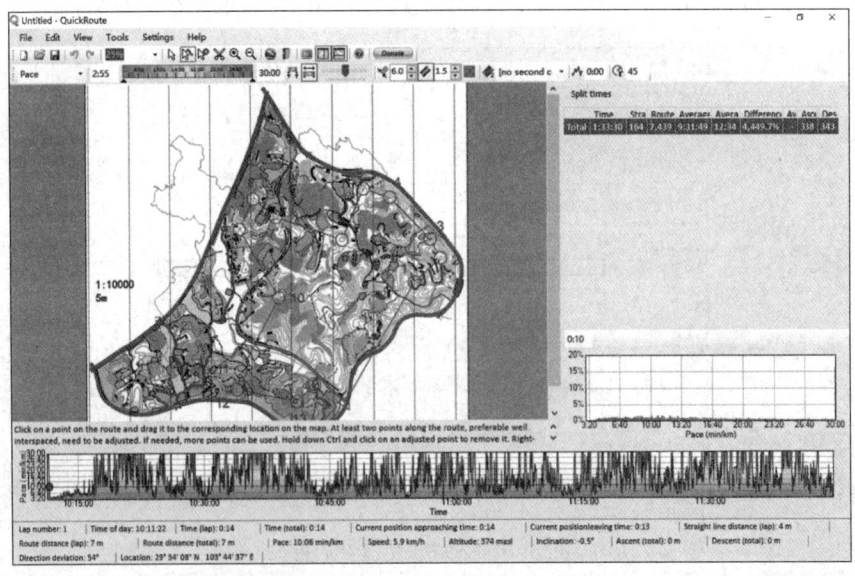

图 5-5-6　路线轨迹与地图调整前界面

调整方法，先把轨迹的起点与地图的起点对齐，再把终点与地图上的终点对齐，经过两个点的对齐后，一般情况下，轨迹与地图就基本对齐了（图5-5-7）。

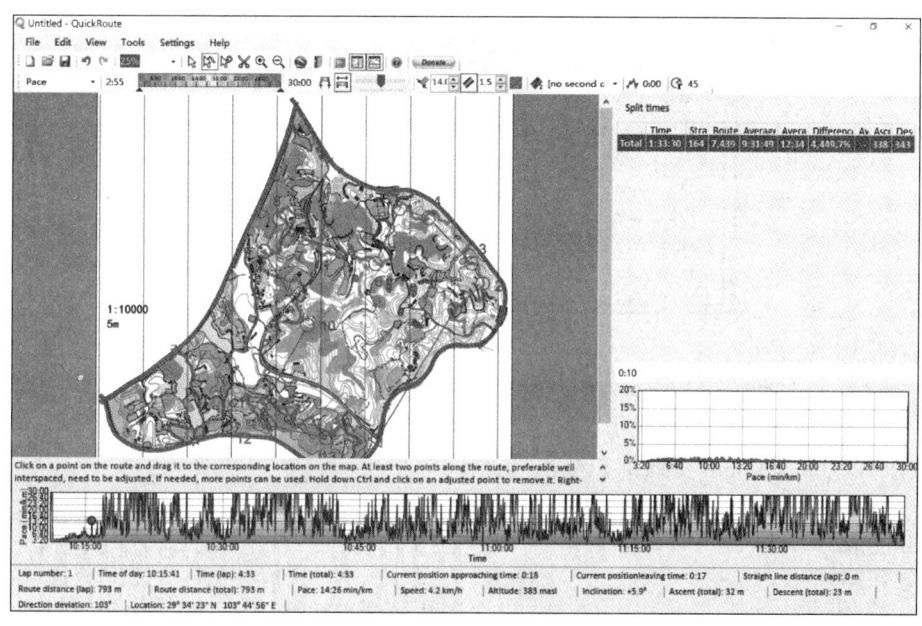

图5-5-7　路线轨迹与地图调整吻合后界面

如图5-5-7所示，轨迹与地图完成吻合了。这样就得到了一张运动员在场地中运动的精确轨迹图，可以看到运动员在运动过程中，在什么区域、什么位置、遇到了什么样的地形、出现了什么样的问题。

接下来我们要对运动轨迹进行分段，把一条完整的路线轨迹根据地图上的每个检查点进行分段。

从起点开始，找到1号点点击 添加拆分时间，当加载完时间拆分点后，视窗右边就会出现起点到1号点的所有数据，如运动轨迹、运动速度、爬高量、直线距离、轨迹距离等，以此类推直到终点，这样我们可以对运动员在每一个点间运动情况、路线选择、运动速度等进行科学直观的分析（图5-5-8）。

通过以上步骤，已经建立好一名运动员的整个训练（比赛）的文档了，我们可以通过这个文档，还原运动员在整个运动过程中的真实情况，并对此进行更为精准的分析与指导。

Split times									
Lap	Time	Straig	Route	Average	Avera	Differe	Av	Ascr	Des
1	11:15	646	1,248	17:25	9:00	93.2%	-	62	41
2	4:25	180	384	24:28	11:29	112.9%	-	5	9
3	1:48	110	142	16:30	12:46	29.2%	-	3	11
4	7:07	284	523	25:00	13:37	83.7%	-	28	21
5	6:19	125	316	50:24	20:00	151.9%	-	18	9
6	4:21	260	503	16:43	8:39	93.3%	-	9	5
7	6:37	336	557	19:41	11:53	65.7%	-	22	25
8	2:40	146	284	18:22	9:27	94.3%	-	2	35
9	5:48	170	408	34:10	14:12	140.5%	-	41	11
10	7:22	358	621	20:35	11:51	73.6%	-	34	33
11	6:52	402	651	17:05	10:33	61.9%	-	11	41
12	5:01	92	327	54:43	15:20	256.8%	-	27	11

图 5-5-8　数据显示框

（二）分析

有了轨迹，只是完成了整个分析步骤的第一步，接下来，我们就来讲一讲如何对 Quick Route 文档进行分析（图 5-5-9）：

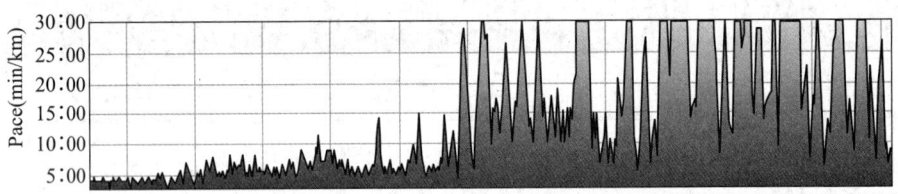

图 5-5-9　数据曲线图

1. Quick Route 中的颜色含义

在默认的情况下，Quick Route 中的颜色是由深绿、绿、淡绿、浅黄、黄、橘黄、橘红、红等一组渐变的颜色组成。代表的意思是这名运动员在这场训练中的整个运动速度，由绿到红分别代表了单位时间运动速度的快和慢。

2. 轨迹曲线

轨迹曲线也是表示单位时间运动速度的表示法，在一条轨迹中，曲线波纹越大，运动速度越慢，相反曲线波纹越小运动速度就越快。

3. 红色与曲线间断

通过颜色与曲线波纹我们知道了它们之间的运动关系，在分析过程中我们常常会看到在一个路段中会出现很多的红色或是曲线波纹断开，这又是什么意思呢？出现红色，基本可以判断为运动员在这个路段运动速度非常慢，有可能在走，结合地图如果这段路是在上坡路段且是越野状况，那么我们可以判断运动员在这段路程的行进是正常的。相反,结合地图判断,如果这段路是平路但出现了红色,那么这段路程运动员是有问题的,有可能是站立点丢失或其他原因。

在整个曲线中出现了间断,这表示运动员在这个时间段完全停止下来了,结合地图可以判断,或者是地形难度较大运动员停下来看图,或者是运动员完全迷失了方向与站立点。

四、综合分析

在 Quick Route 中,通过运动员的运动轨迹与地图的结合,能得到很多数据,我们可以对这名运动员在整个训练或比赛中的表现进行综合的判断,有助于提高运动成绩。

●●● 案例分析一

运动员甲从检查点 2 至检查点 3 路线轨迹与实时数据如下(图 5-5-10 至图 5-5-13):

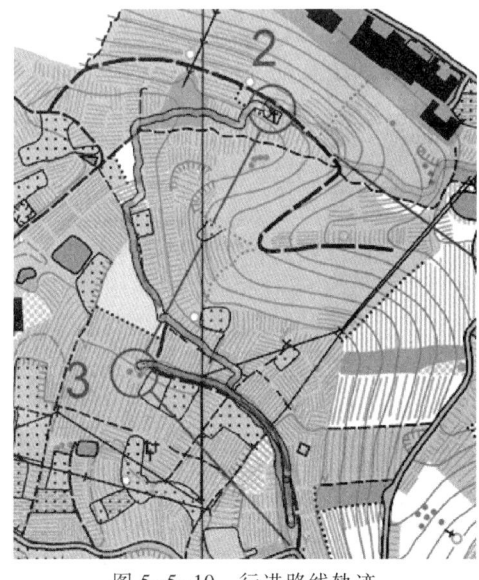

Lap numb	Time (lap)	Straig line distan	Route distan (lap)	Avera straig line	Avera route pace	Differer between the	Asc (lap	Des (lap
1	2:36	167	251	15:36	10:20	50.9%	4	7
2	3:32	392	567	9:01	6:13	44.9%	40	44
3	3:47	183	578	20:40	6:32	215.8%	20	11
4	1:43	327	379	5:15	4:31	16.2%	8	6
5	0:52	89	103	9:47	8:23	16.6%	0	6
6	3:51	279	452	13:49	8:31	62.2%	17	17
7	2:00	175	284	11:32	7:05	62.7%	3	7
8	7:50	583	1,008	13:25	7:46	72.7%	45	55

图 5-5-10 行进路线轨迹　　　　图 5-5-11 数据表

图 5-5-10 路线轨迹表明运动员甲在检查点 2 至检查点 3 行进过程中出现较大失误;

图 5-5-11 数据表明:2 号至 3 号检查点用时:3 分 47 秒;直线距离:183 米;轨迹距离:578 米;直线距离配速:20 分 40 秒/千米;轨迹配速:6 分 32 秒/千米;曲直比=(轨迹距离−直线距离)/直线距离=215.8%;爬升高

度 20 米；下降高度 11 米。

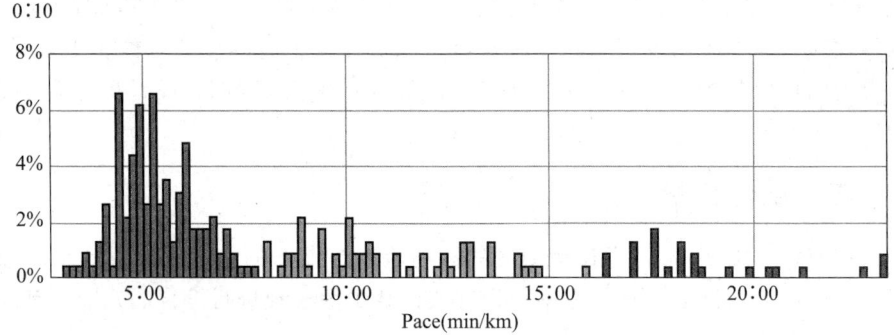

图 5-5-12 配速数据分布图

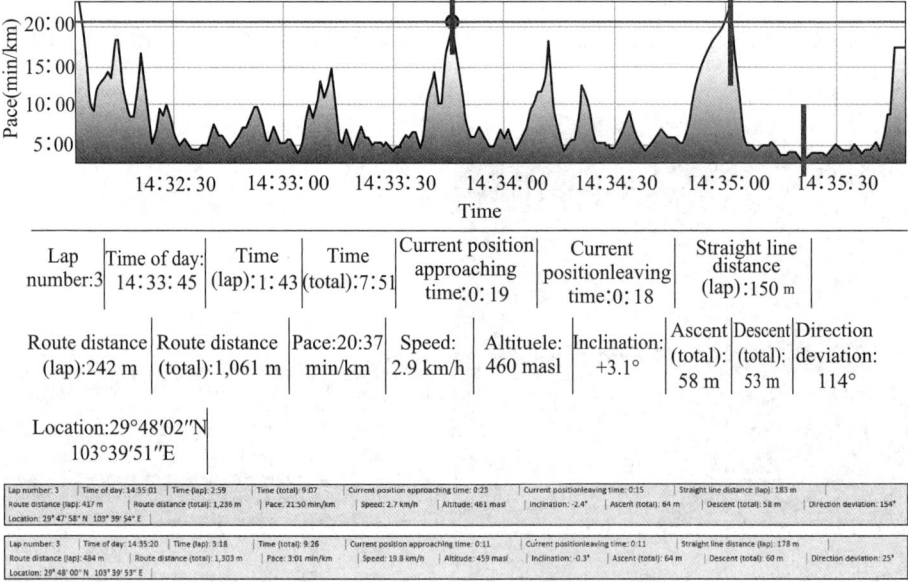

图 5-5-13 数据分析图

图 5-5-12 数据表明：2 号至 3 号检查点行进过程中大部分配速集中在 5 分钟/千米，说明运动员甲基本处于高速运动状态。

图 5-5-13 从上至下 3 组数据分别显示了从左至右 3 点的数据，第一点为遇到交叉路口，第二点为发现问题折返点，第三点为 2 号至 3 号检查点过程中速度最快点。颜色波纹表示速度，颜色越绿越接近底部速度越快，颜色越红越接近上部速度越慢，从图中可看出运动员甲在 2 号到 3 号检查点过程中奔跑速度很快，几乎没有停止点。

综合以上四张图片可以看出,运动员甲的体能充沛,运动速度较快,但运动速度与读图速度不相匹配,且参照物选取存在问题。更多具体问题还需依据该运动员多场数据轨迹综合分析。

●●● 案例分析二

运动员乙从点8号检查点—9号检查点路线轨迹与实时数据如下(图5-5-14,图5-5-15):

图 5-5-14　行进路线轨迹

Lap	Time	Straig	Route	Avera	Avera	Differer	Av	Ascr	Des
1	1:55	148	212	12:55	9:01	43.1%	-	13	21
2	5:14	389	501	13:26	10:26	28.7%	-	33	26
3	2:10	179	279	12:04	7:46	55.4%	-	18	15
4	3:05	320	425	9:38	7:15	32.9%	-	15	15
5	1:53	83	115	22:33	16:24	37.5%	-	2	10
6	4:26	271	390	16:22	11:21	44.2%	-	30	19
7	2:49	164	280	17:07	10:03	70.3%	-	9	10
8	14:46	564	1,330	26:10	11:05	135.8%	-	97	108
9	4:40	274	501	17:02	9:18	83.0%	-	17	22
10	3:57	373	451	10:34	8:45	20.8%	-	21	22
11	6:30	357	474	18:12	13:42	32.8%	-	29	34
12	5:10	355	497	14:32	10:23	39.8%	-	34	9
13	5:10	366	461	14:07	11:12	26.0%	-	32	37
Total	1:01:45	3,845	5,917	16:03	10:26	53.9%	-	350	348

图 5-5-15　数据表

问题：结合上图试列出运动员乙从 8 号检查点——9 号检查点路线轨迹的配速。

解答： 轨迹配速＝9 分 18 秒/千米

问题：结合上图试列出 8 号检查点——9 号检查点间直线距离。

解答： 直线距离＝274 米

问题：分析图 5-5-16，说出运动员乙从 8——9 过程中配速集中在哪个范围？

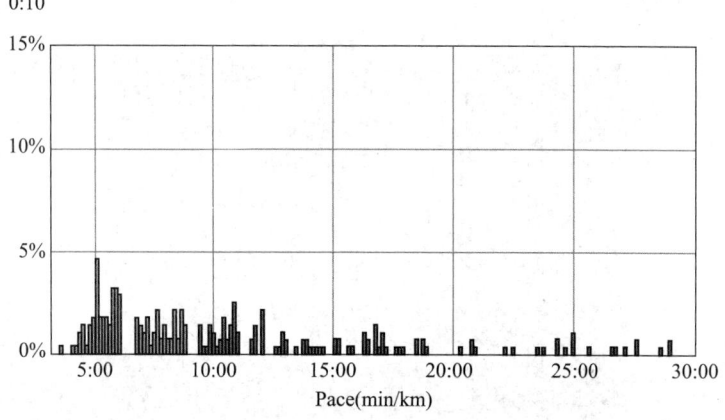

图 5-5-16 配速分布图

解答：根据配速百分比得出配速大致集中于 5~10 分/千米。

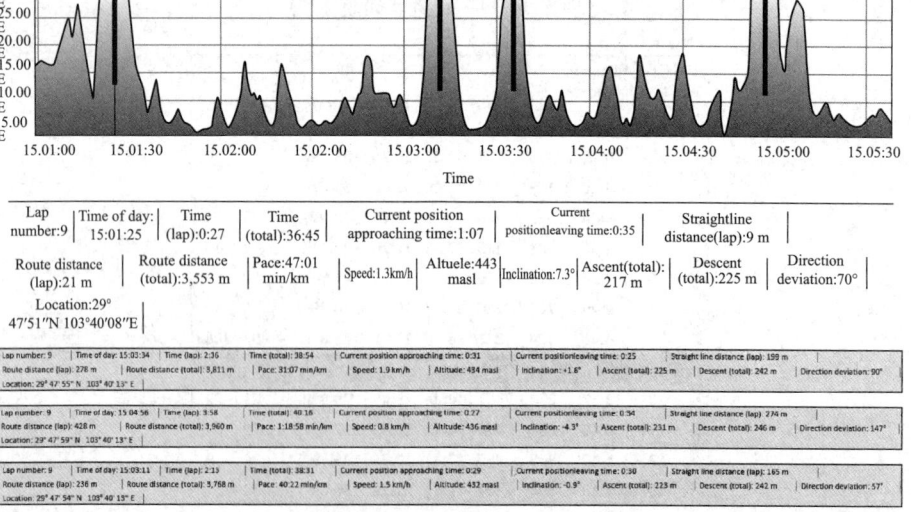

图 5-5-17 数据分析图

综合上面四张图可看出，运动员乙在路线选择上有待改进，且该运动员在对距离与高度判断上还存在问题。根据图 5-5-17 显示数据分析，运动员乙总体曲直比为 53.9%，但整场路线轨迹中出现有大幅超出平均曲直比的单点 7 号检查点—8 号检查点，说明该运动员还有更大失误，应在此点上做重点分析。

课后练习与思考

1. 试述使用指北针穿越的步骤。
2. 试述一次公园定向训练的流程及注意事项。
3. 定向运动体能特点是什么？
4. 定向运动专项心理能力训练方法有哪些？
5. 案例分析

（1）根据图 5-5-10，试分析运动员甲看图点。

（2）根据图 5-5-11，列出运动员甲 5 号检查点—6 号检查点用时与爬高。

（3）根据图 5-5-13，找出运动员甲在 2 号检查点—3 号检查点过程中瞬时最快点，并写出时速。

第六章 定向运动赛事的组织与实施

本章提要

竞赛是体育运动的一种特有形式,是实现我国体育目标和任务的基本途径之一。开展定向运动竞赛是普及群众定向运动和提高我国定向运动水平的重要举措,也是学校体育工作的一项重要内容和实现素质教育的有效途径。

作为未来的体育工作者,应了解定向运动比赛的组织流程和方法,掌握休闲类定向赛事活动的策划方法,初步具备组织基层定向赛事活动的能力。为此,本章将着重介绍这些内容。

第一节 定向运动赛事的组织

一、定向运动赛事计划的制订

赛事计划是指为了保证赛事的顺利完成，预先规划和拟定的关于本次比赛的筹备、组织与实施的内容、方法及步骤的方案。定向运动赛事计划的主要内容包括确定比赛的指导思想和主题、拟定组织机构、制订工作计划及进度等。

（一）确定比赛的指导思想、目标、主题和比赛名称

制订赛事计划首先要明确举办赛事的指导思想，设定比赛的目的与目标，这也是制订赛事计划和方案的主要指导性依据。如比赛出于提高定向技能水平或促进全民参与两种不同的比赛目的，那么其赛事计划在比赛规模、竞赛类别、项目组别等方面的设定均有所不同。在此基础上，再设计比赛的主题，最终确定比赛名称。

（二）拟定比赛组织机构

赛事计划阶段应预先拟定赛事组织机构的名称，明确各部门的分工及职责。组织机构设置的类型和大小应依据赛事的性质和规模，一定要符合赛事本身的特点。小型定向赛事由于规模小、参赛人数少，组织结构可根据赛事具体情况作相应的调整，可采用群众性小型组织结构，组织部门可包括竞赛、后勤保障、宣传。大型定向赛事可由主办单位和承办单位共同组建赛事组织委员会。

（三）赛事工作计划的制订

赛事工作计划制订了整个赛事运作的具体工作任务以及实施、完成计划的进度，是赛事总体计划的主体，也是组织和实施赛事的主要依据。赛事工作计划主要包括：① 竞赛的组织与实施：比赛场地的选择、比赛线路设计、竞赛规程制订、报名、赛事裁判等；② 后勤保障：运动员的食宿、交通、设施、场地管理等；③ 赛事风险保障：医疗卫生、通讯、迷失事件应对方案、保险等；④ 宣传：媒体宣传、开幕式、广告、赞助等；⑤ 志愿者招募与培训。

每个工作计划要设置一系列的任务和目标，明确实施任务的主体，规定实施、完成具体工作计划的时间。

二、定向运动赛事的组织

（一）竞赛组织工作的基本程序

（1）制订比赛工作计划，成立竞赛筹备机构。

（2）制订竞赛规程。

（3）根据确定的竞赛项目，选择竞赛场地，设计竞赛路线。

（4）根据比赛级别和水平准备相应的基本设备。

（5）根据竞赛规程和规则印制检查点打印卡、检查点说明卡、竞赛成绩记录表、竞赛成绩统计表等。

（6）接受报名、审查运动员资格、组织抽签、编排比赛程序。

（7）编排印制秩序册。

（8）准备好裁判用的各种表格及其他用品；组织裁判员学习，确保裁判工作的公正、准确、快速。

（9）召开组委会全体会议，报告赛会筹备情况、参赛队数及人数，议定赛会的重大问题。

（10）召开领队、教练员会议，发放秩序册和赛事指南。

（11）准备竞赛的组织接待、后勤及安全保障、交通工具，布置赛场和会场。

（二）组织机构及职能分工

根据定向运动竞赛的性质、规模等实际情况成立定向运动比赛的组织委员会（简称组委会）。组委会一般由主办单位、承办单位及有关方面的负责人及各队领队组成，下设秘书组、裁判组、技术组、后勤组等机构。

1. 秘书组（记录公告组）

设秘书长1人，秘书员2~6人。主要工作有：

（1）准备会标、设计成绩公布栏、收集广播宣传资料、制作成绩记录表。

（2）用广播、图片、广告等进行宣传，宣传内容包括本次比赛的组织情况和参赛选手的情况。

（3）公布经过裁判长、检查卡验证人、成绩验证人审核的运动员或代表队的成绩。

（4）组织比赛开幕式、发奖仪式、闭幕式以及其他接待宣传工作。竞赛规模较大时，可在秘书组下设专门的接待组和宣传组。

2. 裁判组

由具有裁判工作和组织工作经验的人担任。设总裁判1人，副总裁判1~2人，裁判员人数可视比赛规模增减。主要负责：

（1）检查地形、地图、路线的质量以及监督保密的情况。

（2）设计比赛的检查卡片、成绩统计表、成绩公布栏，并准备号码布、点标、起终点设备。

（3）进行比赛编排和抽签工作。

（4）临场执行裁判，判定并公布成绩与名次，判罚处理竞赛中的违规行为。

裁判组下设起点裁判组、场地裁判组、终点裁判组、成绩裁判组、竞赛秘书组。必要时可加设巡视监督裁判组（巡视监督竞赛中运动员、教练员等人员的违规行为）。

3. 技术组

设组长1人，技术员2~8人。主要负责选择比赛场地、设计竞赛路线、准备地图、印制检查点说明表等。

4. 后勤组

设组长1人，组员3~6人。负责管理大会的经费、生活物资、竞赛设备器材、食宿、交通、保卫、医务等工作。竞赛规模较大时，可在后勤组下设专门的会计组、生活管理组、场地器材组、安全保卫组、交通运输组、医务组等。

（三）竞赛规程的制订

竞赛规程是由竞赛组委会根据竞赛计划制订的具体实施某一项赛事的政策与规定。竞赛规程内容主要包括：

（1）赛事主办单位、协办单位、承办单位等。

（2）竞赛日期和地点。

（3）参加单位。

（4）竞赛项目和组别。

（5）参赛办法。

（6）竞赛办法。

（7）录取名次、计分办法与奖励。

（8）报名截止日期与报到办法。

（9）裁判员和仲裁的选派方式。

（10）未尽事宜解决途径。

（11）规程解释权的归属者。

（四）比赛场地

1. 场地的选择

场地的选择与确定，应满足以下要求：

（1）比赛区域的地形应适合定向运动的特殊需要。通常情况下，选择合格的定向运动比赛场地应考虑周围环境特点。一方面比赛地域要有一定起伏的森林地势和适度的植被；另一方面应考虑选择地形变化多样，地域的通视性有限，而且人烟相对稀少的地区。比赛区域应适合设计竞技性定向比赛线路，在选择起点区、赛场和终点区以及设计线路时应考虑安全性、观赏性等因素。

（2）场地的选择要与比赛的等级及其难度相适应，并保证能使运动员充分发挥定向越野的技术水平。

（3）场地的选择应确保比赛的公平性。一般而言，定向运动比赛区域必须是所有选手都不熟悉或不太熟悉的，至少应防止赛区当地的选手在比赛中获得明显的好处。同一区域举办大型比赛，必须间隔2年，并且在报道时，公布以前的比赛地图。比赛区域的选择与确定在赛前必须严格保密。

（4）定向运动场地选择应遵循安全第一的原则。明确比赛区域的大小及其边界，应综合考虑悬崖和峭壁、坑穴和沟壑、周边高速公路等地貌特征的风险性以及地表奔跑的安全性。

2. 场地禁区

比赛区域确定后，应尽快在补充通知中宣告该区域成为禁区。代表队或与代表队相关的人员不得以任何理由进入禁区。如有特殊情况需进入禁区，应向竞赛委员会提出申请，得到许可后方可进入。

（五）器材的准备

在实际组织定向运动比赛时，应该根据比赛规模、级别，并结合参赛者和组织者的具体情况，因地制宜，合理准备比赛所需的器材和设备。定向运动比赛的器材设备主要包括：

（1）运动员所用比赛用品，主要有指北针（组织者提供或自备）、地图（组织者提供）、笔以及与竞赛配套的检查点说明表、出发批次表、指卡（组织者提供）和号码布。

（2）起、终点所用比赛用品，主要有起、终点横幅、计时器、发令器、地图箱、电子打卡设备、点标旗、区域间隔绳、公告栏、扩音器、通信设备、哨子、手旗、桌椅、各种竞赛表格、纸笔、饮水器、急救药品等。

（3）比赛线路上所需用品，主要有点标、打卡器、供水站及特殊地段护栏绳等。

（六）比赛线路的设计

线路设计是组织定向比赛的重要环节之一，线路设计的好坏直接影响到比赛目的的实现和任务的完成。

1. 线路设计的原则要求

（1）线路设计应能客观检验运动员的定向运动技能和身体运动的能力，使"定向"因素和"奔跑"因素有机结合。

（2）比赛线路的难易程度要与运动员的水平相适应，不同组别应区别对待。

（3）线路设计既要规避危险区域的途径路线，预防伤害事故的发生，又要注意环境保护，减少对自然环境的破坏。

（4）比赛路线要具有多选择性和可判断性，使大多数运动员能够根据自己的能力对前进的方向和路径进行较正确的选择和判断。

（5）比赛线路设计要体现观赏性和趣味性，让观众能够看到比赛过程。

（6）线路设计要与具体比赛项目匹配，特点突出。

2. 线路的基本形式

定向运动的比赛线路一般由一个起点、若干个检查点和一个终点构成，通常按封闭环形或开放形设计（图 6-1-1）。

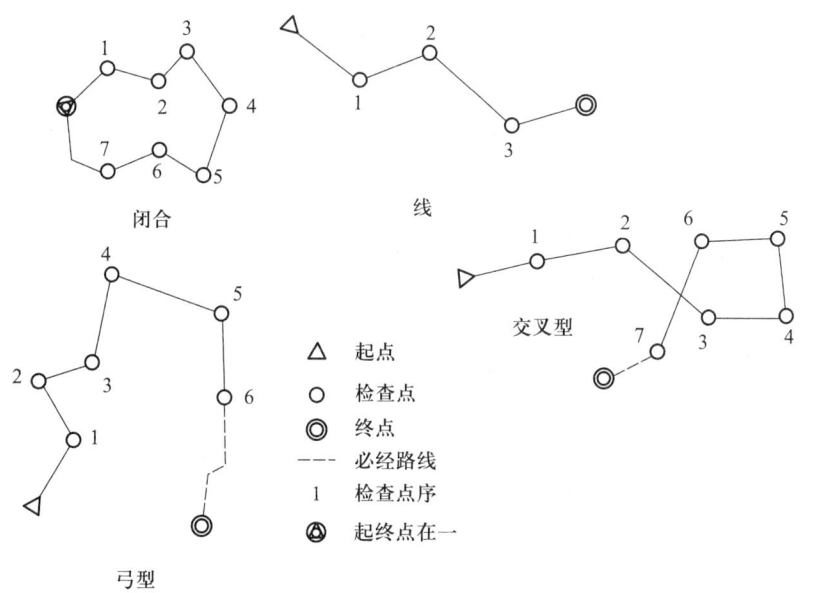

图 6-1-1　比赛线路的基本形式

比赛路线的距离是一个相对准确的数字，因为它是按从起点经各检查点至终点的图上最短水平距离计算的。比赛线路的距离一般要根据运动员的水平和比赛时间确定。在小型比赛中，线路长度的设计可参考下列完成时间（表 6-1-1）。

表 6-1-1　不同线路长度完成时间

比赛类型	完成时间	完成时间
竞争性比赛	40分钟以上（4~6千米）	60分钟以上（6~8千米）
初学者比赛	30分钟以上（2~3千米）	50分钟以上（4~5千米）

在大型比赛中，组织者通常将比赛线路标绘套印在地图上。

3. 常规比赛线路的设计

（1）短距离赛。短距离赛线路设计应考虑运动员在比赛过程中能够迅速选择最佳路线，充分发挥定向技能，快速、准确到达各个检查点的能力。短距离赛完赛时间一般控制在12~15分钟，应依据参赛对象、场地的地形和地貌特征、地表奔跑难度等因素来设计线路的距离。线路设计的点标数量可控制在10~15个，直线距离不超过3千米，要合理控制较高难度检查点的数量比例，且应分散布置。同场地多条线路设计的第一个检查点位置不宜集中，可以提早分散出发运动员的行进线路。考虑比赛的观赏性，多条线路最后一个点标共享同一个检查点，且检查点应靠近终点冲刺道附近较为显著的位置。

（2）中、长距离赛。中、长距离赛线路设计除了遵循短距离赛线路设计的一般方法外，还要考虑其自身的比赛场地特点、路线距离、运动员的技术应用等特征要素，合理规划、设计中、长距离赛线路。中、长距离赛的比赛场地通常具有大量的植被覆盖，地形相对复杂，对线路设计要求也较高。既要求运动员能够快速定位、寻找检查点，充分发挥野外定向的技能，又对运动员的速度变化提出要求。在线路设计中，利用植被、地貌等地形特征来调整比赛难度。中距离完赛时间一般为20~35分钟，点标数量可控制在15~20个，直线距离大约为3~5千米。长距离赛完赛时间一般为40~70分钟，点标数量相对较多，直线距离大约在5千米以上。长距离赛的另一个要素是运用线路设置分散聚集在一起的运动员，尤其是在采用2分钟出发间隔时，应使用蝶形或其他分散方法（图6-1-2）。

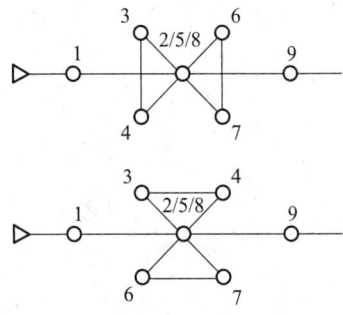

图6-1-2　蝶形或其他分散方法

（3）百米定向赛。百米定向赛具有场地范围较小、完赛时间短、点标数量多、通透性好和观赏性强等特点。线路设计应依据百米定向赛的项目特点进行设计。由于场地小，人流量相对较大，比赛开始部分应通过线路设计尽早将运动员分流，线路的中间部分可利用天然或人工障碍，通过线路选择分散运动员，线路结束部分路线选择尽量简单，防止大量队员集中在终点处附近，最后一段必经线路是一条距离超过30米的冲刺直道。百米定向线路设计应体现运动员的奔跑速度和快速反应判断的能力，通过设置检查点之间线路距离的变化和线路方向的转变来营造比赛的激烈氛围。另外，线路设计时应注意流向控制和引导，尽量避免出现因避让而影响运动员比赛的情况（图6-1-3）。

（4）接力赛。接力赛线路设计方法类似于短距离赛，但要考虑同一队伍几条接力线路之间的平衡，在路线距离和难度上尽量保持一致。除此之外，平行组的线路标准，包括各项技术指标如检查点总数、总线路距离、爬高量等应尽可能相同，以保证比赛的公平性。线路设置要让每一棒运动员都要经过主赛场。由于接力赛是集体出发，需要通过线路设计将运动员分流。基于比赛公平，所有运动员赛段的最后部分应相同。（图6-1-4）

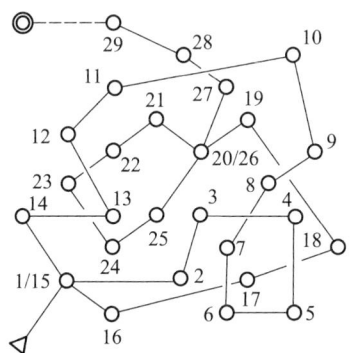
图6-1-3 百米定向赛线路设计

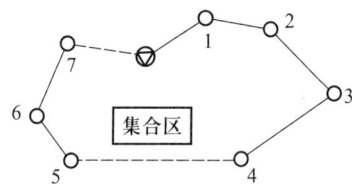
图6-1-4 接力赛集体出发线路设计

（5）团队赛。团队赛线路设计应尽量满足观众欣赏的需求。可将起点和最后一个必经点都放在主赛场内，让观众能同时看到团队分图出发和在最后一个必经点汇合的比赛过程。线路中必经点的难度应有一定的跨度，但不应有难度过高的检查点。由必经点组成的线路贯穿整个比赛场地，并按规定的到访顺序连接起来，依次标上序号。自由点的分布应相对均匀，线路设计时可利用自由点布局将整个场地分割成若干个具有不同技能、体能和心理要求的区域，同一区域内自由点的难度应保持一定的跨度。此外，应在终点区最后一个必经点旁设置一个等待区。

4. 线路设计应注意的问题

（1）路线的开端：要使运动员一开始就进入思考状态，路线的开端地形以不让运动员观察到赛区的全貌为原则。

（2）路线的中段：比赛路线的中段是定向运动比赛的关键部分，设计质量主要取决于地形因素和检查点位置的选择。一般来说，该段地形应该较复杂、曲折、起伏，有一定的变化和难度。

（3）检查点的数量应根据比赛规模和水平而定。检查点通常设置在路段的转折或衔接处，并在每个检查点的同一地点处放置点标旗和打卡器，点标旗放置不必过于隐蔽，但要保证运动员不能在远处发现。

（4）起点与终点一般设在地势较低且平坦、空旷、四周隐蔽较好的同一片地域，既满足运动员赛前准备、出发和冲刺以及观众观赏的需求，又不会提前暴露比赛区域的全貌。

（5）设计线路应避免诱导运动员穿过私家区域、庄稼地或其他禁区，并且要注意规避具有安全风险的区域。

第二节 定向运动赛事的实施

一、定向赛事实施的基本程序

（1）组织开幕式。

（2）进入临赛状态：各组人员按时到位，对场地设施、器材等作临赛前的最后检查。

（3）实施竞赛：按竞赛程序按时有序地组织比赛，严肃认真地进行裁判工作，做好成绩记录、核对、汇总及公告等工作。

（4）加强安全保卫工作，维持好赛场内外的秩序，做好赛场医务工作。

（5）根据竞赛规程和竞赛规则处理竞赛中发生的问题。

（6）公布竞赛成绩、名次及颁奖。

（7）组织闭幕式。

（8）清理场地、回收器材及各种用具。

二、比赛场地、器材的布置

起点和终点放置在同一处，则应在该处放置运动员休息区、检录区、出发区、观摩区、终点区等。若起点和终点不在一处，则应分别在起点区布置运动员休息区、检录区、观摩区、出发区，在终点区布置运动员的休息区、观摩区及终点区（图 6-2-1，图 6-2-2）。

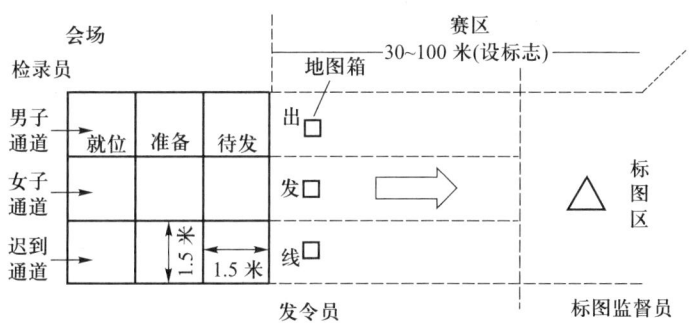

图 6-2-1　起点场地布置

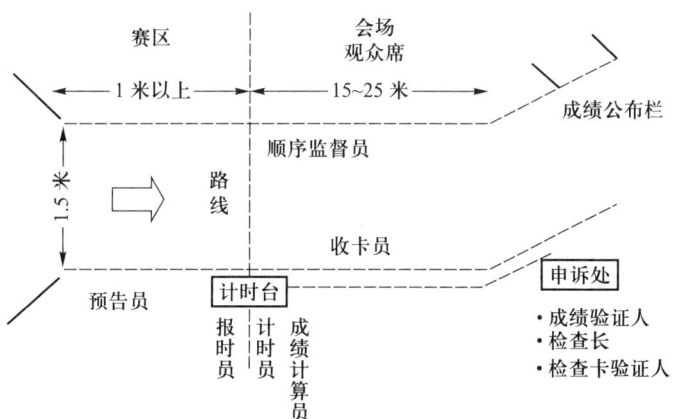

图 6-2-2　终点场地布置

场地裁判组将所有检查点所需器材分别放置到比赛场地相应的位置，务必要确保检查点位置的准确性。（图 6-2-3，图 6-2-4）

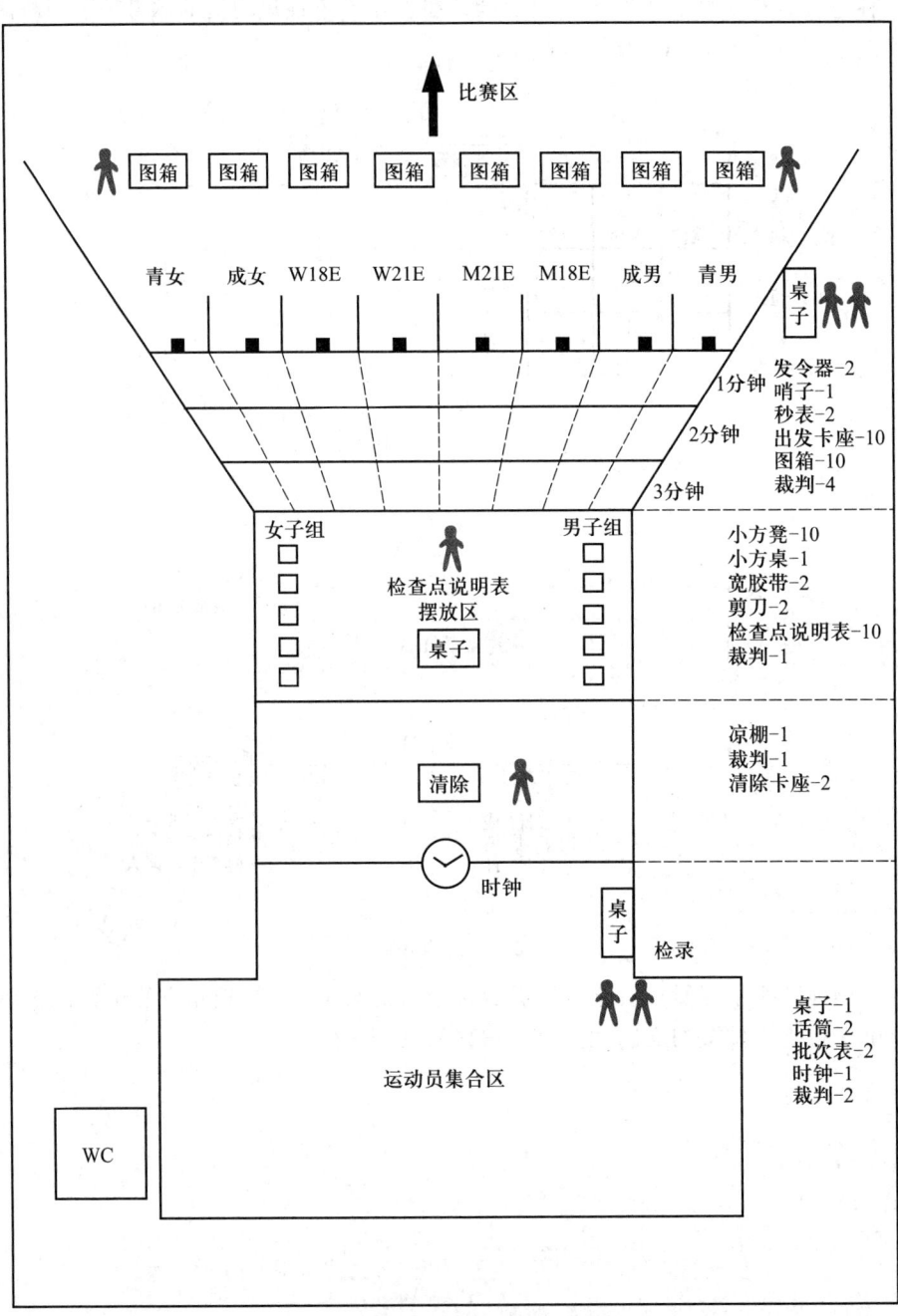

图 6-2-3 起点人员器材配置图

第六章 定向运动赛事的组织与实施

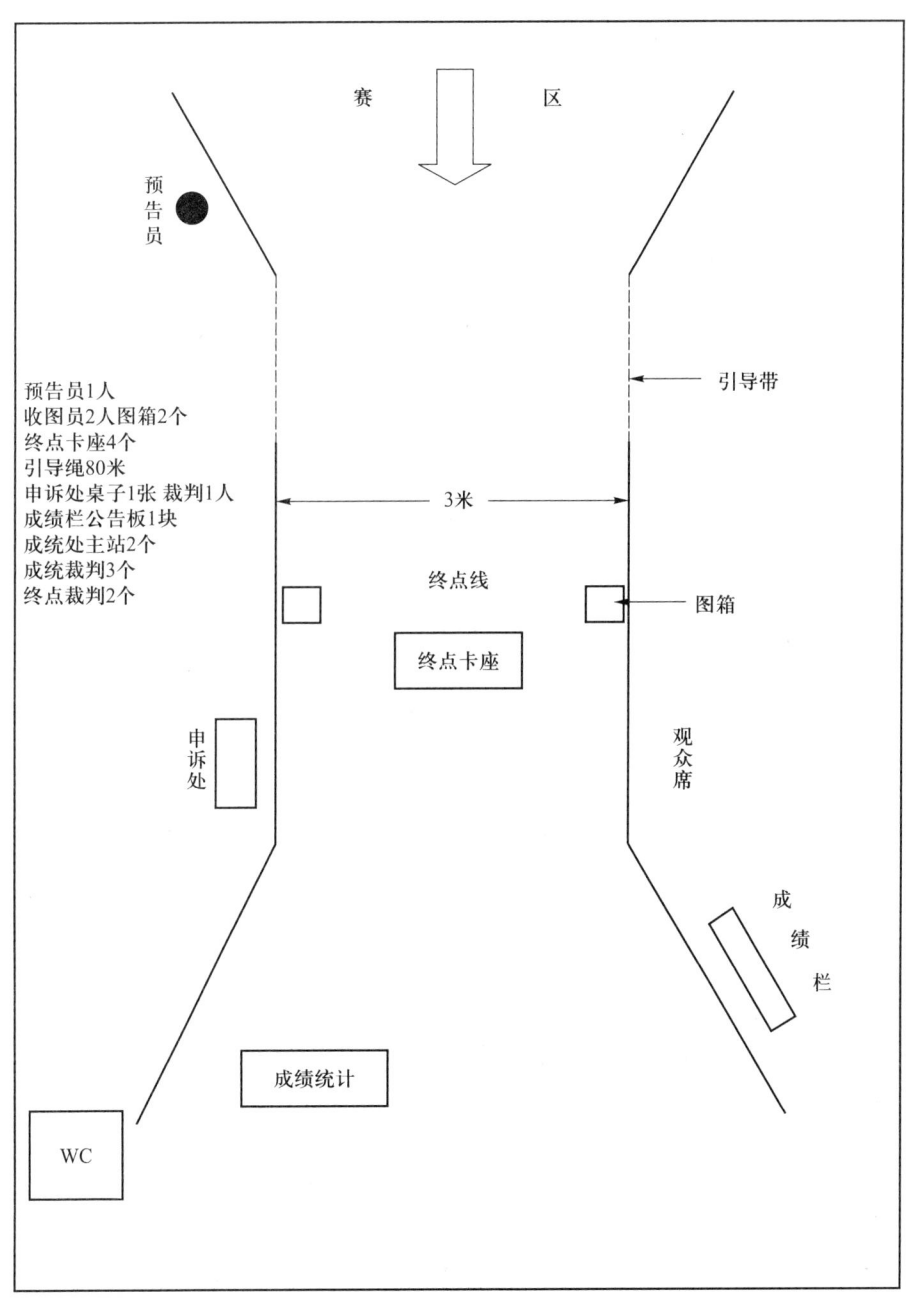

图 6-2-4 终点区设置人员配置图

三、违规与处罚

运动员或教练员违反规则将受到处罚,包括通报批评、警告、取消本场比赛资格、取消若干场比赛资格、罚款和没收公平竞赛保证金、停止半年、一年或若干年参加比赛资格及撤销运动员技术等级称号的处分。

1. 下列情况应给予通报批评或警告

(1) 擅自出入隔离区、出发区。

(2) 携带通讯设备进入隔离区。

(3) 携带涉及赛区的旧版地图进入隔离区。

(4) 在起点区或终点区不听从现场工作人员指挥。

(5) 在出发区影响他人准备比赛。

(6) 整个代表队完成比赛,离开赛场前未到竞赛中心签到处签到。

(7) 第一次出发犯规。

(8) 有违反环保指南的行为。

(9) 没有按规定着装。

2. 下列情况中如果运动员获利,取消比赛资格,否则给予警告

(1) 没有按原样将号码布清晰佩戴在胸前和后背的显著位置。

(2) 比赛过程中使用影像设备拍摄比赛地图行为。

(3) 在比赛中接受他人帮助。

(4) 在比赛中为他人提供帮助。

(5) 在比赛中使用通信工具。

(6) 在离开出发线之前从地图箱取得地图。

(7) 在比赛中使用非竞赛委员会提供的地图。

(8) 在比赛中跟跑或同跑。

(9) 在比赛中进行语言交流。

3. 下列情况应取消本场比赛资格

(1) 没有佩戴号码布。

(2) 号码布与秩序册不一致。

(3) 在比赛中或返回终点时号码布、地图和检查卡不全。

(4) 拿错地图。

(5) 拒绝按竞赛委员会的要求携带其他必要的装备。

(6) 第二次出发犯规。

(7) 被警告后仍接受他人帮助。

(8) 被警告后仍为他人提供帮助。

（9）被警告后仍使用通信工具。

（10）被警告后仍跟跑。

（11）被警告后仍进行语言交流。

（12）同跑。

（13）使用其他交通工具。

（14）进入或穿过禁区。

（15）短距离赛中通过地图上表示为不能通行的地形特征。

（16）没有沿着标记线路行进。

（17）使用禁用的辅助设备。

（18）乱发报警信号。

（19）在没有得到批准的情况下变更接力赛或团队赛运动员。

（20）整场比赛尚未结束，完成比赛后再次进入赛场。

（21）通过终点后没有上交地图或没有在成统处录入成绩。

（22）有意妨碍他人比赛。

（23）其他违反体育道德的行为。

（24）严重违反环保指南的行为。

4. 下列情况应取消本场及下一场或后续若干场比赛资格

（1）中途退出比赛，未到成统处读取检查卡信息。

（2）中途退出比赛没有上交地图。

（3）在场地中交换地图或检查卡。

（4）替跑或找他人替跑。

（5）蓄意破坏、改动、移动、拿走检查点器材。

（6）运动员无故不参加比赛。

（7）诽谤、威胁或恐吓裁判员。

（8）其他严重违反体育道德的行为。

5. 有下列情况应取消代表队比赛资格

（1）在一场比赛中同队有 2 名以上（含 2 名）运动员被取消比赛资格。

（2）代表队相关人员或没有参加比赛的运动员擅自进入赛场。

（3）经警告和通报后，再次在完成比赛，离开终点区前未到竞赛中心签到处签到。

（4）对将重复使用的比赛场地，在第一次使用时运动员没有交回该比赛场地地图。

（5）有预谋地组织集团作弊，多人帮助某一人取得名次。

6. 代表队有成员在赛前勘察过比赛场地，取消该队所有场次比赛资格

7. 有下列情况应对教练员禁赛 2 年，情节严重的终身禁赛
（1）在国际赛事中，有损国家形象。
（2）组织运动员提前勘察赛场。
（3）一场比赛中有 3 名以上运动员接受其他运动员帮助或帮助其他运动员。

四、裁判职能简介

（一）裁判委员会

由总裁判、副总裁判和各组裁判长组成，受竞赛委员会领导。裁判委员会直接领导竞赛工作，负责竞赛实施和确定竞赛成绩，并监督领队、教练员、运动员遵守竞赛规则。

根据竞赛具体情况，在不违背竞赛规则的原则下，裁判委员会赛前可制订有关规定及提出注意事项。竞赛前，协同有关部门检查场地及竞赛用品，进行裁判人员的分工和培训，做好竞赛的技术准备。

举办全国性竞赛或大区域、省级竞赛，应任命一个仲裁委员会（或仲裁组）。

仲裁委员会通常由 3 名或 5 名仲裁人员组成。职责是：处理规则抗议条款中提及的各项抗议，对竞赛中提交仲裁的其他事宜做出裁决。仲裁的裁决为最终裁决。

（二）总裁判长

总裁判长是赛事中竞赛规则和竞赛规程的最高执行人和最终解释者，对规则和规程中没有明文规定而难以处理的问题，由总裁长根据规则精神做最后的裁决。总裁判长的主要职责如下：
（1）制订赛事裁判工作计划。
（2）组织全体裁判员学习竞赛规则和竞赛规程，统一他们对规则条文的理解。
（3）主持并监督出发顺序抽签。
（4）主持领队、教练员和裁判长联席会议。
（5）协调和监督检查各裁判组工作，控制比赛进程。
（6）处理比赛中的各种疑难问题。
（7）批准比赛成绩和宣布比赛成绩。

（三）副总裁判长

副总裁判长协助总裁判长工作，完成裁判委员会分配的任务，必要时可兼任裁判组的裁判长职务；与有关部门一起负责代表队报到及运动员资格审查；

负责组织代表队、工作人员、参观人员按时到达赛区及从起点向终点的转移等事宜。

（四）起点裁判组

起点工作是竞赛的开始，是保证竞赛顺利进行的重要环节，也是运动员能参加竞赛的保障。起点工作能顺利完成，给整个竞赛提供了良好的开端。

起点裁判长负责组织起点位置的裁判工作，带领起点组裁判员完成以下基本工作：

（1）按线路设计员的方案布置起点区和交接区。

（2）根据出发程序和出发顺序组织运动员检录、进入隔离区，阻止违禁物品进入隔离区和待发区。

（3）组织运动员出发。

（4）控制隔离区人员的流动，保证运动员得到良好的休息和进行不受干扰的准备活动。

（5）根据参赛运动员的组别和数量提前准备比赛地图。

（五）场地裁判组

场地裁判长负责组织赛场的裁判工作，带领场地裁判组完成以下基本工作：

（1）与线路设计员密切配合，在赛前准确完成检查点和检查点器材的布置。

（2）保证检查点和检查点器材的安全性。

（3）检查、阻止和判罚赛场中的违规行为。

（4）安置中途退出比赛的运动员。

（5）组织搜寻迷失的运动员。

（6）与安全监督密切配合，及时处理赛场中出现的安全问题。

（六）终点裁判组

终点裁判长负责组织终点区的裁判工作，带领终点裁判组完成以下基本工作：

（1）根据线路设计员的规划布置终点区。

（2）保证沿着必经线路跑向终点的运动员顺利冲过终点线。

（3）回收地图。

（4）检查地图、检查卡和号码布。

（5）判定并记录集体出发的运动员到达终点的顺序和名次。

（6）在接力赛中预报即将完成比赛到达终点的运动员号码或代表队。

（7）控制终点区的秩序，保证观众和媒体的利益。

(七) 成统裁判组

成统裁判组在裁判长的领导下负责组织编排和成绩统计工作，带领成统裁判组完成以下基本工作：

(1) 录入与变更运动员信息。
(2) 分发号码布和检查卡。
(3) 编排出发顺序。
(4) 准备签到表、检录表。
(5) 处理接力赛、团队赛运动员临场变更。
(6) 录入运动员成绩、打印成绩条。
(7) 统计运动员到达终点的数据。
(8) 公布即时成绩。
(9) 确定最终成绩、名次并报总裁判长批准。
(10) 准备成绩表。
(11) 统计团体成绩。

(八) 竞赛秘书组

竞赛秘书长负责组织竞赛中动态信息的收集整理、统计汇总等信息管理工作，带领助理完成以下基本工作：

(1) 负责赛事中心的管理。
(2) 统计汇总运动队报到、离开赛场情况。
(3) 受总裁判长委托在赛事中心、运动员住宿地张贴成绩、通知和处罚公告等。
(4) 组织体育道德风尚奖、优秀裁判员、教练员和运动员的评选。
(5) 为裁判员提供后勤保障。
(6) 协助组织现场颁奖。

五、赛事的宣传

体育赛事的推广离不开新闻媒体的传播，媒体宣传以创造赛事社会效益为主要目标。

赛事宣传部门向媒体提供定向运动赛事的宣传素材，如定向运动基本知识介绍、往年比赛的视频、图片等，利用网络、微信、视频 APP、报纸等各种媒介对比赛进行大力宣传，应根据比赛规模、影响力和时尚性等因素来确定赛事的宣传力度和方式。赛事的类型、规格往往是既定的，但对于赛事信息的选择与组合、素材内容和形式的设计，却有很大的发挥空间。在既有的赛事环境条件约束下，应主动创造并向媒体提供更有新闻价值、宣传价值的宣传素材。

六、赛事的安全保障

1. 医疗卫生保障

根据赛事规模，设置医疗卫生保障部门，配备具有医务专业知识、经验丰富的医疗救助人员，向赛事提供医疗保障服务。如条件允许，可安排车辆进行安全巡逻。

2. 场地安全保障

（1）如比赛场地存在交通安全隐患，应采取应对措施，必要时需要实施交通管制，否则不得进行比赛。

（2）如比赛场地区域内有危险的家畜如犬、牛等安全风险时，应提前进行管控。

3. 应对恶劣天气的安全保障

如比赛遇到极端天气如暴雨、雷电、强风等以及引起的场地毁坏、道路中断、比赛场地湿滑等安全风险，竞赛委员会应及时采取措施，提早、推迟或取消比赛。在酷暑天气下，可在比赛场地内增加饮水站的供应数量，防止运动员出现中暑、脱水等现象。

4. 安全事故防范措施（详见第二章第四节）

5. 迷失事件的预防与处理（详见第二章第四节）

6. 通讯保障

赛事通讯保障是由邮电通讯服务商向比赛提供通讯服务，保证赛事相关人员内外部沟通顺畅。赛事组委会设置专职人员负责赛事的通讯保障工作以及与通讯服务商的协调沟通，确保比赛场地通信信号的覆盖与稳定，保证赛事的顺利完成。

七、赛事实施的注意事项

（1）比赛用图须进行封塑处理，防止雨水淋湿，确保所有参赛者每人一张地图。选手到达终点后，务必先将地图收回，以防还未出发的选手事先看到地图或线路。

（2）检查点说明应按线路的正确顺序打印在地图正面，或在待发区向运动员提供单独的检查点说明。

（3）点标旗应准确放置在地图和检查点说明表所标记的实地较为醒目的位置，使选手到达检查点范围内无须搜寻点标，但不能挂得太高，防止选手在很远的地方就能看见。

(4）每个检查点可另外备用传统针式打卡器，同时比赛地图上应提供备用手工检查卡。

（5）守点裁判员比赛过程中不得擅自离开，防止点标旗或打卡器被偷移。

（6）起点和终点应分开（但距离不必太远）。应设有横幅标明"起点""终点"。

（7）在长、中距离赛事中，如果同一组别人数过多，出发间隔时间可适当缩短至1分钟。

（8）可设置通往终点的冲刺通道，可增加比赛的观赏性。

第三节 休闲类定向赛事活动的策划

定向运动由于其亲近自然、参与性广和娱乐性强的先天优势受到广大运动爱好者的青睐。为了适应新时代人们追求健康的多元化需求，以休闲、娱乐、健身为主要目的的休闲类定向运动应运而生，并在全国许多城市得到了广泛开展。不同于以竞技定向为核心的传统定向赛事，休闲类定向赛事活动以趣味定向为主要内容形式，并且融入特定的文化要素和主题思想，使参与者不仅能够体验比赛的竞技乐趣，还能感受各具特色的自然、人文景观以及当地的民俗风情等文化内涵，充分体现活动的趣味性、时尚性和参与性。休闲类定向赛事活动内容丰富、形式灵活多样、参与门槛低，不仅可以应用于大规模的赛事的举办如城市定向赛和中国公开赛等，也可适用于基层小规模活动类赛事。本节内容主要介绍休闲类定向活动方案的设计以及具体的策划案例。

（一）休闲类定向活动赛事的总体思想

比赛目的、主题和参赛对象是进行赛事方案设计的主要依据。依据比赛目的来确定活动赛事的主题，如为了促进某地区旅游业的发展，可以将旅游景点、历史或民俗文化等作为活动主题来设计赛事活动的内容和比赛形式。依据参赛对象来设计活动的种类和难度，如针对青年人群，比赛可设置体力消耗相对较大、难度高的挑战性项目内容。

（二）休闲类定向赛事活动内容与形式的设计

休闲类定向活动赛事内容与形式设计可以从运动方式、打卡方式、目标点指引方式、线路设计、参赛对象和比赛场地等方面进行设计。

1. 运动方式

运动方式包括徒步和使用交通工具，也可采用徒步与交通工具混合使用的方式。运动方式的选择主要依赖于比赛路线的距离、比赛场地和参赛人群的特征。如比赛场地以公园、山地为主，应采用徒步方式，场地设在城市或以公路为主且范围较大的区域，可采用自行车或汽车等交通工具，如有河流、湖泊等水域，甚至可以考虑采用皮划艇等水上交通工具。不同交通工具的选择应依据赛事的规模和活动主题来进行设计，在赛事的组织和实施过程中，需要注意加强比赛的安全防范工作。

2. 打卡方式

比赛过程中，除采用电子打卡设备外，还可以选择其他简易工具来替代电子打卡器，如二维码、印章、拍照取证或机械打卡器等，优点是无需使用价格高昂的电子设备，简单易行，常用于教学或基层的赛事活动。

除直接打卡外，还可以在打卡环节中可增设闯关任务项目，即"任务+打卡"，完成任务后方可打卡过关。闯关任务的增设使得比赛内容更加丰富，参与形式更加灵活多样，深受广大参与者的欢迎，目前被广泛应用于各类休闲定向活动赛事中。任务项目多采用拓展或体育游戏项目，也可采用猜谜、答题等智力性游戏项目。任务闯关主要用于团队参与的比赛线路，可以培养团队协作的精神。

3. 目标点指引方式

休闲类定向赛事目标点的指引方式并非必须将所有到访的目标点全部显示在地图上，可以将目标点位置信息隐藏在前一个目标点的任务之中，只有在完成挑战任务后，才能获得下一个目标点的位置信息。除此之外，也可以通过提供的信息提示来指引下个目标点的位置。目标点指引方式可以分为以下几种类型：

（1）地图指引。在到访点的地图上直接标示出下个目标点的具体位置。

（2）任务指引。在到访点设置一个闯关任务，完成任务后，由工作人员给出下个目标点的位置信息。

（3）信息指引。到访点提供下个目标点位置的信息提示，依据信息内容来确定下个目标点的位置。信息内容可以直接显示具体目标点位置，如：东南方向、直线距离200米，或者以文字和图片形式显示目标点的名称和景观特征。除此之外，也可将位置信息隐藏在提示中，通过破译信息内容才可获得下个目标点的位置。

4. 线路设计

比赛线路设计的好坏是评价一场赛事活动的关键，在赛事方案设计中占据重要地位。休闲类定向活动线路的设计应能反映赛事活动的主题和目的，能够引领参与者真实感受各具特色的自然和人文景观、风土人情和民俗文化等。

目标点的选择应依据活动的主题内容进行设定，下面列举几种针对不同主题活动的线路设计方法：

（1）旅游休闲主题。该线路设计类似于导游给游客提供的游览线路，以景点为导向，将反映景区特色的自然景观和人文景观作为目标点进行线路设计。参与者在比赛过程中不仅能够体验比赛的竞技乐趣，还能沿途观赏风景，深入了解景区的历史文化，达到运动休闲旅游的目的。

（2）红色文化主题。比赛场地一般设立在有红色遗址的教育基地或公园内。可选取若干个红色文化资源点如纪念碑、纪念墙、雕像等作为目标点来设置线路。除此之外，也可以将每个独立的红色遗址作为目标点，但比赛路线距离较长，可配套使用交通工具进行比赛。

（3）饮食文化主题。场地可设立在具有地方美食文化特色的区域，如古镇、美食街等。首先，了解当地的饮食文化，如饮食的种类、品牌、历史、民族等文化要素，以饮食文化要素为导向，选取具有地域特色的美食、美食文化遗迹或美食店铺等作为需要到访的目标点。线路的设定可以是固定线路，也可以自由选择。

民俗文化定向探秘——定向寻宝策划方案

5. 参赛对象

比赛方案的设计应考虑参赛对象的特征如性别、年龄、职业类型和参赛人数等。参赛对象依据性别可分为男子、女子和男女混合组比赛；依据年龄可分为儿童、青少年、中年或老年等组别；依据职业类型可分为学生、社会、精英等组别；依据参赛人数可划分为个人赛和团体赛，团体赛又可根据性别、年龄或成员关系进一步化分组别如情侣组、亲子组等。

城市定向活动挑战赛策划方案

6. 活动场地的选择

定向运动的优势是吸引参与者亲近自然，因此，比赛场地一般以校园、公园和野外等区域为主。场地选择除了要遵循一般原则外，还必须结合比赛的主题来选择合适的活动场地，例如红色文化主题比赛应有针对性地选择具有红色遗迹的地点作为比赛场地，以旅游或地域历史文化为主题的比赛需要寻找特色的古镇、胡同等自然和人文景点作为比赛场地。

趣味定向活动赛策划方案

短距离定向活动如百米定向等除了可以将比赛场地设在空旷操场或有植被地形特征的区域，也可以在此基础上对场地进行改造，如在特定地点设置路障等，或将场地搭建成迷宫等样式，以此增加比赛的难度及趣味性。

除室外场地外,建筑物内部空间同样可以用于定向比赛。建筑物墙体将室内空间隔离出若干个不同横向和纵向方位的立体空间,形成类似于迷宫一样复杂的内部结构空间,这也同样对参与者的识图、辨向等方面能力提出较高要求。比赛场地可选择在教学楼、体育馆或商场等大型建筑内,室内场地比较适合以消防、室内活动等为主题的定向赛事活动。

课后练习与思考

1. 简述场地的选择、线路设计原则和要求。
2. 简述起点裁判组、终点裁判组和场地裁判组的职能。
3. 简述休闲类定向赛事活动内容的设计方法。

第七章 定向运动地图的制作

本章提要

地图是开展定向运动不可或缺的工具，掌握定向地图的制作方法对定向运动教学和训练工作的顺利开展具有重要意义。本章重点介绍了定向地图制作的基本步骤，详细讲解了使用OCAD软件制作地图的基本操作方法，并通过教学定向地图制作的实例操作使学生了解定向地图制作的具体流程和方法。

第一节 定向运动地图制作概述

定向地图制作相对于定向运动其他环节难度稍大，但是，只要认真学习也是可以逐步掌握其基本方法的。本节主要从定向地图制作的几个重要环节进行概述，让同学们能够从全貌上了解定向地图制作的一般步骤。

一、制作定向运动地图所要遵循的技术规范

首先要明确制作定向地图必须遵循的技术规范。只有制作出符合技术规范的定向地图才能保证定向运动的公平竞赛。

国际定向运动联合会自1961年成立开始就讨论制定一套统一的定向地图规范，以促进公平竞赛。最早开展定向运动的欧洲国家，早期都是使用各自国家的地图开始进行定向运动比赛的，然而由于各国的地图标准不一样，这样在哪个国家举行比赛，哪个国家的运动员就先天获得比赛优势，因而产生了竞赛公平性的问题。为了消除这种因为制图技术规范不统一所产生的公平问题，在1967年国际定向运动联合会地图委员会第一次会议上，提出了统一定向地图技术规范的5条基本原则：第一，定向地图必须能够很好地反映赛场的现势性；第二，运动员能够看到的明显地形特征必须全部展示在定向地图中；第三，详细展示对运动员路线选择有重要意义的细节特征；第四，最重要的是地图的易读性，舍去不必要的特征；第五，国际定向运动联合会成员国必须使用符合统一技术规范的定向地图进行比赛。

依据上述定向制图基本原则，1969年国际定向运动联合会出版了由德国、英国、法国和瑞典等欧洲国家起草的《定向地图规范》，这是第一本统一的非官方定向地图技术规范。经过几年的试用，直到1975年"国际定联"才正式出版了第一本官方统一的定向地图技术规范《定向地图国际规范1975》版本；这个版本经过几年的使用和完善，1982年升级为《定向地图国际规范1982》，以后又升级出版了1990版、2000版和2017版的定向地图国际规范。2019年出版了最新版的《定向地图国际规范2017-2》（2019修正版）。

2001年世界定向锦标赛增设"短距离赛"项目，这项适合公园、校园开展的短距离定向运动在各国逐步兴起，适合传统定向运动的《定向地图国际规范2000》已不能很好适应短距离地图制作，2003年"国际定联"及时发布了适合短距离比赛的《短距离定向地图国际规范2003试用版》；经过2003年、2004年的试用至2005年正式出版了《短距离定向地图国际规范2005》；经过一年多的使用，2007年升级到《短距离定向地图国际规范2007》；这一版本

经过12年的使用，2019年升级到最新版《短距离定向地图国际规范2019》。

制作定向地图除了要遵循最新版的定向地图规范外，还要遵循最新版《定向运动线路检查点说明国际规范》。2018年《定向运动线路检查点说明国际规范2004》版本已升级到目前最新的《定向线路检查点说明国际规范2018》版本。

目前制作定向地图所要遵循的3个最新技术规范如下：

（1）《短距离定向地图国际规范2019》（短距离定向地图，含校园、公园等定向地图所要遵照的绘制技术规范）。

（2）《定向地图国际规范2017-2》（中、长距离定向地图，主要是野外山地定向地图所要遵照的绘制技术规范）。

（3）《定向线路检查点说明国际规范2018》（上述两类基本定向地图变成带定向线路后的完整定向地图成图都要遵照的定向线路绘制技术规范）。

二、选择适合定向运动的场地

一般来说，只要是公众能够自由通行的区域，都可以作为定向运动场地用来开展定向运动，但是，正式定向运动竞赛的场地还是有一定的技术要求的，并不是所有的地方都适合定向运动正式比赛。一般短距离比赛可以选择在通行性好、面积比较大的校园、公园、果园、林地和村落等地，野外通行性好的树林地是更理想的短距离场地。中距离最理想的场地是通行性比较好的相对高差小于50米的山林地区，也可以是通行性好的森林公园等区域。长距离最理想的场地与中距离相同，只是面积更大，相比中距离定向赛场地，长距离定向赛场地适应性更强一些，可以选择一些通行性稍差的田园、山林地与村落相结合的乡村区域。适合中距离定向比赛的场地可以用于传统的接力定向赛场地，适用于短距离比赛场地也适用于短距离定向接力赛。积分定向赛和团队定向赛场地适应性比较好，可以在适合短距离、中距离和长距离定向赛场地中任意选择。百米定向赛的场地适应性最强，只要有一块正规400米田径场大小面积的相对空旷的地方即可，如田径场、广场、开阔的草坪等场所都适合百米定向比赛。

一般一场短距离定向赛需要的场地实地面积为0.6~1平方千米；一场中距离定向赛场地需要的实地面积为2.5~4平方千米；一场长距离定向赛场地需要的实地面积为4~7平方千米。

三、获得定向场地的使用许可和基础底图

选好定向场地之后，在开始定向地图制作之前，一定要先获得定向运动场

地管理者的使用许可。找到适合开展定向运动的有关场地后，要先联系这片场地的管理者，告知他们开展定向运动的意义，如实介绍定向运动的活动形式及对场地的影响情况，要保障场地管理者的利益，争取获得管理者的使用许可。不然，在没有获得场地管理者同意使用场地的情况下就贸然开展制图工作，如果场地管理者不同意使用就前功尽弃了。

　　协调好场地使用权，之后就是寻找该场地的制图底图。制图底图是指可以作为定向场地制图参考的其他类型的地图或旧的定向地图，主要有国家基本地形图、城乡规划地图、网上下载的卫星地图等资料，已有的这些地图资料都可以作为制作新的定向地图的底图使用，拿到底图资料后可以先打印出来，拿图到现场检查底图的质量，主要是地形符号的准确性和磁北线的现场再确认等。挑选质量相对好的底图资料导入定向制图软件，在制图软件中调整磁北线使之与图幅正上端垂直并创建测图网格，根据测图板大小确定网格大小，要保证在测图板上最少可以形成有4个交叉点的测图区域，方便以后不同测图区域图板的对准拼接。处理好底图后，放大一倍打印出测量底图，在绘图板上粘贴底图、防水膜和绘图膜，做好到实地测量的前期准备工作后就可以去实地测绘定向地图了。

四、定向运动场地的实地测绘

　　定向运动场地实地测绘是定向地图制作的重点工作之一，定向地图质量的优劣主要靠现场实地测绘的工作质量保障。根据定向地图使用的特点，目前主要还是用最传统的人工测绘方法来测绘定向地图。定向地图的方向测量主要用指北针，距离测量主要用步距尺，高差测量还是用身高加目测。这种传统的人工户外实地测绘方法对制图员的实践经验要求较高，需要长期训练才能很好掌握。随着科技的发展，会有越来越多的现代化测量仪器被引入定向地图测绘实践中辅助进行定向地图测绘。

　　在定向运动场地的实地测绘中，重点是把对定向运动重要的地形特征测绘准确，特别是每两个地形特征点间的距离、角度和高差，把这三个主要变量测绘准确，然后缩绘到图版上形成手稿地图。实地测绘的准确性和形象性是制作高质量定向地图的基础，制图员要认真测量好对定向运动员来说重要的特征点、特征线和区域特征，制图员主要依据"定向地图规范"选取地形特征进行测绘。制图员还要在现场根据定向运动的需要进行地图综合，把一些对定向运动来说重要的特征保留，不重要的特征舍弃，突出定向地图的可读性。

五、OCAD 制图软件绘制定向地图

户外实地测量形成手稿图后,要及时把手稿图扫描成图片文件导入 OCAD 制图软件中进行计算机辅助制图,制图员要熟练运用 OCAD 软件工具把户外实地测量形成的手稿图制作成标准的定向地图(后面第二节专门详细讲解)。

一块定向运动场地实地测绘初步完成后,打印出草图再到现场进行复查,把一些漏测或没有准确测绘的特征进行修测完善,同时修饰图框等要素,形成基本定向地图,也称定向地图原图。没有定向运动线路的定向地图称作基本定向地图或定向地图原图。

完成基本定向地图制作后,就可以把基本定向地图作为背景图导入定向线路设计文件,再把现场设计好的定向线路套绘到基本定向地图上,形成定向地图成图。绘制有定向运动线路的完整定向地图称作定向地图成图。

六、打印或印刷定向运动地图

把定向地图成图印刷或打印出纸质图,才算完成定向地图制作的全过程。运动员拿到纸质定向地图就可以去进行定向运动比赛了。由于不同的印刷机器、油墨、纸张型号和印刷技术,使用相同的定向地图电子成图稿也会印刷出不同质量的定向地图。为了保证运动员拿到的纸质定向地图符合定向地图技术规范要求,一定要先进行印刷试验,通过试验找到符合定向地图规范的印刷方法、纸张型号等,印刷出符合定向地图技术规范要求的纸质定向地图后再进行大量印刷。

第二节 定向运动制图软件 OCAD 基本操作

一、OCAD11.0 版本制图软件简介

OCAD 是由瑞士制图公司出版的一款矢量制图软件,是国内使用量最多的定向运动专用地图制作软件之一。我国定向运动地图制作者基本都是使用 OCAD 软件绘制定向地图。20 世纪 90 年代末期 OCAD 软件传入我国,刚开始是 OCAD5.0 和 OCAD6.0 版本,这两个版本功能简单,制图效果不是很理想,使用的人比较少。进入 2000 年后 OCAD7.0 传入我国,功能有所提升,2002 年又升级到 OCAD8.0 版本,功能有了很大进步,使用人数开始增多。早期的定向制图员多数是从用 OCAD8.0 版本起步开始制作定向地图的。目前 OCAD

版本已升级到 OCAD2019 版，但在国内使用量最大的是 OCAD11.0 版本，本节主要介绍 OCAD11.0 版本。

（一）**OCAD11.0 绘图工作主界面介绍，见图 7-2-1**

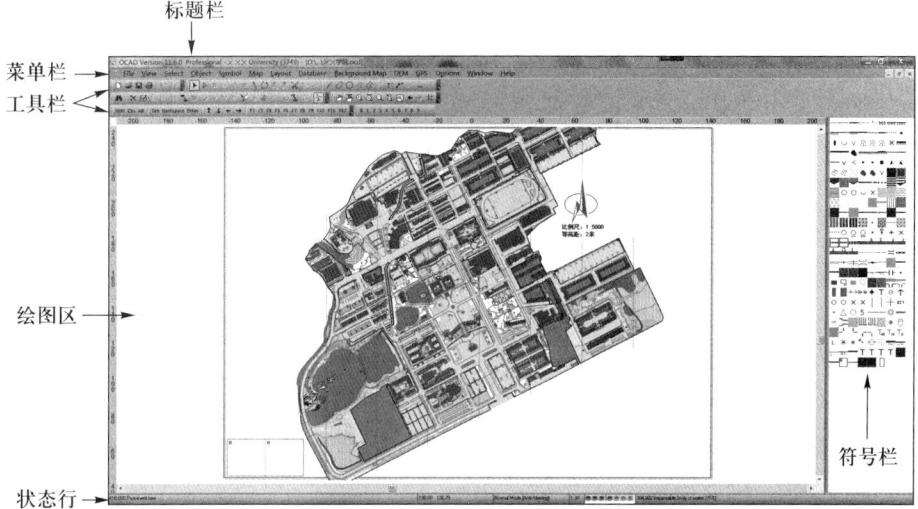

图 7-2-1 OCAD11.0 绘图工作主界面

（二）**OCAD11.0 标题栏介绍，见图 7-2-2**

图 7-2-2 OCAD11.0 标题栏

主界面窗口的最上方是标题栏，列出了软件的名称、版本号、版权信息和当前操作文件名称及存储路径等信息。

（三）**OCAD11.0 菜单栏介绍**

OCAD11.0 有 2 个模板文件的菜单栏，一个是绘图模板文件菜单栏，见图 7-2-3。

图 7-2-3 绘图模板文件菜单栏

绘图模板菜单栏有 14 个栏目，分别是 File（文件）、View（视图）、Select（选择）、Object（编辑）、Symbol（符号）、Map（地图）、Layout（整饰）、Database（数据库）、Background Map（背景地图）、DEM（数字高程模型）、GPS（全球定位系统）、Options（选项）、Window（视窗）、Help（帮助）。

另一个是线路设计模板文件菜单栏，见图 7-2-4。

图 7-2-4　线路设计模板文件菜单栏

线路设计模板菜单栏也有 14 个栏目，分别是 File（文件）、Course Setting（线路设计）、View（视图）、Select（选择）、Object（编辑）、Symbol（符号）、Map（地图）、Layout（整饰）、Background Map（背景地图）、DEM（数字高程模型）、GPS（全球定位系统）、Options（选项）、Window（视窗）、Help（帮助）。

绘图模板相比线路设计模板多了 Database（数据库）栏目，没有 Course Setting（线路设计）栏目。

不算重复的栏目，总共有 15 个栏目，其使用方法在 Help（帮助）栏目都有详细介绍，可在练习绘图时随时通过 Help（帮助）栏目详细学习掌握。

（四）OCAD11.0 工具栏介绍

OCAD11.0 工具栏由 5 组带有图标的小按钮组成，很直观地列在视窗的左上角区域，方便选用。5 组按钮也可以根据个人的习惯分别随意调整位置。

1. 标准通用按钮组，见图 7-2-5

图 7-2-5　标准通用按钮组

这组按钮功能分别是：创建新文件、打开存档文件、保存当前文件、打印文件、撤销之前操作和取消之前的撤销操作。

2. 功能编辑按钮组，见图 7-2-6

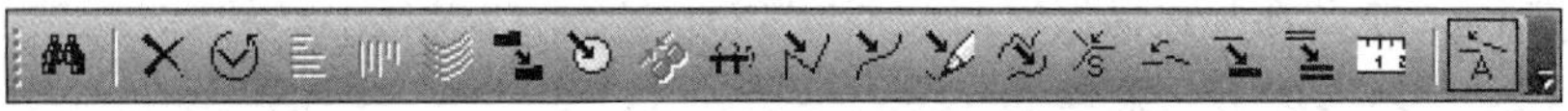

图 7-2-6　功能编辑按钮组

这组按钮功能分别是：查找选定符号、删除选定符号、旋转选定符号、水平对齐符号、垂直对齐符号、在 2 个符号之间插入符号、复制符号、填充符号、合并符号、反转符号、变为折线、变为曲线、拆散组合符号、平滑符号、使符号容易吻合、使符号末端对接、替换单个符号、替换所有相同符号、测量距离、自动连接。

3. 视图按钮组，见图 7-2-7

图 7-2-7　视图按钮组

这组按钮功能分别是：单次移动视图、连续移动视图、单次放大视图、连续放大视图、单次缩小视图、连续缩小视图、显示完整地图、返回到前一次视图、撤销返回视图、显示坐标网格。

4. 绘图编辑按钮组，见图 7-2-8

图 7-2-8　绘图编辑按钮组

这组按钮功能分别是：选择和整体移动符号、选择和编辑符号、添加普通点、添加直角点、添加虚点、删除点、改变方向、旋转符号、剪切孔洞、剪切边区、剪切线段、平行移动、局部改变、曲线绘图模式、椭圆绘图模式、圆形绘图模式、矩形线绘图模式、矩形绘图模式、台阶绘图模式、直线绘图模式、徒手绘图模式、多点绘制模式、数字绘制模式、绘图仪绘图模式。

5. 屏幕键盘按钮组，见图 7-2-9

图 7-2-9　屏幕键盘按钮组

这组按钮是为没有自带物理键盘的一些平板电脑准备的屏幕键盘，按钮功能同物理键盘。

（五）OCAD11.0 绘图区，见图 7-2-10

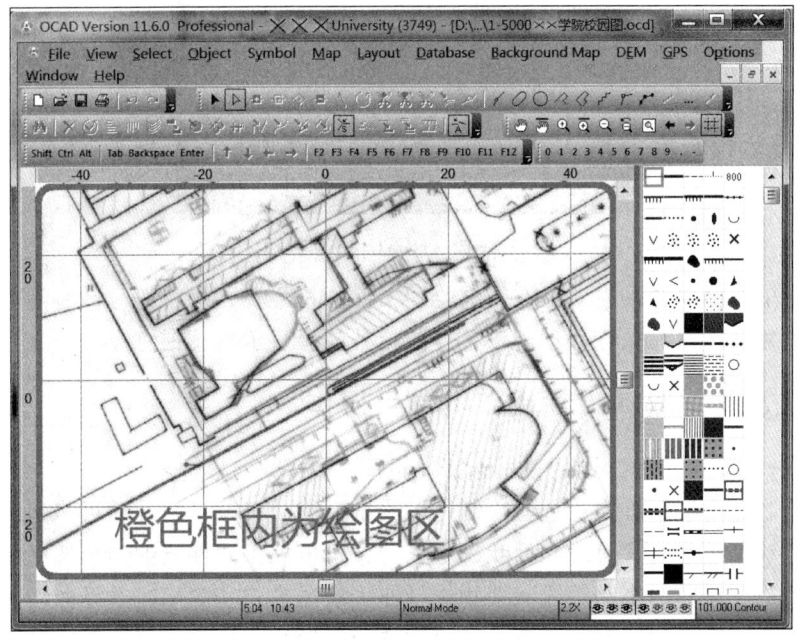

图 7-2-10　绘图区

屏幕中央的长方块区域，定向地图上的各种点状符号、线状符号、面状符号和文字符号等绘图符号都是绘制在这个区域。

（六）OCAD11.0状态行，见图7-2-11

图7-2-11　OCAD11.0状态行

在工作界面的最底部一行，有当前绘图文件绘图区内选中的符号编号及名称信息显示、鼠标光标在作图区域的坐标数据显示、视图模式信息显示、地图特征可视性情况和符号栏内选中符号的编号及名称显示。

（七）OCAD11.0符号栏，见图7-2-12

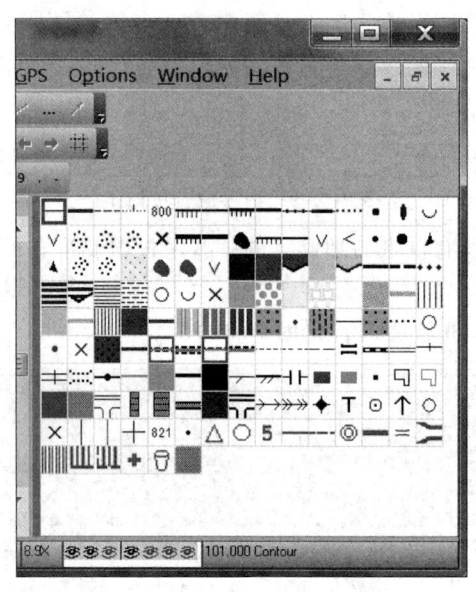

图7-2-12　OCAD11.0符号栏

在工作界面的最右侧，有当前绘图文件的符号栏，每个符号都有编号及名称信息显示、鼠标光标移动到该符号图标处就会显示有关信息。

二、OCAD11.0绘图工具常用操作

（一）地图符号绘制的模式选择，见图7-2-13

绘制定向地图首先是选择绘制地图符号模式，按符号的性质可将地图符号分为点状符号、线状符号和面状符号三种，可根据不同性质的地形选择相应的绘图模式。弯曲的小路等线状地物选择曲线绘图模式，等高线选择曲线和椭圆绘图模式，圆形的线性地物或面状地物选择圆形绘图模式，房子等方形的建筑

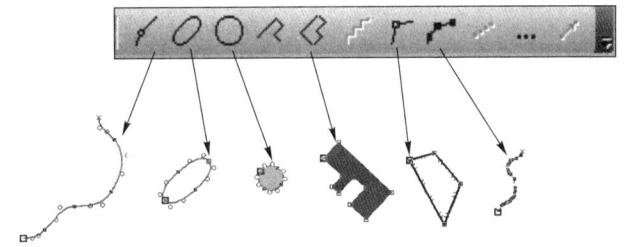

图 7-2-13 地图符号绘制的模式选择

物常用矩形线绘图模式和矩形绘图模式,整齐的围栏等线状地物用直线绘图模式、复杂的线性地物可以用徒手绘图模式。点状地物选择其中任何模式都可以。绘图时,先在右侧的符号栏中选中需要绘制的地图符号,然后再选合适的绘图模式,接下来就可以在绘图区域画图了。

(二)符号的整体编辑和部分编辑,见图 7-2-14

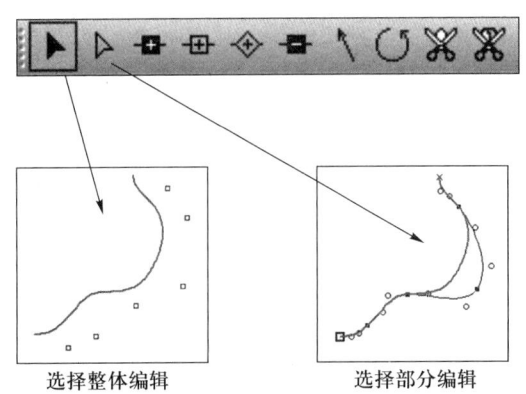

图 7-2-14 符号的整体编辑和部分编辑

地图绘制过程中,有时需要对一些地图符号进行修改编辑,当需要对某个符号整体进行移动时,要先选择黑色实心小三角按钮,然后再选择需要移动的符号,这时整个符号被选中,整体移动时符号不会变形。如果需要对某个符号进行局部修改,这时要先选择空心小三角按钮,然后再选择需要编辑的符号进行局部修改。

(三)普通点、直角点、虚点、删除点,见图 7-2-15、图 7-2-16 和图 7-2-17

地图绘制过程中,对符号进行添加点和删除点编辑,曲线符号添加普通点,直线符号添加直角点,虚线交汇处添加虚点可以使交汇链接明显。当需要对多余的点进行编辑时,用删除点按钮点多余的点就能删除。

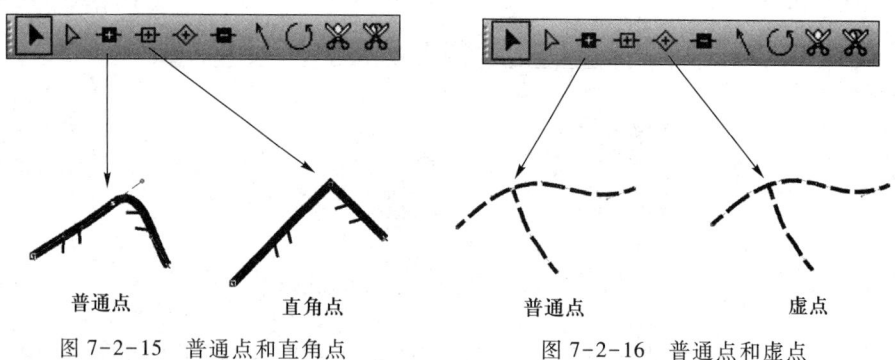

图 7-2-15　普通点和直角点　　　　图 7-2-16　普通点和虚点

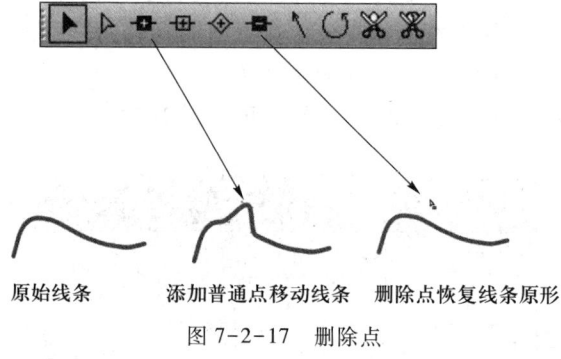

图 7-2-17　删除点

（四）改变符号方向，见图 7-2-18

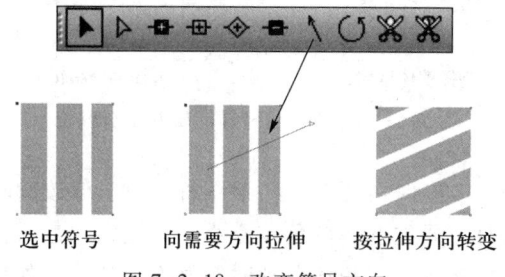

图 7-2-18　改变符号方向

地图绘制过程中，需要对所画符号方向进行修改编辑时，先选中符号，然后选择"改变方向"按钮，再用光标沿需要的方向拉伸光标，所选符号方向就会随光标拉伸方向改变。

（五）旋转符号，见图 7-2-19

地图绘制过程中，需要对所画符号进行旋转编辑时，先选中符号，然后选择"旋转"按钮,再用光标确定需要旋转符号的中心点,然后按所需方向移动光标,所选符号就会随光标沿确定的中心点旋转。

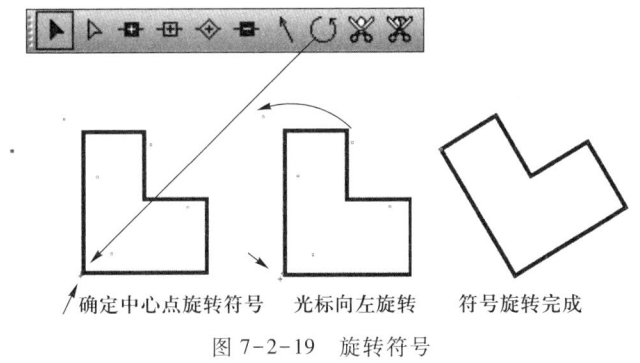

图 7-2-19　旋转符号

（六）剪洞、填充、部分剪切,见图 **7-2-20**

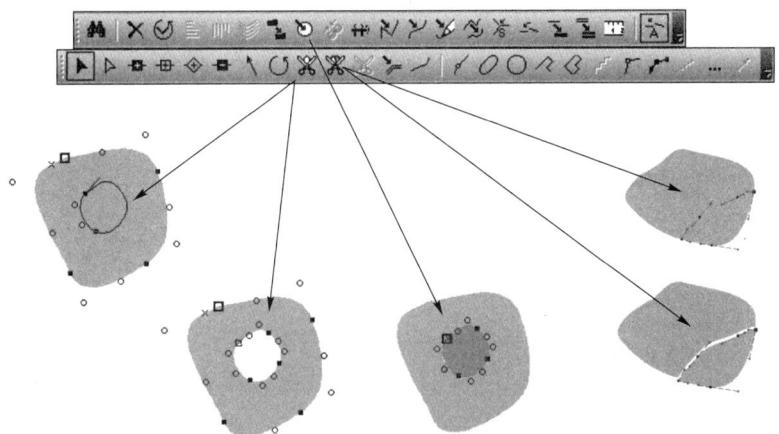

图 7-2-20　剪洞、填充、部分剪切

地图绘制过程中,需要对所画面状符号进行剪洞编辑时,先选中面状符号,再选择合适的绘图模式按钮,然后再选"剪洞"按钮,最后在面状符号上剪出洞口。给洞口填充其他面状符号时,先选中"洞口"然后选择需要填充的其他面状符号,接着再按"填充"按钮完成填充。如果只是剪除部分面状符号,先选中面状符号,再选择合适的绘图模式按钮,然后再选"部分剪切"按钮,最后在面状符号上剪切所需要分割的部分或剪切出缺口。

（七）剪切线状符号,见图 **7-2-21**

在需要对所画线状符号进行剪切编辑时,先选中线状符号,再选"剪切"

按钮，然后在线状符号上沿所需的宽度自由剪切。

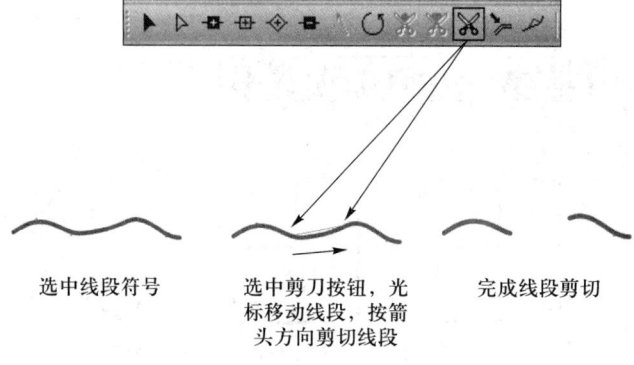

图 7-2-21　线段剪切

（八）移动平行线，见图 7-2-22

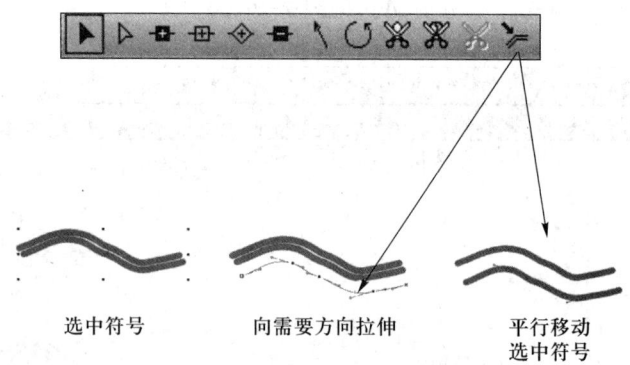

图 7-2-22　移动平行线

在需要对所画线状符号进行平行移动编辑时，先选中需要移动的线状符号，再选"平行移动"按钮，然后用光标拉伸所选线状符号沿所需的方向平行移动。

（九）线段符号对接，见图 7-2-23

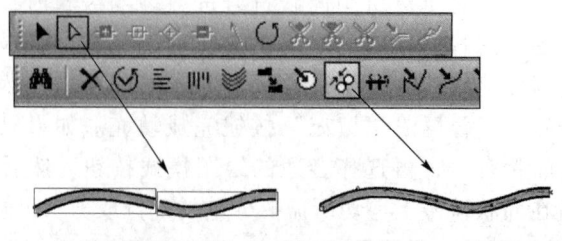

图 7-2-23　线段符号对接

在需要对两段同类线状符号连接成一个线段时,先同时选中两段线状符号,再选"对接"按钮,两个线段就会自动连接成一体。注意的是两个线段如果不是同类线状符号,该按钮不起作用。

(十) 复制特征符号,见图 7-2-24

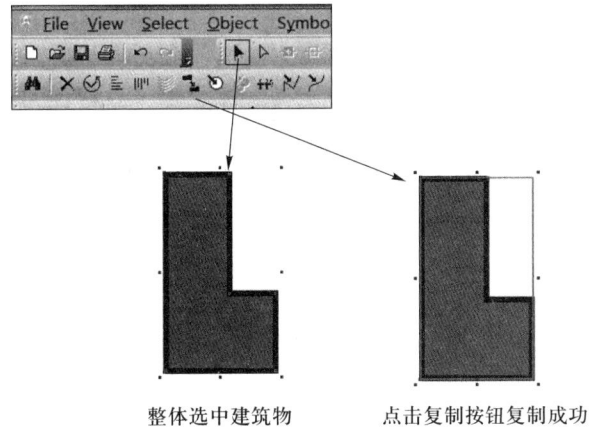

整体选中建筑物　　点击复制按钮复制成功

图 7-2-24　复制特征符号

在需要对所画地形符号进行复制编辑时,先整体选中需要复制的符号,再选"复制"按钮,就会复制出一个相同的地形特征。

(十一) 反转特征符号,见图 7-2-25

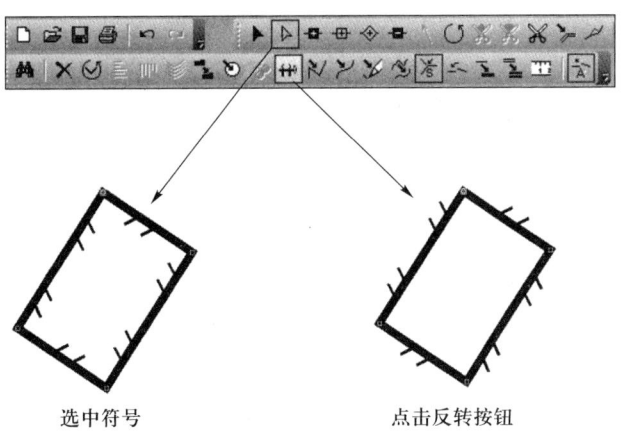

选中符号　　　　　点击反转按钮

图 7-2-25　反转特征符号

在需要对所画地形符号进行反转编辑时,先选中需要反转的符号,再选"反转"按钮,就会让所选符号出现方向反转。

（十二）替换单个特征符号，见图 7-2-26

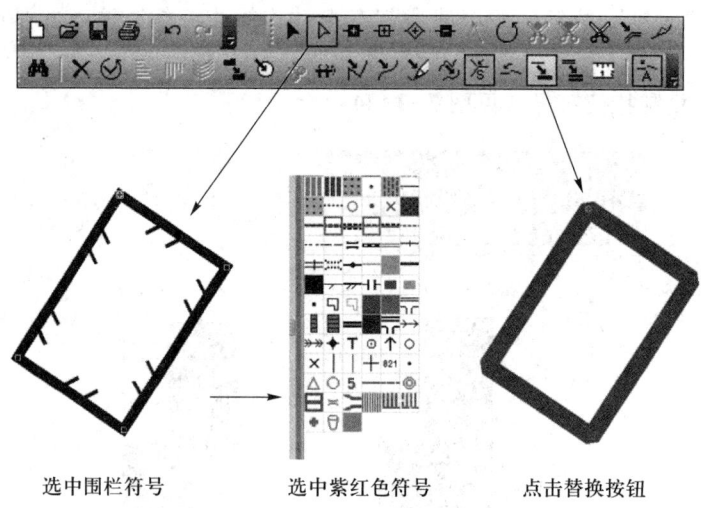

图 7-2-26　替换单个特征符号

在需要对所画单个地形符号进行替换编辑时，先选中需要替换的符号，接着在符号栏中选中要换成的符号，然后按"单个替换"按钮，就会让所选符号替换为所选的另外一种符号。

（十三）替换全部同类特征符号，见图 7-2-27

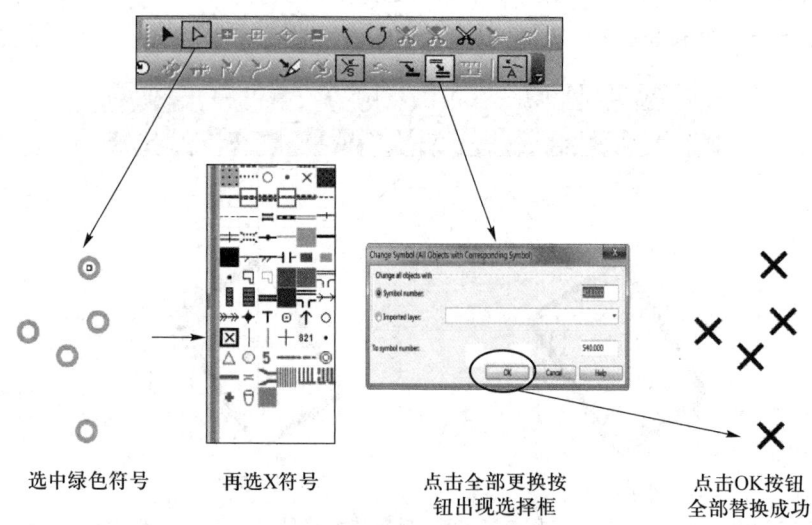

图 7-2-27　替换全部同类特征符号

在需要对所画多个同类地形符号进行替换编辑时，先选中其中一个需要替换的符号，再在符号栏中选中要换成的符号，然后按"全部替换"按钮，这时会出现一个选项框，框中会列出现在的符号及编号和要替换成的符号及编号，审查是否正确，如果正确，点击"OK"按钮就会让所选符号全部替换为所选的另外一种符号。

第三节 教学定向地图的制作过程

一、创建定向制图文件

1. 打开地图模板文件（可以从以下两个途径打开）

（1）从工具栏点击按钮，打开地图模板文件，见图 7-3-1。

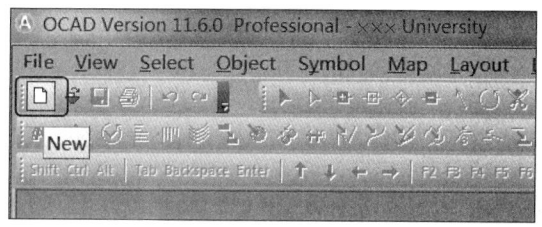

图 7-3-1 从工具栏打开地图模板文件

（2）从菜单栏 File（文件）栏目打开地图模板文件，见图 7-3-2。

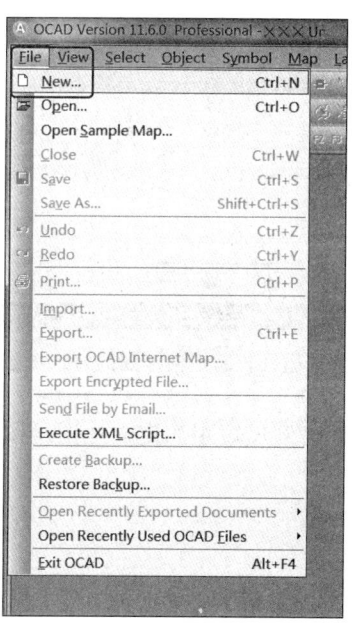

图 7-3-2 从菜单栏 File 打开地图模板

2. 挑选适合制作校园定向地图的短距离绘图模板文件

(1) 选择 Orienteering map 选项。

(2) 选择 Orienteering Map 5000 ISSOM.ocd 模板文件。

(3) 点击"OK"按钮，见图 7-3-3。

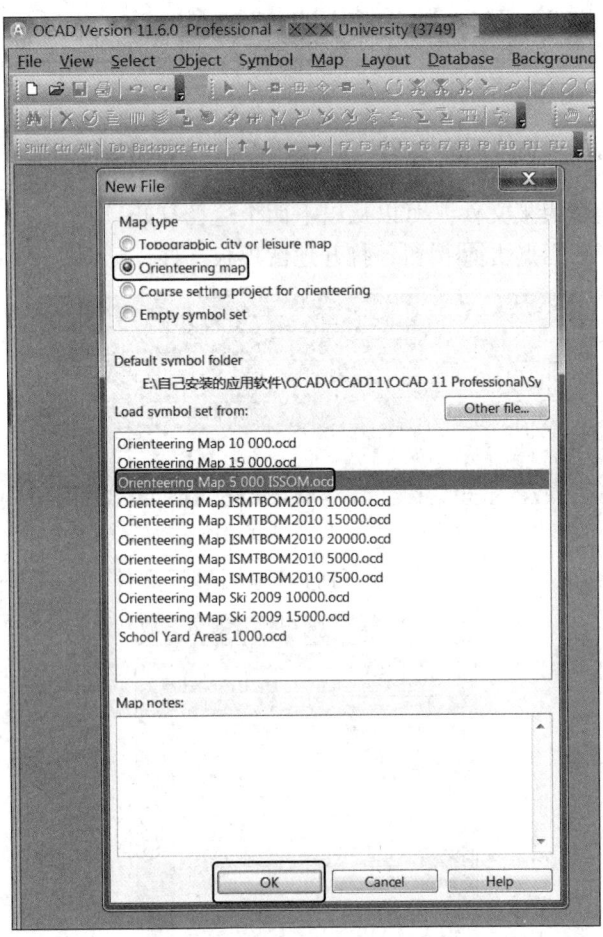

图 7-3-3　挑选适合校园定向地图的短距离绘图模板文件

(4) 打开的 1∶5 000 比例尺短距离定向地图绘图模板文件，见图 7-3-4。

第七章 定向运动地图的制作

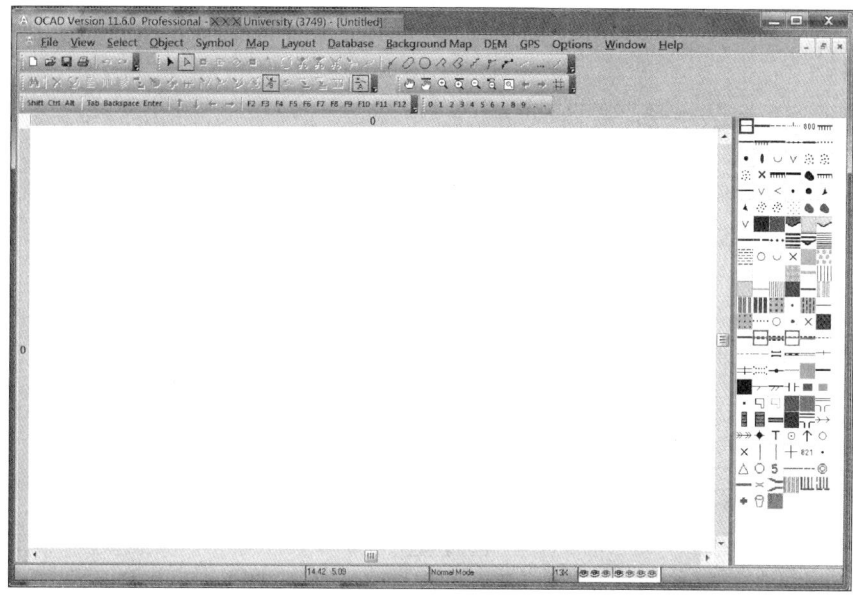

图 7-3-4 打开的短距离定向地图模板文件

3. 把模板文件另存为自己命名的定向制图文件

(1) 点击"File"栏目，选择"Save As..."按钮，另存地图模板文件，见图 7-3-5。

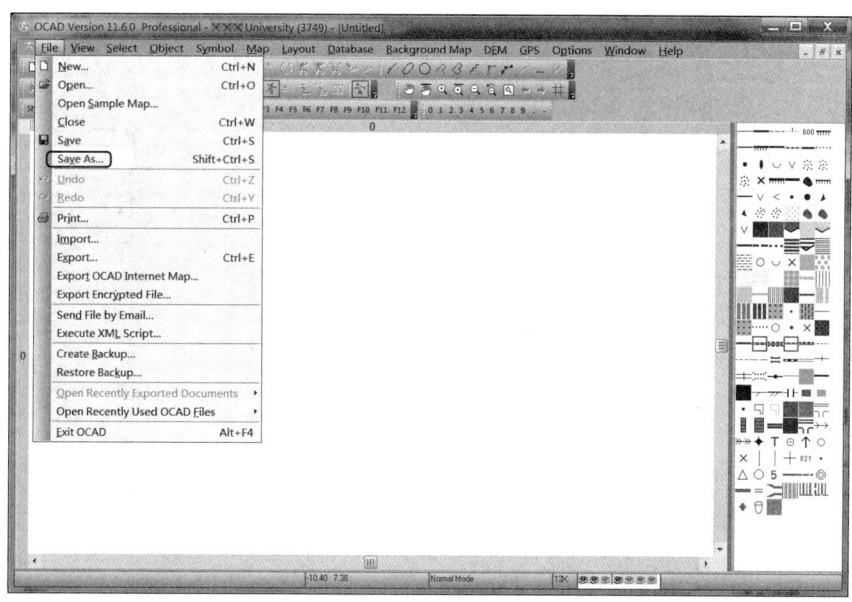

图 7-3-5 选择"Save As..."按钮（另存模板文件）

（2）重新命名文件名为自己的制图文件名，见图7-3-6，点击"保存"按钮。

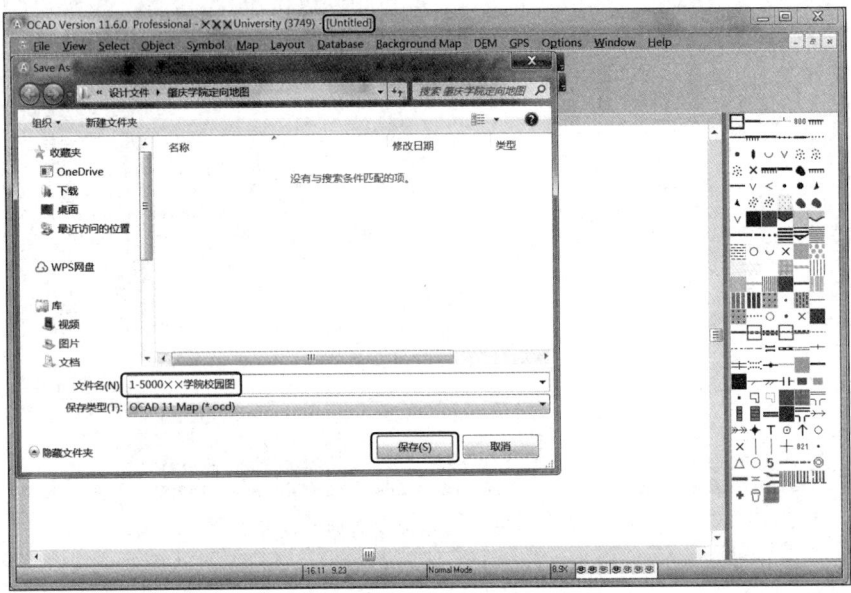

图7-3-6　填写自己命名的文件

（3）成功创建自己命名的定向制图文件，见图7-3-7。

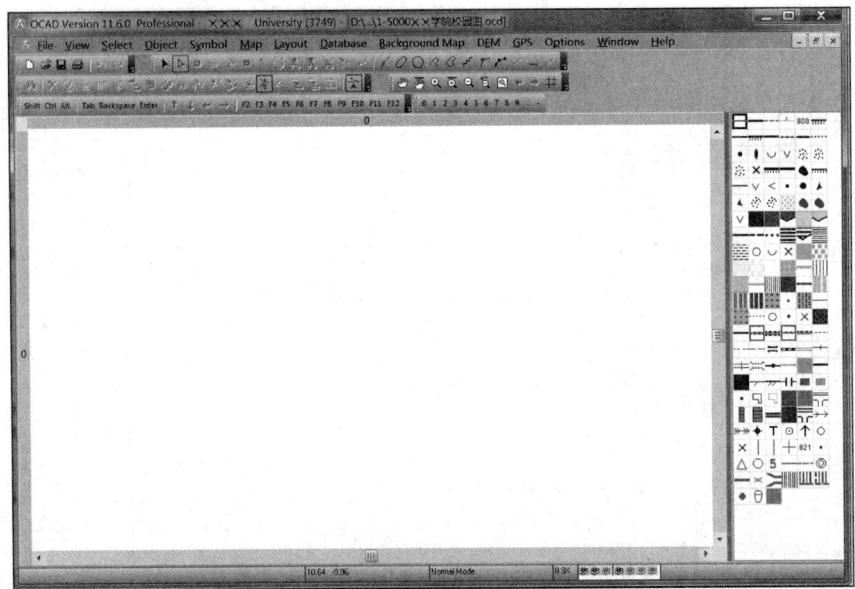

图7-3-7　成功创建自己的定向制图文件

二、制作实地测量用的底图

创建好自己的制图文件后,把扫描好的 300 分辨率的 1∶5 000 校园地形图作为背景地图导入自己的定向制图文件中,并设置校园地形图网格为 50 mm 间距(一般设置为 20~50 mm 之间,具体根据图板大小,保证图版上有 4 个以上网格交叉点)制作带网格的底图,见图 7-3-8。

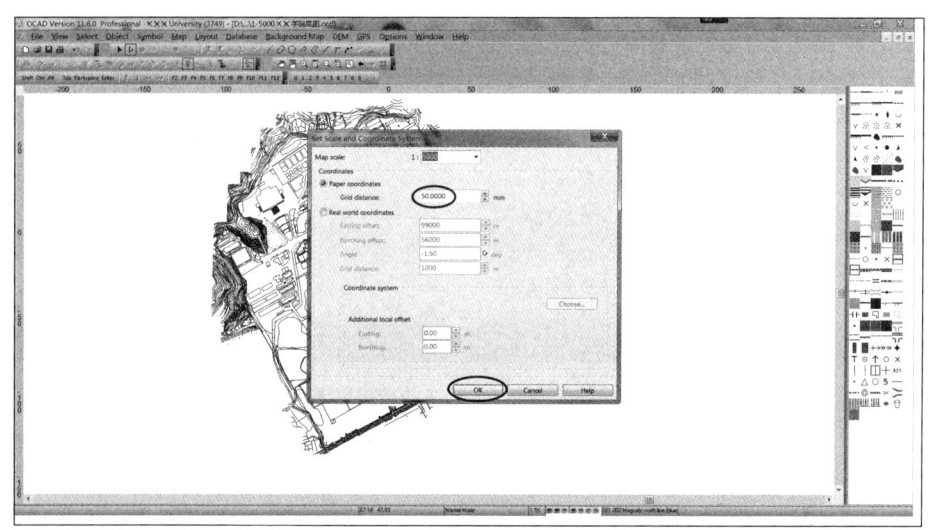

图 7-3-8　设置校园地形图网格

打印带网格的校园地形图到现场校对磁北线和比例尺,把校对好的校园地形图再次导入自己的定向制图文件,调整校园地形图磁北线与网格线一致,见图 7-3-9。

挑选一块制图区域放大打印。底图比例为 1∶5 000,放大为 1∶2 000 打印出的纸质地图,然后粘贴到图版后去野外实地测绘,见图 7-3-10。

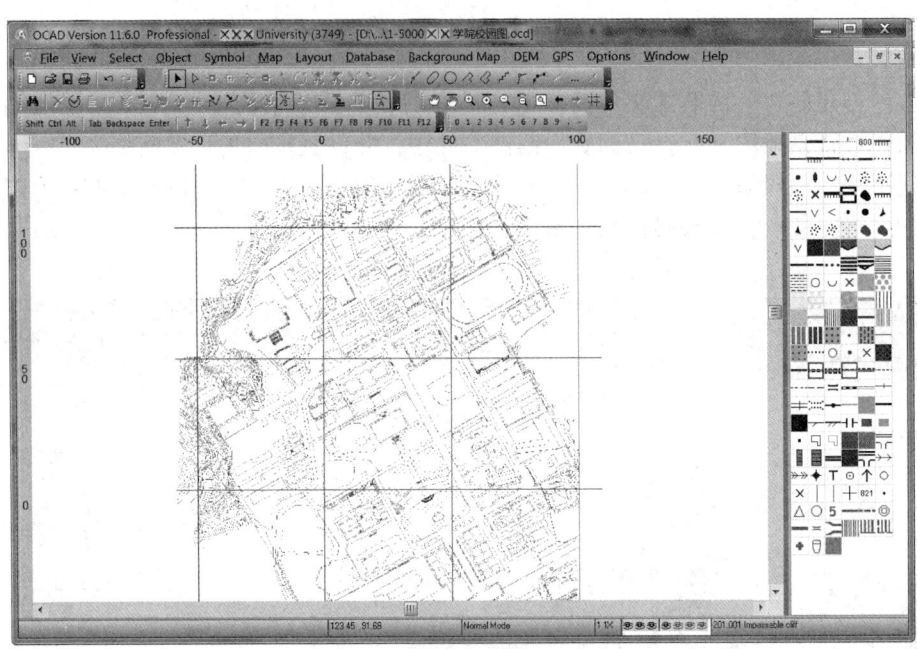

图 7-3-9　调整好网格的校园地形图

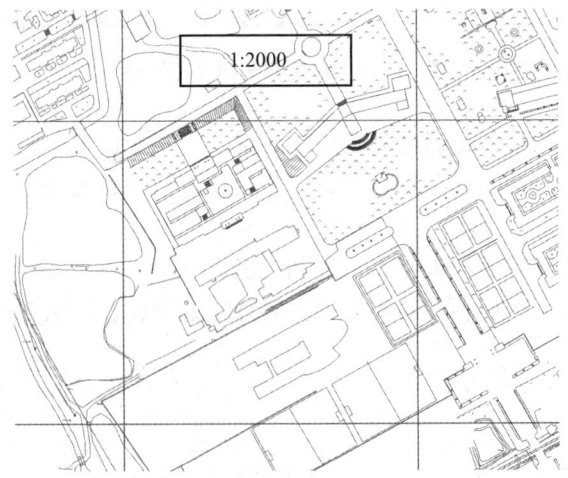

图 7-3-10　挑选一块制图区域放大一倍打印

三、描绘实地测量后的手稿底图

野外实地测绘完成后,扫描实地测绘的底图并再次导入自己的制图文件,注意实地测绘的底图比例尺是1∶2 000,所以注意调整参数为1∶2 000。见图7-3-11。

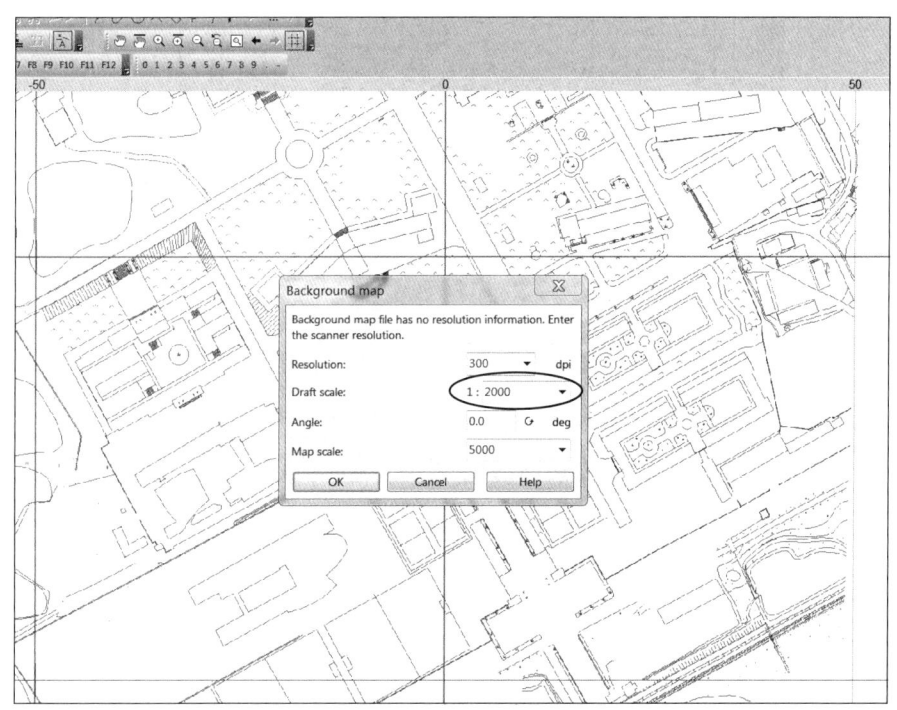

图7-3-11 导入实地测绘后的底图

选择F9或者Background Map(背景地图)栏目内的Adjust按钮,调出十字对齐光标,见图7-3-12。

先点击实地测绘底图,然后再点击网格对应的四个交叉点进行定位,(放大交叉点视图以进行准确的定位)见图7-3-13。

四个交叉点都定位完成后,按回车键,实地测绘底图就能对齐到网格的对应位置,见图7-3-14。

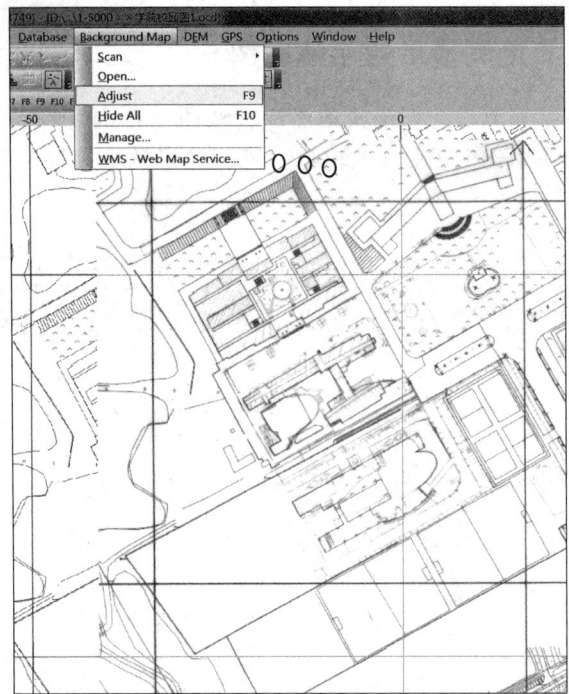

图 7-3-12 选择 F9 或 Adjust 按钮调出十字对齐光标

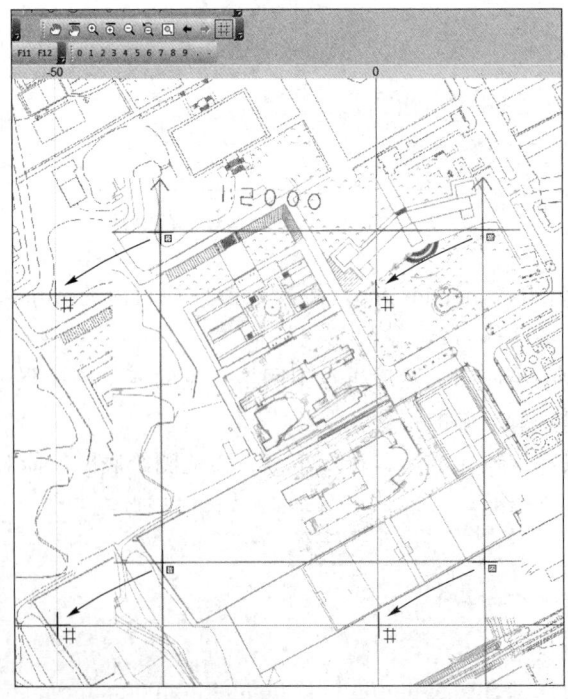

图 7-3-13 对照网格 4 个交叉点进行定位

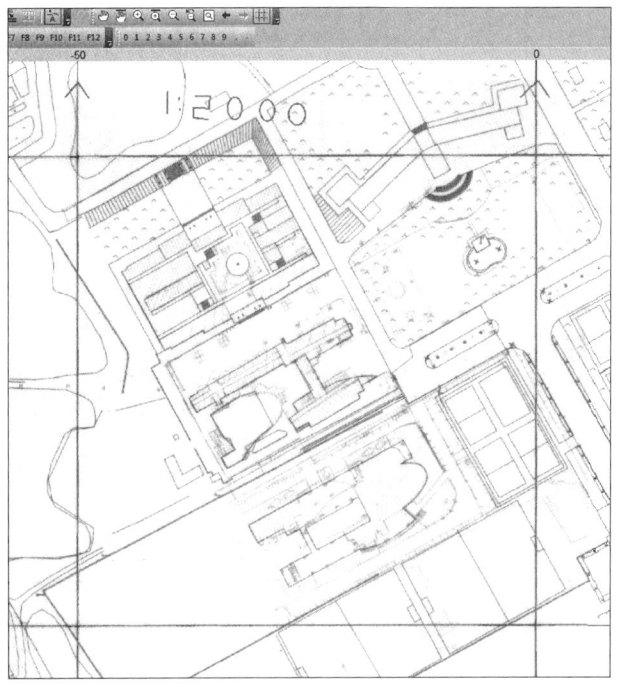

图 7-3-14 实测底图调整到网格对应位置

对齐网格后，便可以在制图区进行定向地图符号描绘了，见图 7-3-15。

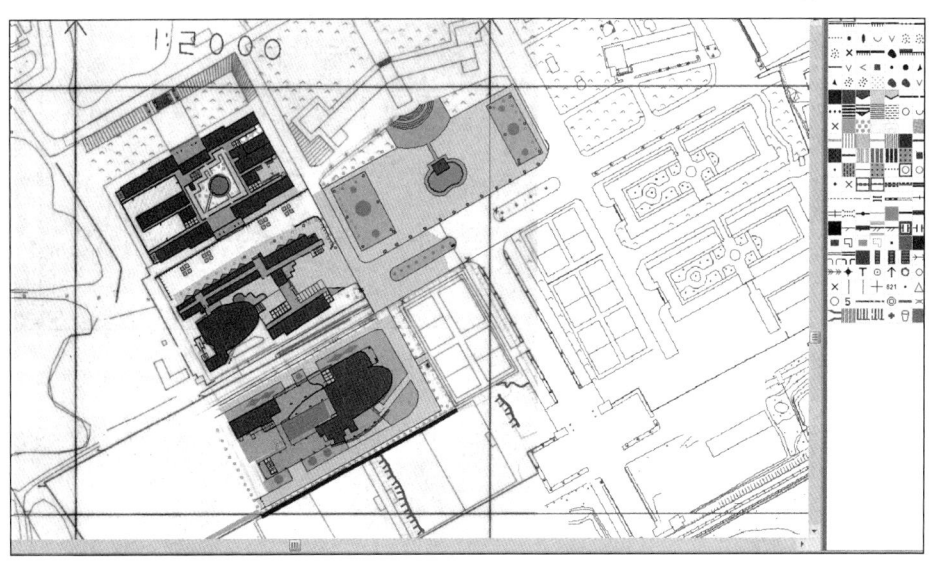

图 7-3-15 描绘第一块定向地图

描完一块画板后，换一块区域重复以上工作直到完成所有画板，见图 7-3-16 和图 7-3-17。

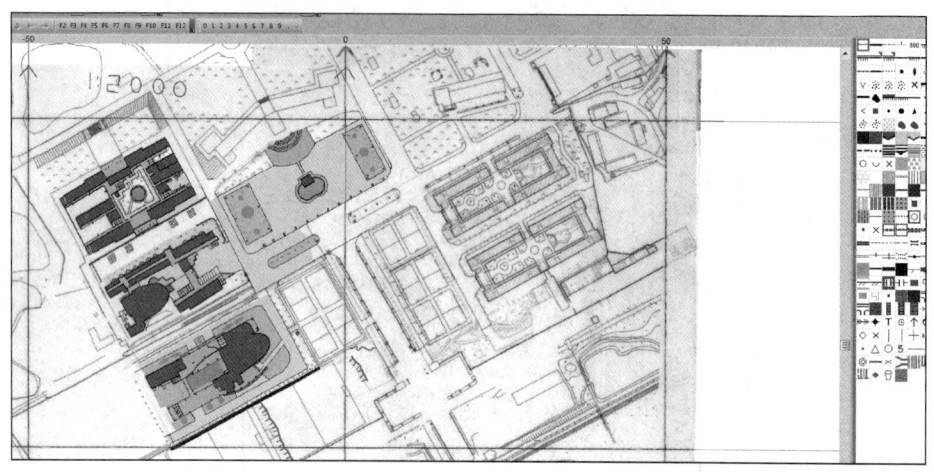

图 7-3-16　对齐第二块图版

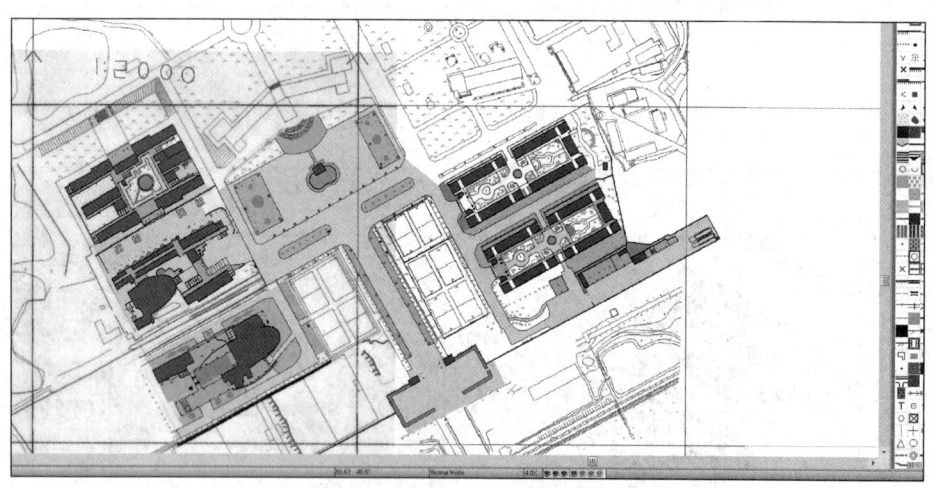

图 7-3-17　描绘第二块定向地图

完成实地测绘和电脑描绘后，再进行地图整饰，制作完成定向地图基本图（原图），见图 7-3-18。

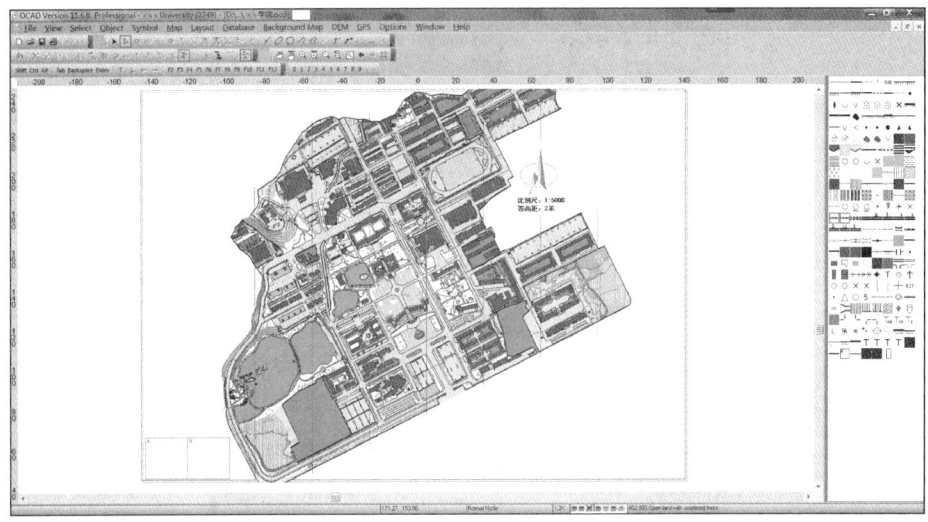

图 7-3-18　制作完成的基本定向地图

四、创建定向线路设计文件

1. 打开线路设计文件

打开方式和路径与打开地图模板文件的（1）和（2）方法相同。

2. 挑选短距离定向线路设计模板文件

操作方法：

（1）选择 Course setting project for orienteering 选项（线路文件选项）。

（2）选择 Course setting 5000 ISCD2018-ISSprOM 2019.ocd 模板文件。

（3）点击"OK"按钮，见图 7-3-19。

（4）打开的线路设计模板文件，见图 7-3-20。

3. 把打开的线路设计文件另存为自己的定向线路设计文件

操作方法：

（1）点击"File"栏目，选择"Save As..."按钮另存线路设计模板文件，见图 7-3-21。

（2）将另存文件命名为"团队赛"，点击"保存"按钮，创建自己的线路设计文件，见图 7-3-22。

（3）成功创建自己的定向线路设计文件，见图 7-3-23。

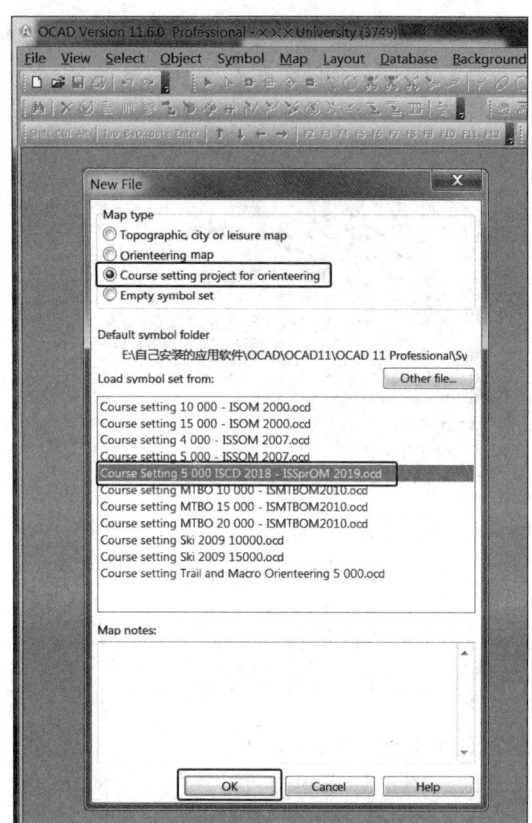

图 7-3-19 选择线路设计模板文件

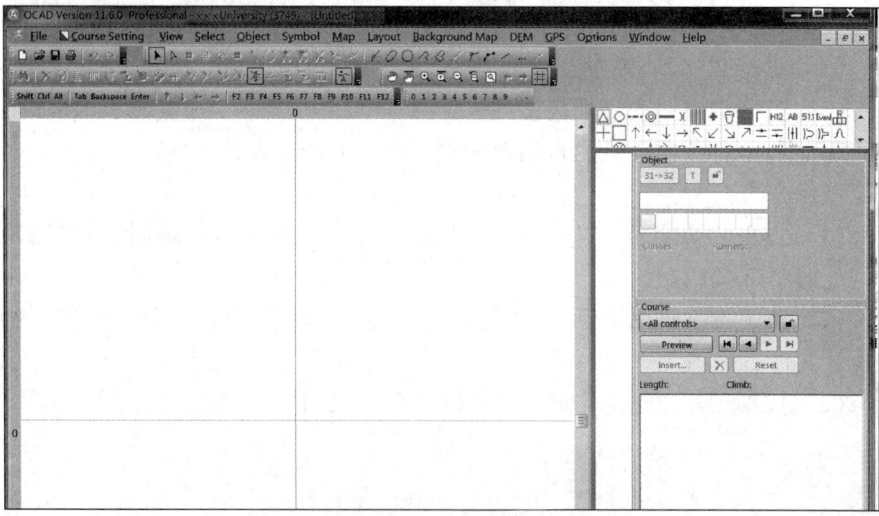

图 7-3-20 打开的线路设计模板文件

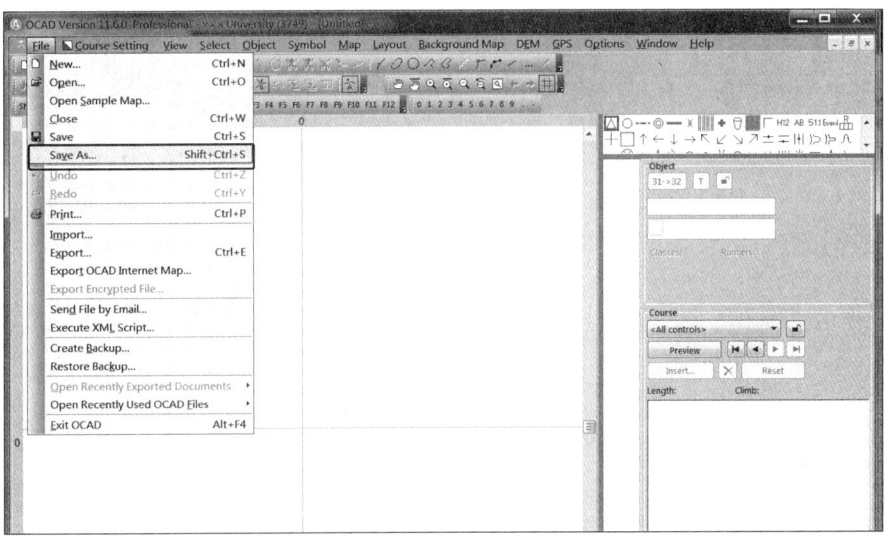

图 7-3-21 点击"File"栏目,选择"Save As…"

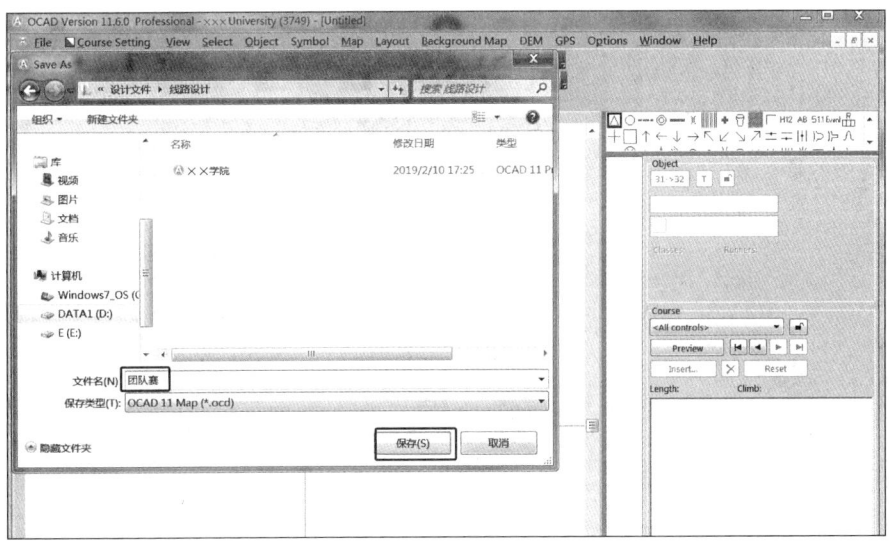

图 7-3-22 命名线路设计文件名为"团队赛"

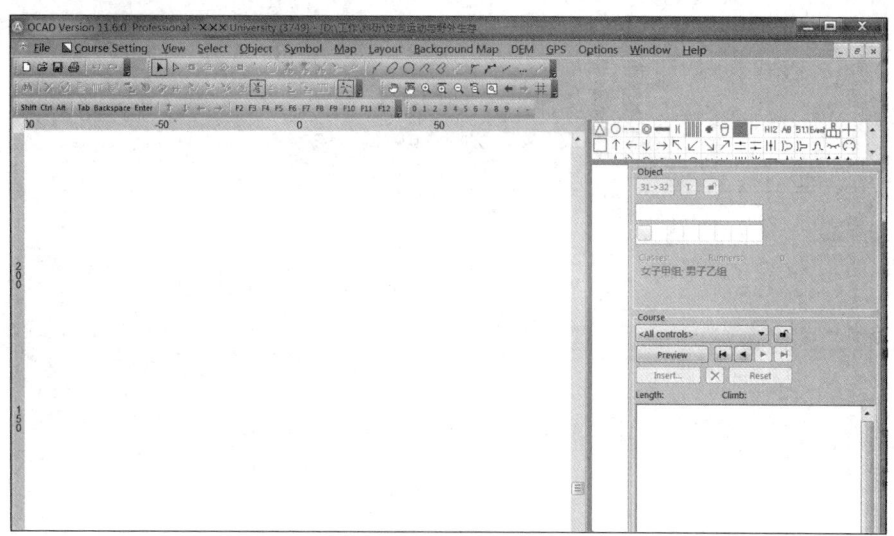

图 7-3-23　已创建好的定向线路设计文件

五、设计定向线路完成定向地图制作

1. 把已描绘好的基本定向地图作为背景图导入自己的线路设计文件，见图 7-3-24，操作方法同背景地图操作。

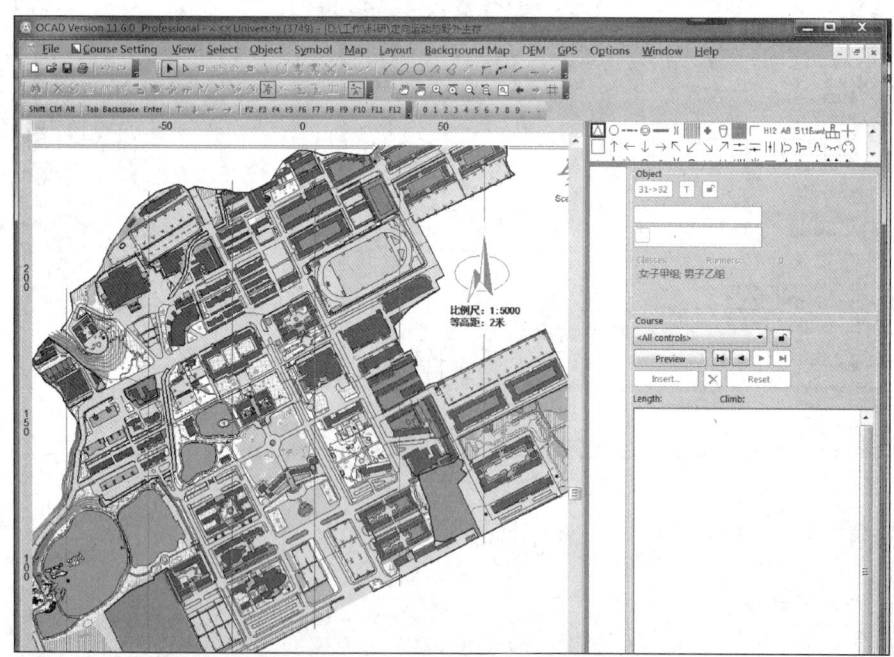

图 7-3-24　导入底图后的线路设计文件

2. 在底图上设置定向线路的检查点、起点和终点等，见图 7-3-25。

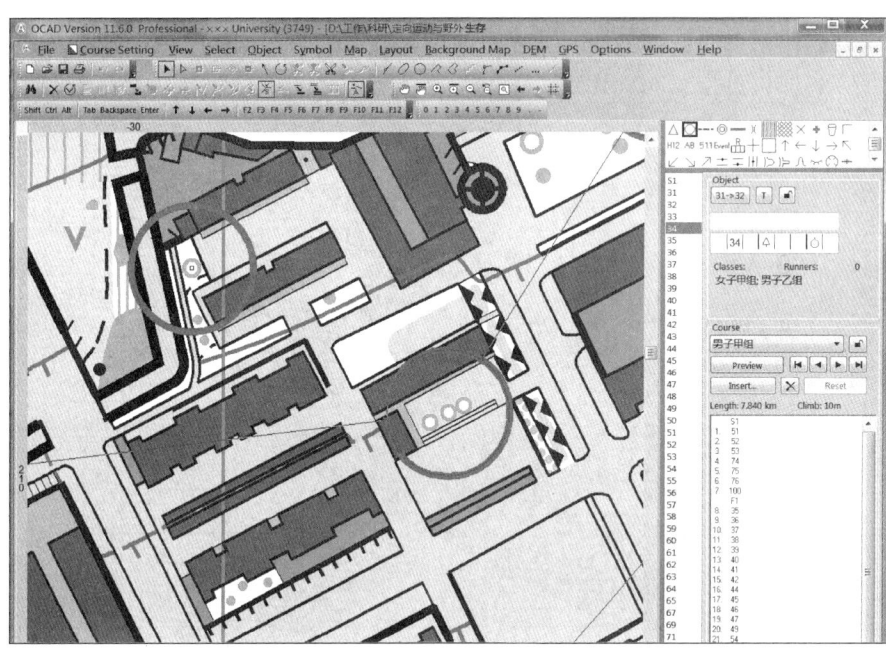

图 7-3-25　设置线路检查点

3. 完成线路设计，见图 7-3-26

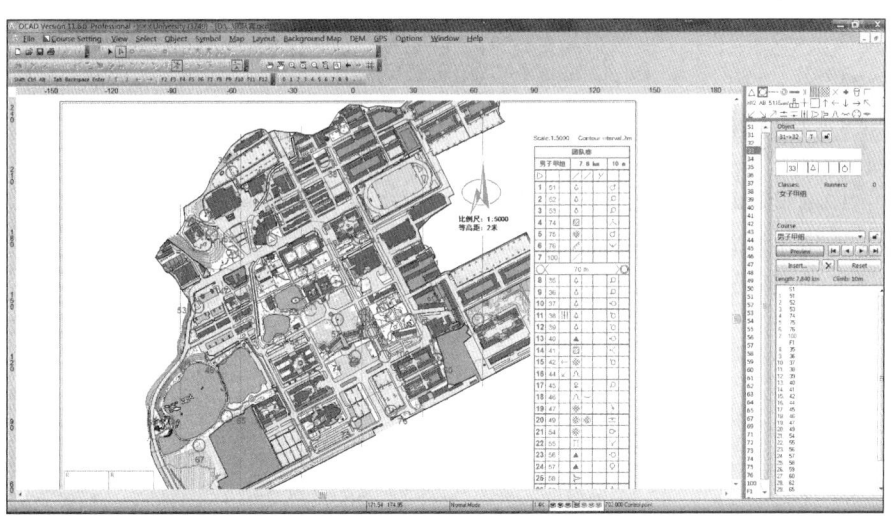

图 7-3-26　完成定向地图线路设计

六、打印地图

打印输出定向运动地图，完成定向地图制图过程，见图7-3-27。

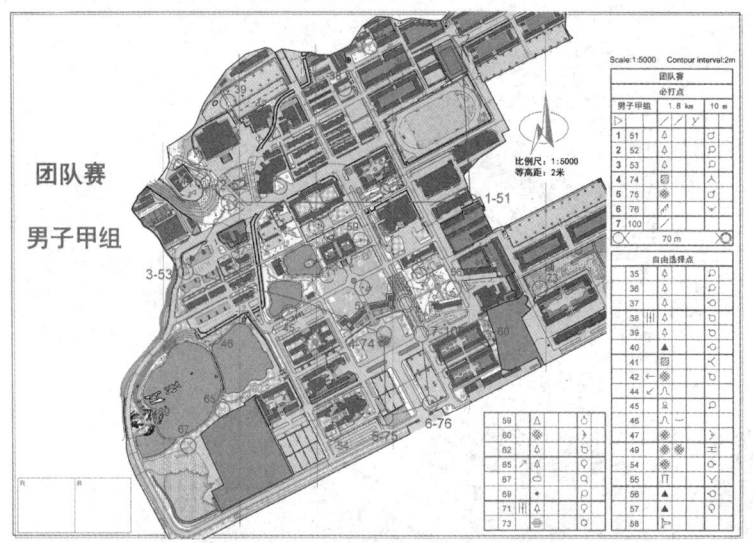

图 7-3-27　打印输出纸质定向运动地图

只要熟练掌握以上六个步骤的定向制图过程，就可以为我们今后的定向运动教学和训练工作打下坚实的技术基础。

 课后练习与思考

1. 自2020年开始，短距离定向地图、中距离定向地图和长距离定向地图各自遵循什么版本的地图规范？

2. 制作一张标准的校园定向地图需要哪几个步骤？

下编

野外生存

第八章　野外生存概述

本章提要　近年来,野外生存运动已日渐成为一种时尚,受到很多人尤其是广大青少年学生群体的欢迎。通过参加这项运动,可以使人真正地回归自然、挑战自我、磨炼意志、陶冶情操,达到人与自然的和谐统一。本章着重介绍野外生存的概念和价值等内容。

第一节 野外生存的起源与发展

"野外生存"是指在远离居民点的山区、丛林、荒漠、高原和孤岛等复杂地形区域中,在没有外部提供生命赖以维持的物质条件的情况下,个人或小集体依靠自己的努力,在不太长的一段时间内,保存生命和维持健康的基本手段和方法。

总的来说,"野外生存"就是:猎捕动物和采食野生植物充饥,就地取材、构筑简易的露营遮棚,判定方位、迷途的处置,野外危险的自救等,即吃、住、行、自救4项。

一、野外生存的起源

野外生存源于国外特种部队的一种特殊训练科目,目的在于使部队在各种困难、复杂的条件下,保存战斗力,把非战斗减员降到最低限度。

纵观野外生存的发展历程,早在1919年,美国就成立了童子军组织。当时,童子军的活动主要有野外定向、野外求生、攀岩、露营、烹饪、急救、水上活动和射击活动等。在这些活动中,队员学习如何生活、如何生存,并把"Be Your Best"(尽你的最大努力),作为其座右铭,这在美国家喻户晓。

在第二次世界大战中,英国许多年轻海员因为缺乏临战经验,在舰船被击沉后葬身海底,逃生回来的不一定是身强力壮的,但都是意志顽强、求生欲望特别强的人。针对这些情况,1941年,库尔特·汉恩在英国成立了第一所"海上生存训练学校",并以Outward Bound作为注册商标——寓意为"一艘孤独的小船,离开平静的港湾,去迎接暴风雨的考验"。学校利用自然条件和人造设施,对海员进行有关海上遇险的求生训练,使其掌握遇险的生存技能,锻炼心理素质,提高身处险境中的生存能力。后来实践证明,经历过各种海上生存训练的海员遇险生还的概率比没经过训练的海员明显要高,这种训练也逐渐引起了军队的兴趣。

各国军队借鉴了库尔特·汉恩的海上生存训练方式,培养士兵在野战或困境中的生存能力,同时在体力、毅力、智慧、沟通和协作等方面提升士兵的素质和能力,从而全面提高军队的战斗力。尤其在各国特种部队的训练中,大量采用了特殊环境中的生存训练。特种部队由执行任务时能显示非凡智慧、超人忍耐力、高超作战技能和生存能力的年青男女组成,这些素质与能力除先天因素外,主要还是通过严格的训练获得的。

随着特种部队退役官兵的自传、反映特种部队训练生活电影等广泛传播,特种部队训练方法引起了人们的浓厚兴趣，特别是利用海岛野外生存训练来提高士兵毅力、相互协作的方法，逐渐被当作培养个人能力和团队素质的有效途径。也有不少人出于缓解工作或生活压力、亲近自然、爱好探险等原因，或个人、或家庭、或组队，模仿军队的海岛野外生存训练方式，携带野外装备，到一些原始的、人迹罕至的野外环境，如荒岛、原始森林、高山、热带丛林等，进行野外生活生存体验。这种体验因目的、选择的地域和活动条件不同，也被称为冒险活动、户外运动和海岛野外生存等。

二、野外生存的发展

二战后，随着战争的远离和经济的发展，野外生存运动开始走出军事和求生范畴，成为人类娱乐、休闲和提升生活质量的一种新的生活方式。野外生存训练是以野外生存环境作为培训环境，加强学生在复杂的、恶劣的环境下的生存能力，锻炼在面对巨大压力和困境下的意志力，激发学生的自信心和战胜任何困难的勇气。野外生存训练课程，不是简单的高、危项目，而是那些能带来新的、陌生经验的活动。对参与者而言在身体方面没有较大的风险，但在心理上可能存在巨大的挑战性。

1989年新西兰举办的首次越野探险挑战比赛后，各种各样形式的野外活动和比赛在全世界如火如荼地开展起来。目前在欧洲每年都有众多的大型挑战赛举行。在美国，户外运动的参与人数和产值都位居所有体育运动的第三位。1989年在中国登山运动管理中心的领导下，第一个民间户外运动社团在中国成立。

根据野外生存运动的产生过程，我们将其发展分为三个阶段：

（1）为了生存而不得不进行的阶段——基本生存阶段。

主要指在人类发展的早期阶段，人们在迫不得已的情况下自发地进行着野外生存活动，如狩猎、寻找合适的居住地等。其主要目的是生存。

（2）在特殊的时期、特殊的地点，为了特殊的目的而有意识地进行训练的阶段——特殊需要阶段。

此阶段，某些情况是人们迫不得已的，如自然灾害、战争等；某些情况是人们主动的、自愿进行的，如具有特殊使命的集体，像军队、探险队、科考队等，其目的是多样化的。

（3）为了提高生活的质量和人的素质而进行的阶段——全面发展阶段。

如今生活条件普遍提高，孩子们就像在温室中长大的花朵，经不起风雨，扛不住压力，心理和身体状况堪忧。当难以抗拒的自然灾害发生时，如何能在非生活环境下，最大限度地维持生命力，是这一阶段开展野外生存运动的主要出发点。人是在受教育的过程中不断成长的，进行"野外生存"的人们完全是自愿的，且其目的主要是精神方面的，这就使此活动具备了教育功能。因此，我们可以把野外生存看作为一门素质教育课程。

第二节 野外生存的内涵与价值

一、野外生存生活训练——野外生存的主体内涵

"野外生存生活训练"是指在远离居民点的山区、丛林、荒漠、高原和孤岛等野外环境中，在不完全依靠外部提供生存、生活的物质条件的情况下，依靠个人、集体的努力保存生命、维持健康的生活能力的训练。它以自身的挑战性、冒险性、趣味性和实用性等特点引起了人们广泛的兴趣，目前它已作为一种崭新的体育课程模式，被引入高校体育课程体系之中。

野外生存生活训练，不是简单的高、危项目，而是那些能带来新奇体验、亲近自然的活动。对参与者而言既可以锻炼身体、增强体质，又可以磨炼意志、陶冶情操，完成曾经认为是无法完成的或是不愿去做的事情，从中体会到共同游戏、获得快乐、解决难题的愉悦身心的感受。

二、野外生存训练的价值

1. 学生在与自然的亲密接触中学会野外生存生活的基本技能

通过野外生存生活训练，学生可以掌握埋锅做饭、下河捕鱼、分辨可食植物、搭建帐篷宿营、获取食物和水、看地图、使用 GPS 和指北针等基本的野外生存生活技能，学会如何处理有毒的动植物、受伤、迷路等紧急情况。

2. 学生在挑战各种困难中提高身心素质

通过野外生存生活训练，可以增强学生身心素质，培养其冷静果断、坚忍不拔、勇于探索、克服困难的意志品质。

3. 学生在协同解决问题的过程中增强社会适应能力

通过野外生存生活训练，学生可以从最初的不默契、不融洽发展到和谐相处、彼此信任；从活动开始时的"以自我为中心"到后来的考虑他人、主动帮助他人，懂得团队精神的重要性。

4. 学生在陶冶情操的同时培养审美情趣和环保意识

野外生存生活训练使学生深深感受到大自然的美丽与沉静、净化心灵，建立起爱护环境，保护人类共同家园的意识。

5. 拓展了体育课程的空间和时间

目前,高校普遍存在体育场地、器材、设施相对不足的情况,体育课排课困难困扰着许多高校。而野外生存生活训练的开展,把传统意义上的体育课堂搬到社会和大自然中,使体育课程的资源得到充分利用,最大限度地拓展了体育课程的空间和时间,也为今后体育课程内容与方法的改革开拓了思路。

课后练习与思考

1. 什么是野外生存?
2. 如何理解野外生存生活训练的内涵?

第九章 野外生存基本知识

本章提要 由于野外生活环境的特殊性,对个人着装装备、身体能力等有一定的要求。本章着重介绍野外生存的基本装备、野外生存的体能要求、野外生存基本生活条件的获取和方向辨别与天气预测等内容。

第一节　野外生存基本装备

一、着装装备

由于野外生活环境条件的特殊性，对个人着装装备也有一定的要求。野外生存的个人着装装备主要包括衣服、鞋子、袜子、雨衣、背包和帽子等。

（一）衣服

在野外，穿着的服装应舒适、宽松、柔软，遵循多层原则。应付野外温度变化的方法是反复增减衣服。登山会出汗，穿运动衫即可；但在阴湿、阳光照不到的森林中，就要穿长袖衬衫。在炎热的夏天进行野外生存应尽量避免受到蚊虫的叮咬或带刺植物的伤害。衣服汗湿了，应及时更换，保持清爽、暖和。

野外生存个人着装分层的原则和要求如下：

1. 着装分层

多层薄衣服比几件厚衣服更能有效地保持体温。调节体温有多种方法，可以加衣或减衣，也可以解开外套的拉链或纽扣。

2. 内衣

贴身穿的衣服必须是棉质背心或长袖高领衫，贴身但不紧绷。内衣直接接触皮肤，因此要选择触感好、容易吸汗、干燥快的棉质内衣。短袖内衣，揉起来可变得很小，携带方便，夏天野外旅行，可以多带几件。若内衣汗湿了，可到河里洗一洗，很快就可以晾干再穿；来不及晾干的，可以挂在背袋后面，行走时通过风吹，也很快就干了。

冬天着装应选择毛质内衣，因其有伸缩性，穿上后可紧贴身体，触感好，即使被淋湿了也不会有寒冷感。选购毛质内衣时，可参考衣服标签。记住：含毛成分越高越保暖；内衣长度以能束进裤内、弯腰时不会露出背部为宜；袖长与手腕齐，才能防止冷风吹入。

3. 第二层衣服

第二层衣服必须宽松，重点是保护颈部和腕关节。可以选择带拉链的高领内衣，或有领的衬衣。衬衣的袖子能卷起，袖口能扣上。

4. 外套

夹克可以当作外套、风衣或雨衣。冬季，必须穿带衬垫的风雪衣以抵御刺骨的寒风。如果觉得热，并且流汗的话，可以把夹克敞开。我国南方地区经常会下雨，因此可以在夹克上罩一件雨衣。

5. 裤子

选择有弹性、宽大的裤子，最好是宽松的棉质长裤。多口袋裤子能装地图、指北针等用品，这样可以腾出双手。如果可能的话，可以给膝盖部位打上结实的补丁。除此之外，还可以考虑其他一些因素，如添加可以放置地图的附加口袋等。在野外恶劣的气候环境里，应该选择一些具有特殊功能的专用裤子，如沙漠裤、山地裤等。

6. 防水服装

应当首选那些具有"呼吸功能"的防水服装，这样才能够把防水服装套在其他的衣服外面，否则，潮气无法及时排出。另外，防水裤应当具有足够的长度，最好能够盖住鞋子的表面。

（二）雨衣

雨衣分为一件式和两件式。好的雨衣既挡雨又通风。一般，穿雨衣前应先脱下一件衣服，以免闷热不堪。下雨时，可在背包、鞋子上蒙上防水罩。

（三）鞋子

在野外生活时，选择适合的鞋是非常重要的。鞋子必须轻、透气、散热性好，鞋底要坚硬耐磨。根据野外生活的计划安排，应选择防潮防寒的短靴，还要尽可能准备专用鞋，如溯溪鞋、攀岩鞋等（图9-1-1）。在野外长时间走路，最好不要穿新鞋子，尤其是走石头路、山坡路，因为穿新鞋会引起脚感不适，脚容易被磨伤起泡，特别不易行走。

图 9-1-1 鞋

（四）袜子

野外生存环境以及具体活动范围是选择袜子的主要考虑要素。进行野外活动，需要随身携带备用的袜子，并使之处于清洁干燥的状态，以备每日更换。棉质袜子吸汗、触感好，而毛质袜子保暖。因此，夏天应穿棉质袜子，冬天应穿毛质袜子。穿登山鞋最好把棉质、毛质袜子一起穿。

（五）帽子

在低温环境，人体大部分热量是从头部散失的，因而在所有的服装装备中，帽子是一个非常重要的组成部分。为此，在野外生存生活过程中，应当配备一顶结实、适用的帽子。在沙漠环境下风沙大，最好用一块浅色头巾把头部包裹起来。

（六）背包

背包是野外出行必备的工具之一，除了可装宿营用品外，还可装食物、衣物以及各种野外要用到的零碎用品。选择背包时应以牢固性、舒适性和多功能性为原则。此外，背包要适合双肩背的形状，背起来要舒适。使用前要检查背包的面料是否结实，接缝处是否牢固，拉链是否完好等。尽量选择在顶部侧面和底部有多口袋的背包，取放物品比较方便。

外出进行野外生存生活活动，应根据野外活动的时间和内容来选择一个容量适宜的背包。首先要明确使用目的，然后确定背包容量，容量宜大不宜小。35~50升容量的背包可放下一个轻型睡袋和一些小型装备；50升左右的背包还可放进夏天用的小帐篷、过夜的衣物、炊具和炉灶，此容量背包适合在温暖地带进行1~2天的野外生存活动；50~70升容量的背包不仅可以放下睡袋、帐篷等装备，还可以装保暖衣物和一些公用装备，此容量的背包可应付3~4天的野外生存活动；70~100升容量的背包是大多数人的首选，它几乎可以放进所有的装备，足以应付1~2周的野外生存活动。

背包按其功能及用途可以分为多种，按背包装填方式可以分为顶装式、边袋式和混合式三种。顶装式背包只能从顶部打开装物，因此，装包需有一定技巧。由于只能从顶部打开，它的防水性和牢固性要比边袋式和混合式背包好。此外，很多顶装式背包的袋口围布可以拉长，必要时能够增加背包容量。边袋式背包的特点是在包的前面或侧面附有2~4个带拉链的马蹄形侧袋。这种背包的优点在于可以将物品分开放置，缺点是与同样容量的顶装式背包相比，装的物品要少一些。因为它的顶盖不是活动的，所以装太多的物品可能会将拉链撑裂。混合式背包兼具以上两类包的优点，既有活动顶盖，也有带后拉链的侧包，方便装取杂物，但由于拉链增多，防水性降低，所以最好再配上防雨罩。在选购时，同样也要确认拉链是否牢固，是否有压缩带。

装满时的背包必须保持平衡（图9-1-2）。为了防止背包向后扯肩部或使肩部前弓，可以将重物放在最上面，使其重力笔直下压。

装包时，应挑选有用的必需品，避免带过多物品。物品最好一物多用，如雨披，既可当雨衣，又可当临时的遮阳布，还可当做铺在地上的防潮布。背包里所有的物品都必须完全防水、防湿。把背包里的物品分类放置，并用单独的塑料袋包起来放进背包里。把帐篷、睡袋、防潮垫各自竖着放进背包，把自己的衣物塞到这些物品的缝隙里，再把食物和其他杂物放在上面，常用的物品放在背包的侧兜里，如卫生纸、手电、水壶等，注意重的物品应放在背包上部，并且装包时不要将睡袋、防潮垫随便放在地上，以免弄脏或让昆虫爬入。

图9-1-2 背包

二、宿营装备

(一) 帐篷

帐篷是野外露营的庇护所，主要作用是防风霜雨雪、防蚊虫及蛇（图 9-1-3）。帐篷一般是双层的，外帐是用来防雨、防寒、抗风的。内帐的门也是双层的，里面是纱帘，用来防止蚊虫、蛇的入侵，所以进出帐篷都必须把纱帘拉上；把外层的门拉上，可以制造一个隐蔽的空间，方便换衣服；帐篷里边有一个小兜，方便放一些零碎的物品。

图 9-1-3　帐篷

1. 小型圆顶形轻便帐篷搭建方法

这种帐篷是由篷布、玻璃纤维的骨架和钉、绳构成的。搭建步骤如下：① 平整土地后，将帐篷布摊开；② 将各组骨架连接起来，并穿过帐篷上缝成的管；③ 将骨架的末端插入帆布的四角或六角洞内；④ 用钉子将营帐固定在地面上。

2. 临时简易帐篷的搭建方法

临时简易帐篷主要是利用现有的自然条件，借助一些简单设备进行搭建的。常用的方法有：① 用插入土里的树棍来支撑帐篷；② 利用斜挂的树枝吊起帐篷；③ 利用树干支起帐篷；④ 利用树枝叶遮风。

3. 搭建各种三角形简易帐篷的方法

① 用绳子系在两棵距离合适的树上；② 在帐篷四周钉上木桩；③ 系好四角斜拉的绳子；④ 用塑料布或帆布拦腰搭在横拉的绳上面；⑤ 帆布多余部分沿下坡的方向折向内面；⑥ 再在帐篷里面铺一块塑料布隔潮；⑦ 帐篷四周用石头压好；⑧ 根据条件，因地制宜搭成各种形状的三角形帐篷。

支好帐篷后，把装帐篷的袋子和地钉、装帐篷杆的袋子都放进帐篷内，以备收帐篷时使用；不要穿鞋进入，保持帐篷内的清洁。尤其注意不要在帐篷里抽烟，帐篷的面料尤其怕火，一个火星就是一个窟窿。帐内的露水或水汽散发不出去，或者遇到下雨，帐篷都会湿，第二天收帐篷前最好能把帐篷晾干，如没有条件也可以等回家后再晾；收帐篷之前把帐篷内的沙子倒干净，把门帘拉好，然后铺平内帐，再放在铺平的外帐上，折叠，同时拍掉帐篷底面的灰土，并将帐篷杆一块儿卷起，装入袋内收好。

(二) 睡袋

睡袋是野外露营的被子，主要作用是保暖（图 9-1-4）。根据形状和功能，睡袋可以分为"信封型""人形型"和"混合型"三种款式。

图 9-1-4 睡袋

"信封型"睡袋呈长方形，开口部分在一旁。把拉链拉上，就有一般棉被的一半大小，可以把整个身体收容在里面；而且其脚部的一边也装有拉链，以备在闷热的夜晚，拉开把脚伸在外面透气。

"人形型"睡袋就像包婴儿的襁褓一样，下面逐渐狭小，近似三角形的款式，拉链装在中央，拉上时，全身只有脸部露出。与"信封型"相比，该款式睡袋的活动空间小、保暖效果好。

"混合型"睡袋兼顾了"信封型"与"人形型"款式睡袋的长处。其特征在于进入口像"信封型"睡袋一样宽大，把身体缩进后却会像"人形型"一样，可以把身体包得紧紧的。因为进入口宽大，所以天气转热时可以打开，转冷时可以收紧，调整、操作简单。

(三) 防潮垫

防潮垫是野外宿营的褥子，主要用于在野外环境中将潮湿、冰凉的地面与人体隔离，避免受潮。防潮垫小巧轻便，便于携带。自充气式防潮垫较坚固，防潮效果更好。

三、野外烹调装备和自备食物

(一) 炊具

在野外环境中，许多地方禁止使用明火，尤其是森林地区，严禁明火，防止火灾。其他区域野外活动应自备燃料炉和燃料。燃料炉有携带式火炉，市场上有一种带有小型瓦斯筒的轻型火炉比较适用，可以在野外随时生火煮食。野外生活不可缺少的餐具主要有碗、杯、盘、热水壶、锅、汤匙和刀具等。

(二) 自备食物

食物和水是野外生活不可或缺的自备食品。选择食品应根据野外生活的气候环境、生活天数以及在中途是否有补给等情况来控制自备食物的数量和品种，以免增加背包的质（重）量和体积。自备食品可选用罐头食品、饼干、八宝粥、火腿肠、肉干、咸菜、糖果、茶叶、巧克力、奶粉以及少量的盐和糖等。另外，根据天气情况，自备适量的饮用水。

四、其他装备

（1）GPS：全球卫星定位系统，用于在野外辨别方向和方位。

（2）移动电话：在野外生存过程中，与外界保持联络是非常重要的。因此，在去往野外活动地区前，应向有关电信部门咨询移动电话网络覆盖和信号情况，避免移动电话网络覆盖不到。还要注意确保移动电话设备有充足的后备电源，并做好防潮措施。

（3）绳索：应准备直径不小于8毫米、长50米的主绳和直径不小于6毫米、长50米的辅绳若干条。主绳用于人身保护，特别是攀岩和岩降时使用，辅绳用于捆扎物品。

（4）放大镜：利用放大镜把太阳光聚焦在易燃物上可使其点燃。

（5）专用技术设备：如望远镜、瑞士军刀、当地地图、岩石锤、升降器和救生衣等。

（6）其他较小的常备物品：如指北针、打火机、火柴、蜡烛、塑料袋、铅笔、缝纫包、抗生素药片、高锰酸钾、创可贴和钢锯等。

第二节 野外生存的体适能要求

体适能是指人体在运动过程中所表现出来的各种基本运动能力。体适能发展水平是由其身体形态、身体机能及运动素质的发展状态所决定的。运动素质主要由力量、速度、耐力、柔韧素质组成，它们是体适能的外在表现。因此，一般情况下，提高人体各种运动素质是发展体适能的基本内容。良好的体适能是承受较大运动负荷（长距离行走、负重行走、爬山等）的基础，也有助于预防疾病，提高机体免疫能力。

在野外生活中，由于各种地理环境和气候条件等因素的制约，对人体的体适能提出了一定的要求，尤其对耐力素质和力量素质的要求显得相当重要。

一、对耐力素质的要求

耐力素质是指有机体克服工作过程中所产生疲劳的能力。疲劳就是由于劳累而引起的工作能力的暂时性降低，其表现为工作较困难或完全不能继续按以前的强度工作。

在野外环境中活动，经常会出现体力下降。由于野外活动不同于学校和家庭的生活，野外没有交通工具，各种生活、生存条件都需要由自己基本的身体能力来获取，靠自己的长时间远足能力、攀登能力、负重能力、抗疲劳能力以及在野外耐热、耐寒适应各种气候条件的忍耐能力来适应。而所有这一切能力的基础，都是由人类基本耐力水平决定的。

影响耐力素质的因素很多，有生理的、心理的，其中包括最大摄氧量、机体内能源物质的储备、工作能力的节省化和利用机能潜力的效果、运动和自主神经功能的稳定性、变异性和个体心理素质等。因此，提高人的一般耐力素质的主要任务是：尽可能提高自己的最大摄氧能力，提高机体内各部分肌细胞的氧化能力，使机体产生机能节省化现象，不断提高自己适应野外活动所有体适能的要求。提高人的一般耐力素质，对适应野外生活显得尤为重要。

因此，在进行野外活动之前，必须提高自己的耐力素质。发展耐力素质训练常用的手段与方法主要有：① 各种形式的长时间跑；② 长时间进行的其他周期性运动，如速度滑冰、划船、骑自行车等；③ 克服自身体重的反复性练习，较长时间的抗小阻力持续练习等。

二、对力量素质的要求

力量素质是指人体肌肉工作时依靠肌肉紧张克服或对抗阻力的能力。力量素质是人体最基本的身体素质，是进行一切体育活动和体力劳动的基础。在野外活动中，人的跑、跳、投及攀登、爬越等各种运动均离不开力量素质。想要跑得快，就要有较好的腿部后蹬力，攀爬和提、拉重物等也离不开上肢、腰腹部及腿部的力量素质。

在野外生活对人体的力量素质有较高的要求，应根据野外活动的内容、形式的基本要求，来发展身体各部位的力量素质。例如，远足、跑、跳，对人的下肢力量素质，特别是对髋关节、膝关节的肌群有较高的要求。同时对背部肌群以及肩带肌群也有一定的要求。若髋关节、膝关节肌群平时缺少锻炼就很难胜任野外活动，尤其是在崎岖山地的登山远足活动。此外，在野外生存教育活动中，常常要进行攀登、攀爬，甚至还要做一些必要的悬垂动作，以上这些动作对人的手指、手腕、手臂、肩带、以及腰部和腹肌群的力量素质要求很高。

发展力量素质练习方法和手段主要有：

（1）杠铃和哑铃练习：杠铃和哑铃练习是力量练习的常用手段，青少年学生可用较轻的非标准质量作为负重进行力量练习。

（2）综合力量素质练习：这种方法安全，脊柱承受负荷较轻或为零。可以全面锻炼各部肌肉，尤其是增强肩带、腿部和腰腹力量素质。

（3）速度素质训练：通过短跑起跑、上坡跑、沙地跑等形式发展下肢爆发力和跑的能力。

（4）弹跳素质练习：各种方式的单脚跳，双脚跳和跳越障碍等跳跃练习；在草地或体操垫上进行较长距离或较多跳次的练习。

（5）利用自身体重的静位力量素质练习：俯卧撑、仰卧起坐、引体向上等。

（6）投掷练习：投掷铅球、实心球等各种重物。

三、对速度素质的要求

速度素质是指人体进行快速运动的能力。速度素质是完成走、跑等各种运动技能（跳跃、攀爬等）的基础。速度素质一般分为反应速度、动作速度、动作频率和移动速度。在野外生活中，动作速度和移动速度是人体快速完成动作和单位时间内完成一定距离位移的重要保证，如野外环境中的快速攀爬、翻越障碍、快速行走和跑动等。

发展速度素质的方法和手段主要有：① 原地支撑、快速高抬腿跑；② 快速踢、踹、击打等；③ 跑的专门性练习（小步跑、高抬腿跑、后蹬跑、车轮跑等）；④ 各种跑的练习（加速跑、反复跑、间歇跑、变速跑和上下坡跑等）。

第三节 野外生存基本生活条件的获取

一、野外取水

在野外生存中，水是所有维持生存的物质中最重要的物资，没有水就没有生命。如果缺乏食物，在一定的条件下人可以继续维持生命；但是，如果缺乏水，人在几天内就会死亡。因此，在野外生活时，除了随身携带少许饮用水之外，在生活环境中寻找水源是当务之急。

（一）水源线索

寻找水源时，应注意以下线索：

（1）多种生长茂盛的植物，以及大片郁郁葱葱的草地。有水的地方，才有可能出现成片草地或多种植物。

（2）动物或动物的足迹。注意观察有许多动物会在拂晓或者黄昏时分出来觅水，动物的足迹也往往会迈向水源地。

（3）岩石地带的泉水与渗出的流水。

（二）制水方法

聚集地面所蒸发的水分，天气越热越能得到更多的水。首先，要准备储水的锅或玻璃杯。要尽量找广口的，如果没有的话，用碎布片及塑胶袋等也可代替，以透明的为好。取水步骤是：

（1）挖个能被现有的布（如床单等）盖住的圆洞，深度即是圆洞的半径长。首先垂直挖洞壁，然后向中央倾斜。

（2）在洞的中央放置容器，若以塑胶袋代替时，要将凹处埋进地面。

（3）用布盖住整个洞，以石块固定住四周。在布的中央，也就是在容器上方的那一点放上小石子，使布的倾斜角度在 25°~40° 之间。在布的边缘压实土，使洞成为密闭状态。这样一来，土内所含的水分就会蒸发并附着在布的内侧，并成为水滴流向布的尖端，存入容器内。

水分凝结成水滴，要盖 1~2 小时。如果有从容器到洞外的长管子，就可不必破坏取水装置而喝到水；若没有管子，在取出水后再做同样的装置就可以了。

（三）水的净化方法

（1）把水煮沸：浊水直接喝是危险的。不过不论水多么浑浊，只要经过煮沸并澄清，就安全了。病原菌大约在沸煮 10 分钟后，就会被消灭。由于耐热性的病原菌很少，所以煮沸的水可安全饮用；若要求万无一失，就应在水中放入木炭再煮沸，然后重叠 3 层细网目的布对水进行过滤，这利用了木炭的高吸收性，杂质都会被其吸收。

（2）利用水质净化药片（清水用 1 片、浑水用 2 片）。

（3）在清水内滴入适量 2% 的碘溶液，静置 30 分钟以后即可饮用。

（四）污染水质的识别方法

（1）带有异常气味，或者水面上漂浮着泡沫、气泡的水源。

（2）已经改变颜色或者褪色的水源。

（3）水源地周围缺少健康绿色植物。

二、野外寻找食物

（一）野外能食用的植物

普通夜樱草：分布于较为干旱的开阔原野。体形较高，多叶，有绒毛。叶片呈梭形，叶缘多皱。有时在红色花茎顶端长出大型黄色四瓣花。其根煮熟后可食用，煮食过程中应数次换水以冲淡刺激性气味。

普通夜樱草图片

菩提树：树干挺拔，高可达 26 米，常分布于潮湿林区。叶

菩提树图片

蛇麻草图片

片大，呈心形，边缘有锯齿。黄花簇生满溢清香。幼叶及尚未伸展的叶芽都可以生食；花可用来泡茶。

蛇麻草：分布于灌木丛林中的攀缘性植物，茎长而扭曲，叶缘有锯齿、呈三瓣。绿色钟形雌花。幼茎剥皮，切成片沸煮可供食用；花可用来泡茶。

（二）野外能食用的根

大部分植物根或块根富含淀粉，但食用时最好将其彻底沸煮。

结结草：平均高30~60厘米，叶呈狭三角形，花穗呈白色或淡紫色；多生于野荒之地或多林地区。浸泡根部以除去苦涩味，烧熟后可以食用。

银草：体小，匍生，叶序上小叶对生，背部呈银白色。顶端细长，花茎上着生单朵黄色五瓣花；多分布在潮湿地带。根肉质可以生食，但最好烧熟后食用。

野豌豆：匍生，高30~60厘米，小叶呈卵形、对生。淡黄绿色、覆瓦状花；多分布于草地、灌木丛或沙地之中，根可以生吃，煮熟后味道更好。

（三）野外能食用的果实

夏季，野生水果或坚果会成为求生者最主要的食物来源之一。有些野果种类分布很广，甚至能在北方的苔原地区生存。

山楂类：有刺小灌木，分布于灌木丛及野外荒地，羽状叶深缺刻，花枝上簇生白、淡紫或红色小花，秋季结出亮红色浆果，果肉酸甜，可以生食。嫩茎顶端也可食用。

山梨树：在森林或多岩地区很常见，高可达15米，树皮灰色、光滑，复叶对生、边缘有小齿。白色花着生于伞状花萼上。果实簇生，成熟呈橘红色，可以食用，具刺激性酸味。

野桑树：一般高6~20米，卵形叶，有时具深度缺刻。叶腋部生有柔荑花序，浆果呈红褐色，可以生食。广泛分布于温带多林地区。

柿树：分布于东亚和美国南部温暖干燥地带，各地都有引种。高可达20米。叶小、缘呈波纹形，叶梭形，可制茶，富含维生素C。果实为浆果，类似西红柿，黄、红至紫红色，可以生食（切记饥饿时不可食用）。

毛栗：高大灌木，多分布于山坡野地。叶呈卵形至心形、革质，边缘有锯齿。棕黄色壳果，外被叶状多毛外壳，富含营养。

（四）野外淡水区域能食用的鱼虾

河蟹、螯虾、虾：河蟹、螯虾平常隐藏在瀑布下的岩石或溪流中的石块底下，只要发现它们的巢穴，就可捕到很多。

如果是湖水、沼池或清澈的河水，也可以抓到一些身体透明的小虾。因为其动作敏捷，在水中也很难看得出，所以无法用手抓，但使用捕虫网，或纱布制成的袋子等捞取，就容易捕获。

三、野外燃火

在野外可采用打火石与钢片，或使用放大镜、冰磨制的凸透镜等聚焦太阳光，或使用钻木取火等方式取火。

自备燃料炉和充足的燃料是最佳选择，不仅可以方便快捷地生火，而且不会对周围环境造成较大危害。但是为了预防某些意外情况，也应掌握野外燃火的技巧。

（一）燃火材料

（1）火种：随身携带的棉花等；应把火种保存在一个防火防潮的容器里。

（2）引火物：干燥的树枝，树叶等。

（3）燃料：干枯的大木棍或树干、成捆的干草、干燥的牛粪等。

（二）燃火的地点

燃火之前应选择一个良好的地点以满足取暖和安全烹饪食物的要求，同时注意避免引燃其他物品，防止野外森林火灾。

（1）选择隐蔽的位置。

（2）把直径2米以内地面上的堆积物清理干净，直到露出土壤。

（3）若地面潮湿，就要首先用树木搭建一个平台，上面铺一层沙子或石子。

（4）在有风的情况下可以挖一个土坑，在土坑内生火。

（5）不要在潮湿或者多孔渗水的岩石附近生火；因为遇热达到一定温度时，岩石可能爆炸。

（6）准备一桶沙子或水，一旦火势过大可随时扑灭。

第四节 方向辨别与天气预测

一、野外判定方向

（一）利用指北针测方向

将指北针水平放置，并使水平气泡居中，待磁针静止后，标有"N"的黑色端指的方向就是北方。在具体测定某一方位时，可将指北针上的零刻度对准目标，使目标、零刻度和磁针中点在同一直线上。当指北针水平静止后，"N"

端所指的刻度便是测量点至目标的方位，为了准确使用指北针，应尽量使它保持水平，且不要靠近磁性物质。

（二）利用北极星判定

在天气晴朗的夜间，可以根据北极星的位置来确定方位。北极星是正北天空的一颗较亮的恒星，位于小熊星座的尾端。大熊星座（即北斗七星）由7颗明亮的星组成，形状像一把勺子；将勺底端两星的连线向勺子口的方向延长约两星间隔的5倍距离处有一颗比较大且较明亮的星，就是北极星。仙后星座由几颗明亮的星组成，形状像一个"W"。大熊星座和仙后星座分别位于北极星的两侧。因此，也可以根据仙后星座来判定方向。

（三）利用地物特征判定

有些地物的特征与方向有关。独立的大树，通常是朝南方的枝叶茂密、树皮光滑，朝北的则相反。独立树被砍伐后，树桩上的年轮通常朝北方间隔小，朝南方间隔大。

朝南方干燥、青草茂密，冬季积雪融化比较快；朝北方潮湿，易生青苔，冬季积雪比较快，冬雪融化比较慢。

（四）利用手表判定

在上午9时至下午4时之间，用时针对准太阳，此时手表上的时针与12时刻度的夹角平分线所指的方向为南方，相反为北方。但判别时要注意，一是将手表平置，二是该方法在南、北纬20°30′之间地区的中午前后不宜使用，三是要把标准时间换算为当地时间。

（五）利用太阳判定

选择一块平整的地面，在地面上立一根细直的长杆，于是，在太阳的照射下，地面上就会出现长杆的影子，将影子标示在地面上；等待片刻，再标示出此时的影子；然后过两个影子的端点连一直线，此直线就是概略的东西方向线。如何判别东西方向呢？由于太阳东出西落，其影子则沿相反方向移动，所以第一个影子指西，第二个影子指东。

二、识别天气

（一）看云识天气

观察风云的变化可以预测天气。

（1）积雨云：云层较低，高度约在2 500米以下，云色乌暗。出现该云常预示有阵雨，或可能会出现强风暴雨、雷鸣闪电。

（2）雨层云：为低层雨云。假如显乌色笼罩天空，则预示在较短时间内会有降雨，下雨的时间可能持续几个小时。

（3）积云：形状如团团棉絮，蓬松浮在天空中。为了准确判断天气，应掌握积云的变化规律。如果它们逐渐分开，则预示天气晴朗；如果积云的前端越积越多，且范围不断扩大，则预示一场突如其来的暴雨即将降临。

（4）卷云：云层高度一般在5 000米以上，云色纯白呈缕状。天空出现卷云常预示天气晴朗。

（5）卷积云：形状呈小圆块积云，远看如同海浪泛起的涟漪，高度约在5 000米以上，常被称为"鱼鳞云"。天空出现卷云一般预示天气晴朗。

（二）根据动物的行为判断天气

（1）燕子低飞天将雨。
（2）蜘蛛张网补网兆天晴。
（3）青蛙成群叫，大雨将来到。
（4）看到猫洗脸会下雨。
（5）蚂蚁搬家会下雨。
（6）乌鸦成群叫，寒潮快来到。
（7）鸡宿迟兆阴雨，鸡晒翅天将雨。
（8）蚯蚓钻出地面会下雨。
（9）鱼跃出水面会下雨。

课后练习与思考

1. 了解和掌握野外生活的基本装备及基本要求。
2. 了解和掌握野外生活对体适能的要求及训练方法。
3. 熟悉和掌握野外天气与方向的判别方法。

10 第十章 野外生存的基本技能

本章提要 在野外生存训练过程中,必须具备一定的野外生存技能。本章介绍了一些基本的野外生存技能,如简单生活用具的制作、基本装备的使用、野外穿越行走技能以及野外穿越攀爬技能等。

第一节 简单生活用具的制作

一、简易窝棚的搭建

1. 屋顶帐篷的搭建

将绳子拴在两棵树之间,或用两把铁锹的木柄固定在地上做支柱。然后用方块防雨布搭在绳子上,底边用石块压牢,再在帐篷内的地面上铺上草席即成(图10-1-1)。

图 10-1-1 屋顶帐篷

2. 圆锥形帐篷的搭建

将三根或更多的坚固圆杆一端绑在一起,形成圆锥顶点;将圆杆另一端斜插入地中并固定;再用防雨布等覆盖其上;再在帐篷内的地面上铺上草席即成。

圆杆夹角增大,帐篷里的面积即会相应增大,但帐篷排水难度会略有增加(图10-1-2)。

图 10-1-2 圆锥形帐篷

3. 多人房屋形帐篷的搭建

首先选择一块平整的地面，用大块塑料布铺地，决定搭建面积；然后用钉子固定四个脚，用木棒等做支柱，结好主绳然后结好四个角落及其他部位的绳子，用防雨布覆盖，最后，在帐篷内的地面铺上草席即成（图10-1-3）。

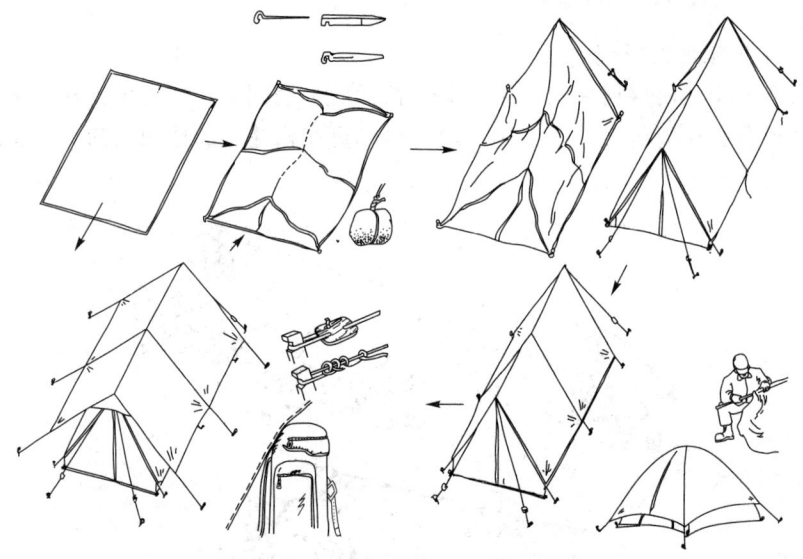

图10-1-3　多人房屋形帐篷

二、床铺的搭建

1. 管形床的搭建

管形床的制作最为简便。用一块质地结实的帆布或其他材料的布，将两边缝在一起（也可用皮带绑在一起），形成管形床面。接着是制作一个架子做支架：选用两根长度大体相当的平直的木杆，每根木杆的长度略大于两支架之间的距离，按图10-1-4将两木杆的一端扎在一起；再将木杆穿过帆布制成的管形床面，然后放在框架上，把穿过帆布的两根木杆与两端支撑架木杆相接触的4点扎牢。

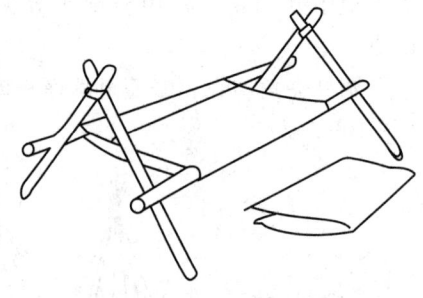

图10-1-4　管形床

2. 梯形床的搭建

先用管形床的做法制作支架，然后用两根树干做横档，绑在支架的支撑腿上，且使每边都有富余。再用树干和树枝制成梯子状，并将做好的梯子放在支架横档上，绑结实，最后在梯子上铺上树叶等，就做成了一个不错的床铺（图10-1-5）。

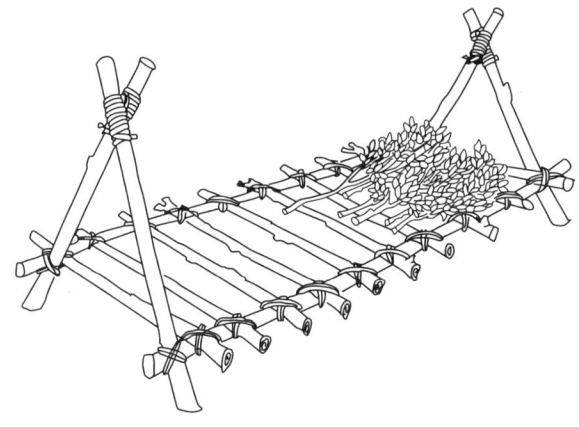

图 10-1-5　梯形床

3. 吊床的制作

将帆布的吊床两端拴在两棵树上，上面再拉一根绳子，搭上一块方块雨布，并将其四角用绳子系住固定于略低于帆布吊床的位置，便形成一个防水顶棚（图10-1-6）。

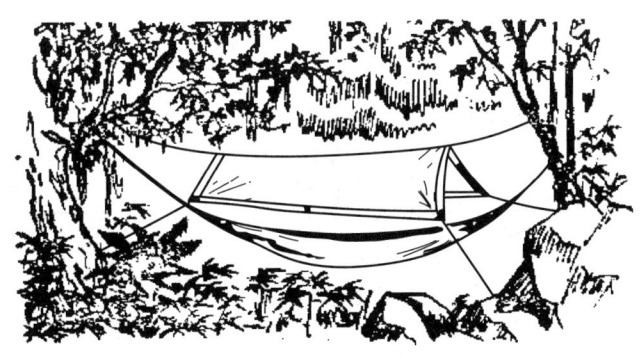

图 10-1-6　吊床

三、炉灶的搭建

1. 蛇形洞火炉

这种方式可给火苗提供屏蔽，防止风力干扰。再做一个合适的通道，使得火炉一经点燃就可以烧烤任何食物。在岸边泥质厚实稳固的地方，水平地挖出一个深约 45 厘米的坑洞，再从坑洞上方插进一根木棍，轻微转动木棍，拔出木棍，形成一个小烟囱，最后将木棍捣出的泥土清理干净。用时将火点燃在坑洞中（图 10-1-7）。

图 10-1-7　蛇形洞火炉

2. 育空火炉

这种方式的火炉可以烧煮任何食物，而且火炉结构使热量得以充分散发。可以在其顶部做饭烧菜。不过，这种火炉较难搭建。

挖出一个环形洞，在一侧挖出一条约 24 厘米的坑道通向主洞穴，再在主洞穴的外侧垒上石块，建成一个圆柱筒架于坑道上。最后用泥土将石块间的缝隙塞住，火苗就可以得到良好的荫蔽。烟囱本身就是不错的通风口（图 10-1-8）。

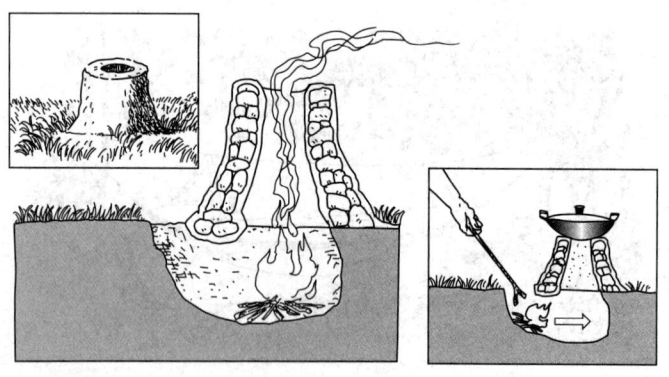

图 10-1-8　育空火炉

3. 壕沟火炉

火堆位于地表面之下，可避开强风。挖一个约 30 厘米×40 厘米×90 厘米的壕沟，再在沟底铺上一层碎岩石即可。火生在岩石上面，即便火已熄灭，岩石仍然滚烫（图 10-1-9）。

 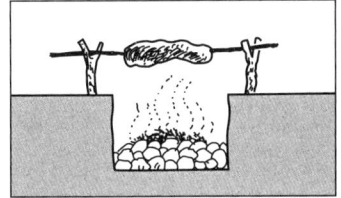

图 10-1-9　壕沟火炉

4. 悬吊式火炉

将两根高低相近的双叉树枝插入地面，树杈间横放一根棍子，上面吊锅下面直接生火。这种炉灶容易搭建但易受外界影响（图 10-1-10）。

5. 堆灶

这也是一种简易的灶台。找些大小略同的岩石块，将它们堆成"∩"形，构成一个小炉灶。灶门迎风，石块间留些空隙，以便通风（图 10-1-11）。

图 10-1-10　悬吊式火炉　　　　　　图 10-1-11　堆灶

四、厕所的制作

即使探险者只是孤身一人，修建一个适宜的厕所也很必要。如果人多性别不同，厕所就要分开，让使用者感到方便。垃圾应予焚毁，不适宜焚烧的应予以掩埋。不要在厕所里使用石灰或消毒剂，它们会杀死有益的细菌（这些细菌能将粪便分解掉），施加消毒剂后粪便散发出恶臭味。将粪便用泥土覆盖住，并添加少量水，以利于细菌存活。厕所要覆盖好，这样就不会引来苍蝇。记住：要经常更换盖子。否则，若某只苍蝇在粪便上驻足后，又落到食物上，就会传播病菌了。使用一段时间后，如果厕所开始散发异味，则应该修建新的厕所，而且要填好旧厕所，焚毁旧厕所使用过的木材和覆盖物。

1. 深坑厕所

挖一条深约 1.25 米、宽约 45 厘米的壕沟，在壕沟上用岩石或木材垒起一个高度合适、使用舒服的"座位"，"座位"的一部分埋入泥土之中。在"座位"上放一些木棒,仅留下一个洞口以供使用(如果人多,就要建公共厕所,并留几个洞口)。可撒一些木灰到壕沟里,形成一个薄层,以阻止苍蝇侵扰(图10-1-12)。

用一块宽大且平滑的岩石板或一片大树叶作盖子,上面压上小石块。注意,这些盖子要经常更换(图10-1-13)。

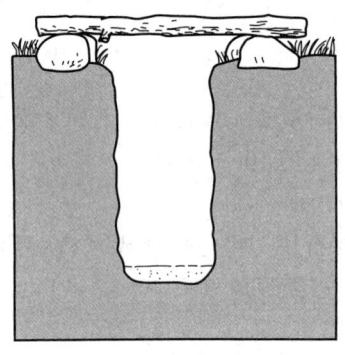

图10-1-12 深坑厕所

图10-1-13 厕所盖子

2. 小便坑

挖一个深约60厘米的小坑,其中3/4的空间用石头填起,然后在上面堆放一些泥土,再用树皮做一锥形孔,安置在泥土中,作为尿液下渗的通道。为了方便,小便坑应离营地尽可能近一些(图10-1-14)。

图10-1-14 小便坑

五、绳梯的制作

首先是攀踏结的制作。攀踏结通常也被称作为蝴蝶结或炮结。此结有一个不可滑动的环,能够在绳索中间制作,但是不能在绳索末端使用。在一根绳索上能够打出数个攀踏结,将人体套上,可以拖动,也可以抬起。登山时,携带打有攀踏结的绳索相当便利,手脚都可放在环上支撑身体,在感到疲劳时,还可以在上面休息一会。下面是制作步骤(图 10-1-15):

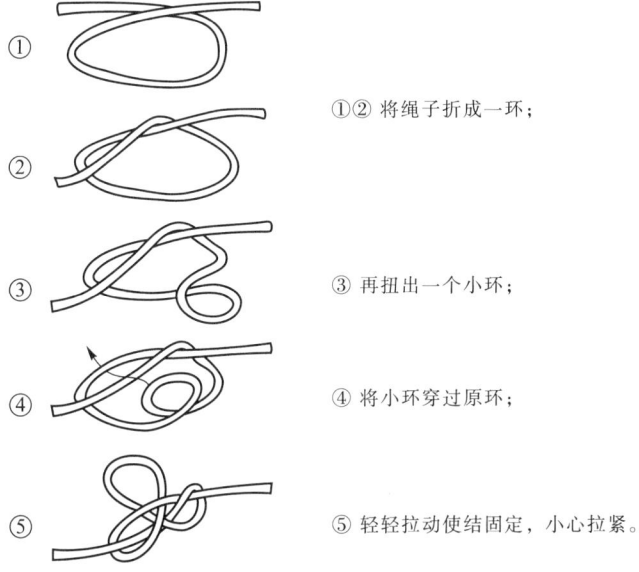

①② 将绳子折成一环;

③ 再扭出一个小环;

④ 将小环穿过原环;

⑤ 轻轻拉动使结固定,小心拉紧。

注意:如果在拉紧结时不小心出现错误,就可能成为一个滑环。

图 10-1-15　攀踏结

绳梯的制作:在一根绳索上打一些攀踏结,具体数目依需要而定,然后就可制成简易绳梯。也可使用横档,结实的棍棒可作为横档。带横档的绳梯制作方法如下:

用 2 根绳索,或将 1 根较长绳索弯成双股使用,攀踏结之间的间隔在两边绳索中要对应相等。制作绳梯时,将棍棒穿过相对应的环。制作攀踏结时应注意使环勒紧棍棒,绳梯上棍棒的间距应合理。为安全起见,使用前要试试每个结是否牢固(图 10-1-16)。

图 10-1-16　绳梯

六、绳环的制作

1. 单套环

此环制作快速;承受拉力时,既不易变紧也不易滑动,可用于救生环的末端或其他需要绳环固定的场合(图 10-1-17)。

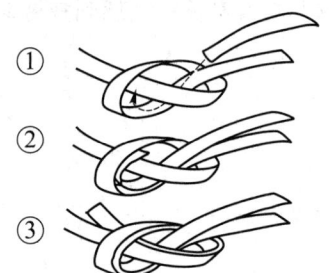

① 在离绳端一定距离处弯曲一个小环；

② 将活端向上穿过此环，从绳索固定部分后部绕过，然后向下再穿过此环；

③ 拉动活端，使其变紧，小心使结固定。

图 10-1-17　单套环

2. 活动单套环

此环可以任意松紧。先制作一个小的单套环，然后将绳子长端从此环穿过（图 10-1-18）。

注意：不能将活动单套环系于腰间，特别在登山时更应注意。此环的功能类似绞刑用的绞索，可以致命。

3. 三重套环

此套环是单套环的另一种类型，由两股绳制成。先将绳弯曲成环，将双股绳的活端穿过此环，然后从固定部分后面绕过，向下再穿过此环，这样就可得到三重绳环。它可用来拖运设备或用作悬挂带：一股绳环环绕大腿，其他绳环环绕胸部（图 10-1-19）。

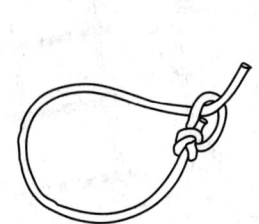

图 10-1-18　活动单套环

图 10-1-19　三重套环

4. 环中环

可以用来支撑或拉出冰隙裂缝中或被困在其他类似地方的人员。制作时，绳子须双股，制成的两环既不过紧也不过松。用一个环绕过臀部；另一个环绕过上体，就像一块工作吊板一样（图 10-1-20）。

像三重单套环一样，在使用前要练习一番。练习时会发现环中环有许多用途：装修房屋或船舶时，它可用作支撑悬挂的平台，可在每一端使用此环。如平台每个角都有木杆，则可在木杆上刻出凹槽，以防止绳索滑落。

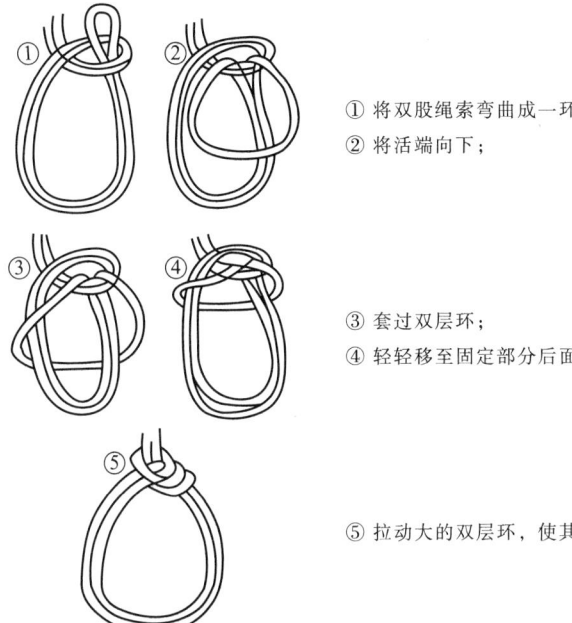

① 将双股绳索弯曲成一环，将活端穿过此环；
② 将活端向下；

③ 套过双层环；
④ 轻轻移至固定部分后面；

⑤ 拉动大的双层环，使其变紧。

图 10-1-20 环中环

七、筏的制作

如果河面足够宽阔可以航行，漂流会比沿着河岸走更容易，进程更快一些。尤其在丛林地区，季风性的河水会让你感到借筏漂流是完全可行的。如果你必须砍伐圆木，就选择那些倾斜生长着的树木，会更容易一些。顶端有死枝的树干通常仍很结实，可用来扎筏。

筏主要由筏身、固筏木、筏舵、撑篙或桨组合而成。

（1）筏身：是漂流主要依托的部位。现代漂流借助的材料很多，除了传统的竹、木、兽皮，还有用油桶和竹子做成的混合筏，还有大块泡沫塑料捆扎成的泡沫筏，还有用大量废弃塑料饮料瓶制成的塑料筏等。

（2）固筏木：用来固定筏身的木条、藤条或其他材料。

（3）筏舵：为了便于控制筏前进的方向，用一根长篙，前端绑牢一片舵板，长篙绑在筏尾端固定交叉成"A"字形的构架上。构架底部钉入筏身上已钻好的孔洞中，顶端分别用绳索或藤条拉紧，系牢在筏上。

（4）撑篙或桨：一根或两根材质较好的长竹、木，可以用来做撑篙或桨，主要用于向前或向后的划行、改变行进方向、避开危险的情景，如暗礁、漩涡等。

1. 木筏的制作

用圆木做筏身，用4根足够长的木棍分别在圆木两端固定，制成木排。可选用油桶或其他漂浮物支撑木筏漂浮（图10-1-21）。

不要将轻薄脆弱的木筏用在任何水域中碰运气。在崇山峻岭之中，河水流速通常很快，只有用结构真正坚固牢靠的木筏才能幸免于难；否则，在下游宽阔的河面上如果木筏散了架，必须游很远才能到达岸边。

2. 竹筏的制作

竹筏浮力强，吃水量少，水上行驶平稳安全，在海岛又具有就地取材，制作简便的优点。用真竹加配刺竹捆扎而成，小筏用5～8根竹，大筏用11～16根，海上用的竹筏，一般长约3丈（1丈=3.33米），宽数尺。竹子粗端做筏头高高翘起，细端做筏尾平铺水面。制作时，先用刀削去竹子的表皮。将粗的一端放在火上烤软，按一定尺寸将其弄弯，呈弧形，以做筏头。然后涂上防腐汁液，干燥后再涂上多层桐油或沥青以防腐。组搭时，先搞好支架，在上面排好竹材，一人在上，一人在下用藤条绑紧扎牢即可。

单层竹筏可能无法支撑人的体重，竹筏过长又难以操纵，所以最好制成双层竹筏。将粗壮的竹竿砍成3米长的一段，两端与中央分别钻孔，利用坚韧的树棍穿过竹孔，再用藤条把每根竹竿与树棍绑牢。双层竹排间要交错相互压紧、绑结实（图10-1-22）。

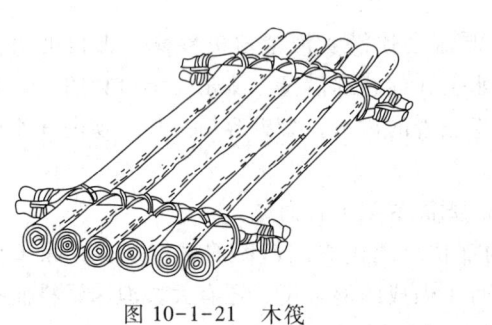
图10-1-21 木筏

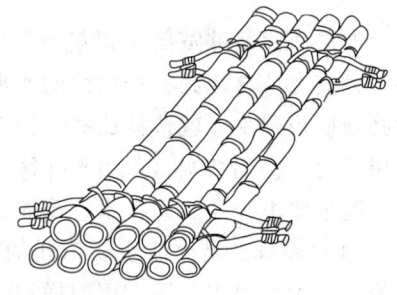
图10-1-22 双层筏、竹筏

八、架独木桥

想要渡过一个河面不宽，但水流很急的河流，可采用架独木桥的方法过河。

首先选一根较粗的木头当桥面，长度要比河宽，架在河的两边。架桥时，先将木头的一端架在此岸，用绳索将另一端打结捆起，几个人一起收放绳子，把木头放到对岸。

过独木桥宜用外"八"字足行走，步子不宜大，眼睛看着前方一米远的地方，一步一步地脚贴桥面迅速过河。过河速度不宜过慢，较快的步速可以使身体平衡，易于通过（图10-1-23）。

图 10-1-23　架独木桥过河

第二节　基本装备的使用

一、睡袋的使用

在野外使用睡袋是最便捷、最实用的。睡袋的种类繁多，各有特点，适于不同的用途。

1. 睡袋的分类

根据用途不同，一般把睡袋分为两大类：一类较薄，用于一般的旅行或野营，这类睡袋大都在春、夏、秋三季使用；另一类睡袋较厚，用于较寒冷的恶劣环境，甚至是一些探险活动，这类睡袋一般被称为专业睡袋。普通睡袋的价格相对较低，用途广泛。专业睡袋在设计和材料选用上非常考究，价格也相对较高。如果在冬季野营或在高海拔地区野营就必须使用专业睡袋。

睡袋从形状上分信封式和木乃伊式（也叫人形型）两类（图10-2-1）。木乃伊式睡袋有头套，上大下小，和人体的形状相吻合，睡袋的侧面装有拉链，便于出入；这种设计保暖性能好。

采用同样材料制成的同样重量的信封式睡袋，不但使用方便、舒适，且价格较低，而且可以将拉链全部拉开当被子使用，在户外和家中都可使用。

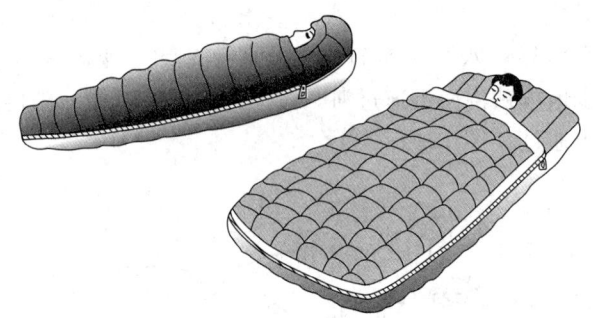

图 10-2-1 睡袋

从材料上分，睡袋有羽绒（鹅绒最好，鸭绒次之）、天然纤维（丝棉、棉花等）、化纤（杜邦棉、腈纶棉等）等几种。

2. 不同材料睡袋的特点

羽绒睡袋保暖性能最好，重量轻、压缩性好、体积小、不易变形、经久耐用。如果保养得好，一只羽绒睡袋可以使用几十年，但羽绒容易吸水，睡袋一旦受潮或浸湿，其保暖性能会急剧下降，且不易干。羽绒睡袋价格偏高。

天然纤维睡袋虽不及羽绒睡袋的保暖性能好，但受潮湿后易干，仍可继续保暖，易清洗，也比羽绒睡袋便宜很多。

化纤睡袋的缺点是比较重、压缩性差、体积大，使用寿命较短，一般为5~10年。

睡袋的面料最好使用有防水功能的面料，以防睡袋被露水或帐篷内凝结的水雾打湿，影响保暖效果；当然透气性能更为重要，否则会很不舒服。

3. 关于睡袋的使用

睡袋务必保持干燥。湿了以后羽绒睡袋根本不保暖；化纤面料睡袋湿了之后虽然仍可保暖，且干得较快，但保暖程度大为降低。

进睡袋时不要穿得太多，不要穿湿衣服、湿袜子，那样，反而不暖和，最好再戴个头套。

睡进睡袋的时候，可以将第二天要穿的衣服、袜子一起放进睡袋；这样，起床时就不会感觉很凉。

睡袋使用后，要清洗干净、彻底晾干，在蓬松状态下予以保存，不要卷紧放在袋子里保存。

二、背包的使用

背包是野外生存必不可少的物品，下面就介绍一下背包的正确使用方法。

先把背包放于一定高位,双肩进入肩带,身体前倾站立。或双手提起背包,放于膝盖之上(注意:面对背带),然后一手抓肩带迅速转体,使一臂进入肩带,后另一臂进入肩带。

背包重心的调节:将腰带拉紧,使胯部受力,肩带放松。东西较多时,扣上胸带,并拉紧,使没有后坠感。充分运用腰带调节负重:走平地时,拉紧腰带;上坡时,放松腰带,下坡时再拉紧。

三、安全带的使用

安全带是野外攀岩必不可少的装备,在野外生存时,它可以大大降低攀岩意外事故的发生率。对于安全带的使用,一定要注意以下几点:

(1)要高挂、低用,严禁低挂、高用,特殊情况下可平挂、平用。这是因为钩挂在高处,人在低时,万一坠落可减少人体受到的冲击力。

(2)防止摆动碰撞。安全挂钩处应尽量与攀爬地点垂直。

(3)安全带拴挂时,应将安全带的钩挂到金属圆环上,不可直接钩在安全绳上。

(4)使用前应进行一次外观检查。如部件、结构是否完整;弹簧、自控部件是否灵敏;安全绳的护套是否完好;安全绳、安全带是否有磨损、断股、脆裂等缺陷;金属部件是否扭曲变形等;如有异常应停止使用,立即更换。

四、绳索的固定与连接

1. 绳索的固定

绳索固定是用绳索一端直接固定在自然物体上的结绳方法。多采用下列方法结绳(图10-2-2):

(1)织布结:通过这种结绳,可用绳索一端与自然物体固定在一起,也用于结绳中的胸绳连接。

(2)牵引结:用于绳索一端在树干或其他物体上的固定拉紧。

(3)通过结:用于通过铁锁时做中间环节的各种连接和固定。包括简单的通过结和"8"字形通过结。

(4)双套结:用于特定攀登技术中的一种结,也可做固定用。

(5)帐篷固定结。

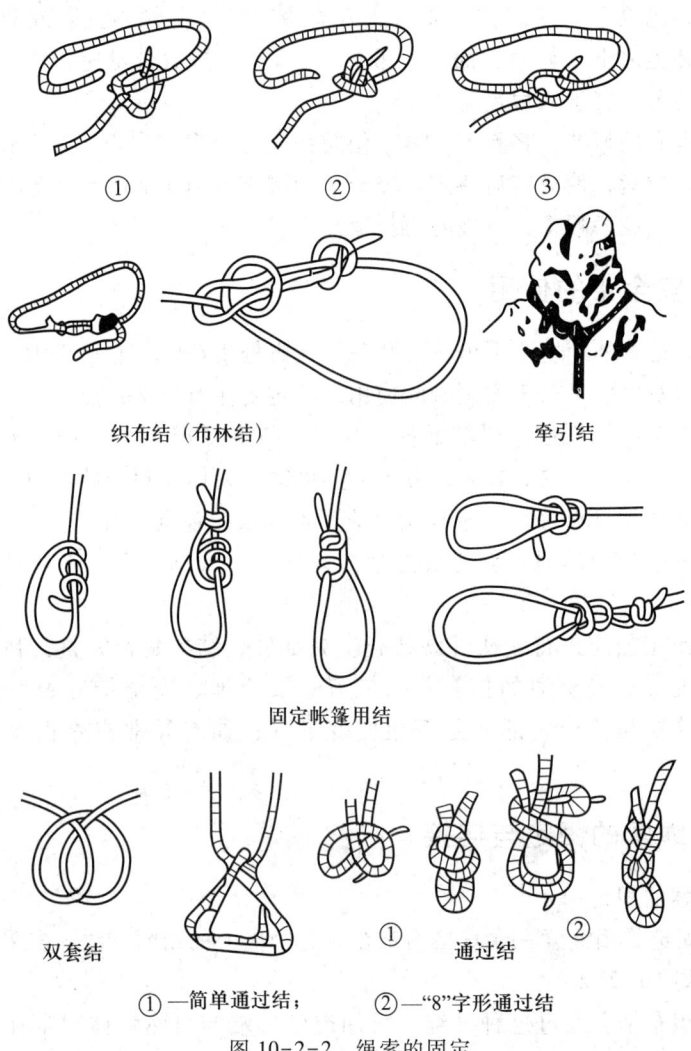

①—简单通过结； ②—"8"字形通过结

图 10-2-2　绳索的固定

2. 绳索的连接

绳索的连接是将两根绳索牢固连接在一起的方法，常用连接方法有（图 10-2-3）：

（1）平结：用于直径相同绳索之间的连接。

（2）交织结：用于直径相同绳索之间的连接。按其连接方法可分为交织结和双交织结。

（3）"8"字结：用于直径相同绳索之间的连接。

（4）混合结：用于不同直径绳索之间的连接。

（5）防脱结：为了防止脱落，在各种绳结结好之后，可在绳头部位再结一个防脱结，也可以用这种结法将两根绳索连接在一起。

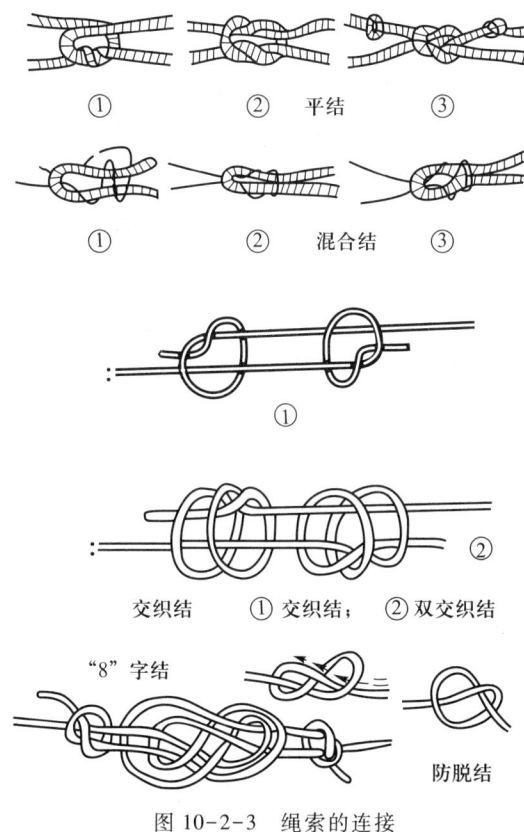

图 10-2-3　绳索的连接

五、地图的阅读与指北针的使用

这部分内容请参考本书第二章的相关知识。

六、对讲机的使用

对讲机可使野外生存者之间的联系变得更为方便，信息的交流更为快捷。它的使用需要一些技巧。对讲机的种类很多，不过原理大致相同，下面以 TK308 型为例：

1. 电池组的安装及退出（以镍镉电池为例）

如图 10-2-4 所示，将电池组插入对讲机底部并向里推进，直至电池组上的锁定片锁定为止。取出电池组时，在用力压电池组锁定片的同时，向外取出电池组。

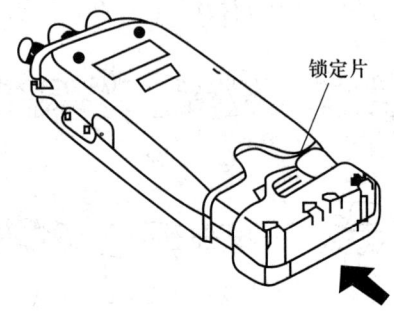

图 10-2-4　对讲机

2. 天线的安装

将随机配置的天线底部插到 BNC 连接器上，并顺时针转动天线，当听到"喀哒"声时，表明天线安装完毕。

3. 接收方法

（1）电源的开、关：顺时针转动"PWR/VOL"控制按钮，并将刻度设置到如同钟表 11 点的位置上。对讲机的各种标志将显示在屏幕上。由于本机具有自动静噪功能，在未收到呼叫之前，扬声器无任何声音，当首次接收呼叫时，可以用此旋钮细调音量，使之适合收听。关机时，可逆时针方向转动"PWR/VOL"控制旋钮，直到听见"喀哒"的声响，表明电源已关闭。

（2）监听功能的使用：如果已设置了监听功能，只要按住监听键，并用"PWR/VOL"控制旋钮把信道的背景噪声电平调整到适当的位置，就可以直接听到声音，而不用专门等待呼叫信号，只要按住监听键不放，就可以一直监听所选信道上的情况。

（3）信道的选择：按顺时针或逆时针方向转动"ENG/SQL"控制旋钮，可以选择所需工作信道。所选信道的号码将显示在显示屏上。

（4）呼叫：首先，按住"MON"键倾听，以确认要使用的信道未处于"BUSY"（繁忙）状态。如未设置监听功能，则不需要监听信道情况，按住"PTT"键对着对讲机前部的扬声器——话筒开始讲话即可。在按住"PTT"键时，"发射中"指示灯一直亮，且接收信号指示器的指示值对应于充满电的充电电池或新电池组的电压值。释放"PTT"键则恢复到接收状态。

发射功率的选择。按"LOW"键可选择所需功率，每按一次该键，高、低功率变化一次。当显示"L"时，表明为低功率模式。但发射期间不可改变功率模式。

发射定时器（TOT）的作用是对一次发射的持续时间进行限制。当按

"PTT"键的时间超出预置的发射时限时，对讲机将自动地切换到接收状态。这时应停止讲话并释放"PTT"键，以使定时器复位后重新按"PTT"键继续讲话。

如果设置了禁发功能，那么当选择的信道处于繁忙状态时，便可以自动禁止发射，以免发生冲突。方法是信道处于繁忙时，按"PTT"键，使对讲机发出"突突"的声音，并使机器处于接收状态。

倒频功能的使用。如果售出时某些信道编程为双频信道。则该信道可以设置不同收发频率。当选择双频信道时，利用倒频键可以互换收发频率。步骤为：按倒频键"REV"，显示屏出现"R"标志；如取消此功能则再按一次即可。

如果购买机器时设置了电池省电功能，当关闭静噪超过5秒时省电功能启动。当按任何键或静噪打开时，此功能自动取消。省电功能的标志是在显示屏的右下角显示"S"标志。

七、全球卫星定位系统的使用

卫星定位系统目前在世界上主要使用的有四大系统：美国的"GPS"、中国的"北斗"、欧洲的"伽利略"以及俄罗斯的"格洛纳斯"系统。目前，常见使用的是美国的"GPS"系统。

GPS作为野外定位的最佳工具，在户外运动中有广泛的应用。GPS不像电视或收音机，打开就能用，它更像一架摄像机，需要有一定的技巧。

（一）GPS常用术语

1. 坐标

有二维、三维两种坐标表示。当GPS能够收到4颗及以上卫星的信号时，它能计算出本地的三维坐标：经度、纬度、高度；若只能收到3颗卫星的信号，它只能计算出二维坐标：经度和纬度，这时它可能还会显示高度数据，但该数据是无效的。大部分GPS不仅能以经/纬度（LAT/LONG）的方式显示坐标，而且还可以用UTM（Universal Transverse Mercator）等坐标系统显示坐标。一般常用的还是LAT/LONG系统，这主要是由所使用的地图的坐标系统决定的。坐标的精度在SA系统（Selective Availability是美国国防部为减小GPS精确度而采取的一种措施）打开时，GPS的水平精度在100~50米之间，视其所接收到的卫星信号的多少和强弱而定。若GPS指示已经到达，那么四周看看，应该在大约一个足球场大小的面积内发现目标。在SA关闭时（目前是很少见的；据悉，美国政府计划将来取消SA），精度能达到15米左右（某些GPS性能介绍中给的精度是no SA值，是无依据的）。精确性会由于系统结构的原因更差些。经纬度的显示方式一般都可以根据自己的爱好选择，一般有"hddd.ddddd""hddd*mm.mmm""hddd*mm""ss·s"（其中的"*"代表"度"，以下同）。地球子午线长 39 940.67 千米，纬度改变 1°相当于改变 110.94 千米，1′相当于 1.849 千米，1″相当于 30.8 米；赤道圈是 40 075.36 千米，北京地区在北纬 40°左右，纬度圈长为 40 075*sin（90°-40°），此地经度的 1°相当于 276 千米，1′相当于 1.42 千米，1″相当于 23.69 米。你可以选定某个显示方式，并把各位数字改变一一对应地面移动多少米记住，这样能在经纬度和实际里程间建立起大概的对应。大部分 GPS 都有计算两点间距离的功能，可给出两个坐标间的精确距离。高度的显示会有英制和公制两种方式，进 GPS 的 Setup 页面，设置成公制，这样速度、距离等其他的显示也都会成公制的了。

2. 路标

GPS 内存中保存的一个点的坐标值。在有 GPS 信号时，按一下"MARK"键，就会把当前点记成一个路标，它有个默认的一般是像"LMK04"之类的名字，你可以修改成一个易认的名字（字母用上下箭头输入），还可以给它选定一个图标。路标是 GPS 数据核心，它是构成"路线"（见3）的基础。标记路标是 GPS 主要功能之一，但是，也可以从地图上读出一个地点的坐标，手工或通过计算机接口输入 GPS，成为一个路标。一个路标可以将来用于 GOTO 功能（见5）的目标，也可以选进一条路线 Route（见3）作为一个支点。一般 GPS 能记录 500 个或以上的路标。

3. 路线

路线是 GPS 内存中存储的一组数据，包括一个起点和一个终点的坐标，还可以包括若干中间点的坐标，每两个坐标点之间的线段叫一条"腿"（Leg）。常见 GPS 能存储 20 条路线，每条线路 30 条"腿"。各坐标点可以从现有路标中选择，或是手工/计算机输入数值，输入的路点同时作为一个路标（Waypoint/Landmark）保存。实际上，一条路线的所有点都是对某个路标的引用。例如，在路标菜单下改变一个路标的名字或坐标，如果某条路线使用了它，你会发现这条路线也发生了同样的变化。可以有一条路线是"活跃"（Activity）的。"活跃"路线的路点是导向功能的目标。

4. 前进方向

GPS 没有指北针的功能，静止不动时它是不知道方向的。一旦动了起来，就能知道自己的运动方向。GPS 每隔 1 秒更新一次当前地点信息，每一点的坐标和上一点的坐标一一比较，就可以知道前进的方向，请注意这并不是 GPS 头指的方向，它是不知道自己的脑袋和运动路线是成多少度角的。不同 GPS

关于前进方向的算法是不同的，基本上是最近若干秒的前进方向，所以，除非已经走了一段直线并仍然在走直线，否则，前进方向是不准确的，尤其是在拐弯的时候，会看到数值在变个不停。方向是以多少度显示的，这个度数是手表表盘朝上，12点指向北方，顺时针转的角度。有很多GPS还可以用指北针和标尺的方式来显示这个角度。一般还同时显示前进平均速度，也是根据最近一段的位移和时间计算的。

5. 导向

导向功能在以下条件下起作用：

（1）以设定"走向"（Goto）目标："走向"目标的设定可以按"GOTO"键，然后从列表中选择一个路标。以后"导向"功能将导向此路标。

（2）目前有活跃路线（Activity Route）：活跃路线一般在"设置""路线"菜单下设定。如果目前有活跃路线，那么"导向"的点是路线中第一个路点，每到达一个路点后，自动指到下一个路点。

在"导向"页面上部都会标有当前导向路点名称（"Route"里的点也是有名称的）。它是根据当前位置，计算出导向目标对你的方向角，以与"前进方向"相同的角度值显示。同时显示离目标的距离等信息。读出导向方向，按此方向前进即可走到目的地。有些GPS把前进方向和导向功能结合起来，只要用GPS的头指向前进方向，就会有一个指针箭头指向前进方向和目标方向的偏角，跟着这个箭头就能找到目标。

6. 日出日落时间

大多数GPS能够显示当地的日出、日落时间，这对计划出发/宿营时是有用的。这个时间是GPS根据当地经度和日期计算得到的。这个时间是指平原地区的日出、日落时间，在山区因为有山脊遮挡，日照时间根据情况要早晚各少半个小时以上。GPS的时间是从卫星信号得到的格林尼治时间，在设置（Setup）菜单里可以设置本地的时间偏移，对中国来说，应设+8小时，此值只与时间的显示有关。

7. 足迹线

GPS每秒更新一次坐标信息，所以可以记载自己的运动轨迹。一般GPS能记录1 024个以上足迹点，在一个专用页面上，以可调比例尺显示移动轨迹。足迹点的采样有自动和定时两种方式：自动采样由GPS自动决定足迹点的采样方式，一般是只记录方向转折点，长距离直线行走时不记点；定时采样可以规定采样时间的间隔，如30秒、1分钟、5分钟或其他时间，每隔这么长时间记一个足迹点。在足迹线页面上可以清楚地看到自己足迹的水平投影。你可以预置开始记录、停止记录、设置方式或清空足迹线。"足迹"线上的点都没有名字，不能单独引用，查看其坐标，主要用来画路线图（计算机下载路线）和"回溯"功能。很多 GPS 有一种叫做"回溯"（Trace Back）的功能，使用此功能时，它会把足迹线转化为一条"路线"（Route），路点的选择是由 GPS 内部程序完成的，一般是选用足迹线上大的转折点。把此路线激活为活跃路线，用户即可按导向功能原路返回。要注意的是，回溯功能一般会把回溯路线放进某一默认路线（比如 Route0）中，看你的 GPS 说明书，使用前要先检查此路线是否已有数据，若有，要先用拷贝功能复制到另一条空路线中去，以免覆盖。回溯路线上的各路点用系统默认的临时名字如 "Tool" 之类，有的 GPS 定第二条回溯路线时会重用这些名字，这时即使你已经把旧的路线做了拷贝，由于路点引用的名字被重用了，所以路线也会改变，不是原来那条回溯路线了。请查看 GPS 使用说明书，并试用，以明确各种功能。有必要的话，对于需要长期保存的 Trace Back 路线，要拷贝到空闲路线，并重命名所有路点名字。

（二）GPS 的使用方法

GPS 比较费电池，多数 GPS 使用 4 节碱性电池，一直开机可连续用 20~30 个小时。说明书上标注的时间不是很准确，长时间使用时，要注意携带备用电池。大部分 GPS 配有永久的备用电池，它可以在没有电池时，保证内存中的各种数据不会丢失。由于 GPS 在静止时没有方向指示功能，所以，同时带上一个小巧的指北针是有用的。标记路标时，GPS 提供一个默认的路标名，比如 LMK001 之类，难于记忆；虽可改成一个比较好记忆的名字，但一是输入不方便，用上下箭头选字母很费劲，二是一般只能起很短的英文名字，比如 6 或 9 个字母，仍然不好记。所以最好再带上一个小的录音机/采访机随时记录。

1. 有地图使用

GPS 与详细地图配合使用时，效果最好。但是，国内大比例尺地图并不常见，GPS 使用效果受到一定限制。如果有目的地附近的精确地图，则可以预先规划路线，先在地图上规划，制定行程计划，可以按照路线的复杂情况和里程，建立一条或多条路线（Route），读出路线特征点的坐标，输入 GPS 建立路线的各条"腿"（Leg），并把一些单独的标志点作为路标（Landmark/Waypoint）输入 GPS。GPS 手工输入数据，是一项相当烦琐的事情，请想一下，每个路标都要输入名字、坐标等 20 多个字母、数字，每个字母、数字最少要按十几次箭头才能出来。这就是有人舍得花很多钱来买接线和软件，用计算机来上载/下载数据的原因。带上地图行进时，一是利用 GPS 确定自己在地图上的位置，二是按照导向功能指示的目标方向，配合地图找路，向目标前进。同时，一定要记录各规划点的实际坐标，最好再针对每条规划路线，建立另一条实际路线，即可作为原路返回时使用，又可回来后作为实际路线资料保存，供后人使用。

2. 无图使用

这是更为常见的使用方式。

(1) 使用路点定点：常用于确定岩壁坐标、探洞时确定洞口坐标或其他如路线起点、转折、宿营点的坐标。用法简单，MARK 一个坐标就行了。

找点：所要找的地点坐标必须已经以路标（Landmark/Waypoint）的形式存在于 GPS 的内存中，可以是以前 MARK 的点或者是从去过的朋友那里得到的数据，手工/计算机上载成的路标数据。按"GOTO"键，从列表中选择目的路标，然后转到"导向"页面，上面会显示离目标的距离、速度、目标方向角等数据，按方向角即可。

(2) 使用路线输入路线：若能找到先行者记录的路线信息，就可把它们输入 GPS 形成路线，或者（常见于原路返回）把以前记录的路标编辑成一条路线。

路线导向：把某条路线激活，按照和"找点"相同的方式，"导向"页会引导走向路线的第一个点，一旦到达，目标点会自动更换为下一路点，"导向"页引导走向路线的第二个点……若偏离了路线，越过了某些中间点，一旦再回到路线上来，"导向目标"会跳过所绕过的那些点，定为路线上当前位置对应的下一个点。

(3) 使用回溯功能：回溯功能实际是输入路线（Route）的一种特殊方法，它在原路返回时十分好用。

3. 使用经验与方式

首先，把坐标显示格式设为"hddd.ddddd"形式，这样经度最低位数字变 1，对应东西向移动了 0.85 米，纬度最低数字变 1，对应南北方向移动了 1.1 米。另外，对于携带采访机者，标记路标后不改变其默认名字，而是录音记录这个路点名字、时间和地点描述。在一条路线的起始处标记一个路点，清空以前标记的"足迹点"，设置"足迹线"记录方式为自动，一直开机，在路线转折处、有明显地面标志处及其他需要标记处标记路标（Waypoint），并做录音说明。到达营地，标记营地，用"回溯"功能，把当日"足迹线"存成一条路线，并把此路线做拷贝。更名（Rename）所涉及的各个路点的名字也应拷贝，以免此路线被下次"回溯"冲掉。如果并不原路往回返，取消"回溯"路线的被激活状态（回溯路线自动被激活）。再把"足迹点"的形状抄到纸上，关机。第二天出发时，仍然按前一天出发时一样操作。如果是沿原路返回，那么激活前一天设的回溯路线，并结合沿途定的路标点，使用导向功能返回。行程结束回到城里后,根据录音,把 GPS 记载的数据整理成路线描述文件保存,以后他人就可以使用这组数据走这条路线了。

第三节 丛林穿越与攀爬

一、野外行走

1. 野外行走简易测距的方法

目测法:标准身材的人,其一复步多为 0.75 米(两步为一复步)。从站立点至目标,量出复步数后乘以 1.5,结果即为两点间的距离。

跳眼法:两脚分开与肩同宽,右臂水平抬起自然向前方伸直,竖起右手拇指,闭左眼,通过拇指瞄向目标点 A,然后保持姿势不变,再闭右眼睁左眼,通过拇指瞄向一个新的目标 B,估计出 A、B 两点的间隔,再乘以 10,即为站立点至目标的大概距离。

2. 团体行进

当团体行进时,应有效地组织好团队,不可散漫拖拉。组织形式应固定,不要随意组合,固定的组织形式易于发现有无掉队者,便于帮助遇困者。在白天出发之前,简便讨论一下行动路线、可能的障碍和某些特殊情况的处理。

分工负责:一人负责侦察,选择最佳路线,避开死道、松动岩石的坏路等,同时还应能找到通过下坡的最好的路。另有一人负责进一步落实侦察结果,还应预先通知大家绕开障碍物,保持正确的前进方向。其他人应经常替换他们,因为引路者的工作尤其辛苦。其余的人应注意搜寻可食性植物及其果实。每个成员都应负责注意紧跟自己后面的一名成员不要掉队。有些人应负责有规律地检查装备,特别是在趟越河流或通过极其险峻之地时,领队需密切注意每个成员的表现。恶劣天气下尤其要小心,如果必须夜间前进,就不能随便分散。通常队列中前部成员容易脱离队伍,后面的人更要注意向后观察掉队者。第一位侦察人员爬过障碍物,第二位注意观察他的指示,然后告知其余人相对较容易的路线,团队成员紧随其后。如果大家都知道预定的目的地,而且沿途有许多明显的地形特征可以参照,即便紧急情况下相互失散,成员们也应知道如何重新聚集归队。成员们应注意携带各种必需品,随时留意沿途合适的庇身之地——如果天气突然变糟,可以撤回躲避一下。

3. 行走的技巧

出发前最好准备一个手杖,不仅能减少旅途的劳累,还可以作为防身武器，用来驱赶某些野兽。

在平地行走时，应保持匀速。特别是刚开始出发时，应避免走得太快而造成疲劳，使情绪低落，影响后面的行程。要注意有规律地休息，平均每走30~45分钟应休息5~10分钟，坐下来与队友聊天，放松一下紧张的情绪，必要时，调整各自的负荷，以便更舒适一些。

上坡时身体前倾，步伐小，可采用"八"字形步伐并保持匀速前进。

下坡时身体后倾，步伐小，可采用内"八"字形步伐，适当加快速度。

上、下很陡峭的山坡可采用侧身走，或采用"之"字形路线横向行走，必要时借助安全绳。

4. 夜行

在未知地域夜间行进会是非常危险的，但在紧急情况下很可能也是必需的——例如沙漠地区，夜间行进就会更舒服一些。

夜间很少会是漆黑一团，对人来说，室外夜视能力并非完全退化消失，但由于不能清楚地看清物体，往往很容易偏离方向。指北针指示方向，有利于帮助人们消除恐惧。在夜间，树林中会比开阔地要更暗一些，因此，应尽可能沿开阔地行进。

夜间观察物体最好观察它的边缘和轮廓，黑暗的中央部分很难看清。

一旦眼睛适应了黑暗，夜视能力会越来越强，这个过程一般需要30~40分钟。但其后要避免亮光刺激，否则恢复这种能力又得需要相当长的时间。如果必须要用亮光，可以先捂住一只眼，这样至少可以保持这只眼的夜视能力不消退。再比如需要查看地图时，用红色滤光片覆在手电筒前面，会有助于维持夜视能力。

在黑暗中听觉、嗅觉会很有用。例如倾听河中流水的声音，可以估计出它的流速；黑暗中对草木的气息更敏感，会有助于相似气味的鉴别。

黑夜里应缓慢前进，重心前移之前应试探一下。如果是下坡则可以拖着脚走。

二、复杂地形穿越

1. 穿越丛林

在野外，穿越丛林是件很困难的事，因为穿越丛林时，人的视线会被茂密的树林所遮挡，很难辨别方向和自己的方位，而容易陷入迷路、迷向的困境。因此，穿越丛林时应特别注意两点：一是方向要正确，最好配备指北针和地图，以免走错方向；二是相互之间的联系要频繁，如果有无线电通信系统最好；若没有，必须灯光联络或声音联络；相互间距离不能拉得太大，避免过于分散。

在浓密的丛林中，如果原来没有路，就得砍出一条道路来。注意砍伐时让树木倒向路的两旁。不要留下尖桩，如果有人倒下去或踩在上面，锋利的尖桩会扎伤人甚至会致命，各种藤本植物通常可砍断，砍出一条路来。

丛林草木中经常会有许多棘刺，得小心躲闪，避开周围的植物，如果忽略它们勇往直前，只会变得更糟。各种攀缘种棕榈，例如，马来西亚人称之为"等一会"的植物，腋处生着鱼钩状的倒刺。不要强忍着撕开"等一会"藤林——这会让人遍体鳞伤。由此，也就知道它的鼎鼎大名的由来了！

将脚部包裹保护好，免被棘刺伤、被毒蛇或沙蚕咬中。不时停下来除去寄生者。超过一小时，咬附在皮肤上的沙蚕就会引起感染。

如果碰到高草地区或藤蔓交织的丛林，就要用砍刀开路。对于藤蔓挡道，横向的应"两刀三段，拿掉中间"，直的则"一刀两断，拨开就算"；对于高草区，特别是高过人头顶的，用刀开路的方法是"不过头，分两边，从中走；不见天，砍个筒，往里钻"。当然，此时指北针仍是重要的导向工具。如果草不密，那就可以"高草分，低草压"。

2. 穿越山地

在山地和多山地区，最好沿高地行走，这样会更易于把握方向，也易于前进。河流两岸会有悬崖峭壁，河水落差会很大，河中石块圆滑，赤脚过河会相当困难。找到适宜过河的地方，不要在水中浪费时间，要疾步快行。

利用山嘴翻越山谷，到达脊岭。如果毫无遮蔽，夜间还得回到下面露营和找水。沿着山嘴观望，你的视野会相当宽阔。

沿着穿越崇山峻岭的河流行走是没用的。如图10-3-1所示地形。可以先从山谷爬至图10-3-1ⓐ处，沿着山岭前行（图10-3-1中箭头所示）可以避开攀爬险峰。在图10-3-1ⓑ点暂停，可以下山补充水，也可以提供庇身之所，但不可避免地要露营在光秃秃的山岭上。当心水的消耗以及自己逐渐衰退的精力，在耗尽它们之前要找好休息场所。如果沿途可以找到露营地和水源，就没必要退到谷底了。这样不仅节省能量，而且山岭比谷底也会相对温暖一些。小块冷空气通常会降入谷底。如果带有水和露营材料，可以直接在高地上寻找最佳露营点。沿着山脊前行，直至河流变宽，山谷向外扩展延伸处降至宽阔的谷底，重新回到河流的边缘位点图10-3-1ⓒ。

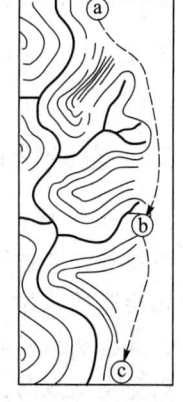

图10-3-1　穿越山地

3. 穿越险坡

在高原和山地，可能会遇到冰雪，即使没有冰雪覆盖，那些松软易崩的岩石、险峻的陡坡和悬崖峭壁在前行中也可能不可避免，而这会相当危险。

通过险坡时采用之字形路线。在变换方向时，用上坡的脚法，这样可以避免双腿交叉，不会失去平衡。在攀爬险坡起步时双膝紧靠。这样可让腿部肌肉更轻松一些。

下坡时，双膝弯曲，尽可能沿直线下来。如果速度太快，可坐下来暂停一下再走。应尽量避开松软的山麓碎石。但如果必须通过，下坡时脚跟着地下踏，身体后仰会有好处。在重心移动前要确定落脚点是否可靠，不要直接踏在险坡的岩石或圆木上，它们可能会发生移动碰伤自己。

对于有经验者来说，从松软之地向下走时可跳跃行走，即后脚跟着地向前滑动，前提是下面没有突然的断层或落差。双脚平行，双臂张开，使自己平稳地滑行。当速度增加时，脚下灰尘会扬起，会逐渐失去控制而跳起来，应停下重新开始。如果山坡太险，应放弃这种方法——沿绳滑下法是个解决之道。

4. 穿越雪地

雪坡行走不是"三点"支撑，而是仅靠一只脚支撑身体重量。但可以使用冰镐，作为身体平衡的辅助工具。穿越雪地有4种方法：直线攀登、斜线攀登、直线下降、水平横渡（图10-3-2）。

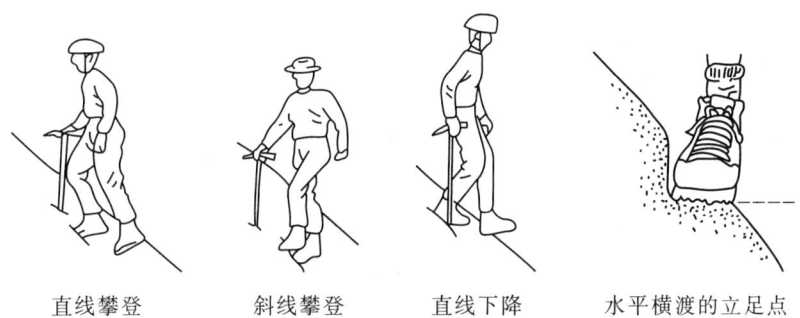

直线攀登　　　斜线攀登　　　直线下降　　　水平横渡的立足点

图10-3-2　穿越雪地的4种方法

（1）直线攀登：在陡坡或在冰面较厚的坡面上行走。利用鞋尖部分，用力踢入冰雪面，使之形成水平支点向上攀登。直线攀登技术要领是：迈出脚的脚尖朝下，用脚前端沿水平线而垂直冰面方向用力踢入冰雪面。身体重心随着脚的左、右倒换而相应的左右移动。踢入时，开始应用力踢，使鞋底的1/2没入冰雪层中。攀登的步幅要小。如坡度较陡，脚踝难以承受，可采用"八"字式踢入向前行走，即将脚尖稍稍向外展开。

（2）斜线攀登：斜线攀登时，靠近冰雪坡一侧的脚趾向着前进方向，以脚底的前端踢进山坡的冰雪里，蹬踏脚的外侧稍用力，下侧的脚与水平面平行。在沿斜线向上行走时，由于左右脚的高度不同，所以要屈膝踢上侧脚。在坡度较陡时，下侧脚可与上侧脚一致。

（3）直线下降：这是冰雪坡行走中最难的技术。要领是：将迈出脚的脚尖朝上，脚跟负荷整个体重。迈出腿的膝部稍稍弯曲，微微挺胸，腰稍向前，垂直站立。上体放松，下肢紧张，踏脚有力，身体重心转移及时。步幅要小。要注意的是，身体重心不要随前脚下踩而前移，身体要直，不要向前倾，因为身体前倾时脚跟负荷不充分，易向前跌倒。因此，人在下降时，一定要保持正确姿势，步伐平稳，有节奏，必要时要能迅速停下来。

（4）水平横渡：水平横渡时，靠近雪坡一侧的脚一定要紧贴坡面，水平用力横踢，使脚切入冰雪面，双脚都要与行进方向水平。横渡时步幅要小，下侧脚的踢入动作不宜过大，过大会使身体摆动而失去平稳。踢冰雪时要以腰部为轴，小幅度地用力踢，要保持身体直立，不要向山坡倾斜，向山坡倾斜会因脚下打滑而失去平衡。

5. 穿越沼泽

如果不可避免要穿越沼泽地带，尽量把落脚点选在簇生草木上。陷入泥沼时，别试图向上跳，应迅速采取俯泳姿势，靠向牢固地点。身体贴着地表展开，使身体的承重面积大大增加。

三、野外渡河

1. 穿越河流

河流上游通常水流湍急，河道狭窄。两岸可能陡峭崎岖、怪石林立，但一般还是能够找到适合渡河的地点的。河道较窄的上游，趟水过河也许可行——但首先要用撑竿试一试河水的深浅。若深应放弃趟水过河；若浅要找到落脚的岩石，也可人为地放置石块，帮助自己趟过河去。

团队探险时，也许有人能够直接跳越狭窄的河谷，或者利用水中的岩石穿过溪流。但如果是团队穿越溪流非常困难，千万不要冒险从事，万一从圆滑的岩石上摔倒很容易扭伤脚踝。

河流三角湾处通常波涛汹涌，河面也很宽，有些河流甚至会受潮汐影响，不要在该处穿越。除非有木筏或浮艇，否则还是向上游前进，寻找适合穿越的河段。

在宽阔河面，尤其是靠近入海口处，即便拥有木筏与浮艇，也不要轻易穿越。很可能会被河水冲走，从而离期望到达的对岸越来越远。不过这也得根据实际情况——水流和风浪对航行的影响程度而定。

如果水温过低，不要轻易做出趟过河去的决定。可以制作木筏，当到达彼岸时，只是湿了双脚，应及时生火烘干。如果河水很浅，仅会弄湿鞋袜时，你才可以考虑趟水过河。

2. 趟水过河

即便河流相当宽广，也会有相对狭窄的某段河道，适合趟过河去。但决不要低估了难度。砍一根树棍，以帮助你维持平衡和探水的深浅，直接面对水流方向穿越过河，这样会减少被河水冲走的可能。将裤腿卷起，高出水面，可以减少阻力；或者直接脱下来。穿上靴子会比光脚更易于控制平衡。解开背包的腰绳，当你滑倒很危险时，立即挣脱它。

背对对岸，身体与河道有一个倾斜角，水流会帮助你向对岸移动。步距不可过大，应拖着脚走。用棍棒试探河水深浅，探测落脚点是否可靠。

3. 团体趟河

团队成员集体趟水过河时，应由能力最强者领队，大家沿线依次前行。后者抓住前者腰部衣物，慢慢向前移动，尽可能减少水流的阻力。

另外，所有队员可以手拉手排成一列，或共同抓住一根长篙或棍木以保持队列，可以面对着河岸慢慢向前移动。只有第一位成员身侧直接阻挡水流，减少了水对集体的阻力。集体也为每个成员提供了平衡保证。

河面上水流的形状能提供许多有关水底的信息。水下有岩石或其他物体阻碍时，水流会形成"V"字形纹（图10-3-3a）。某处波纹总是凸起，表明它水底有巨砾或圆石，使水流向上偏斜（图9-3-3b）。靠近水面的水下障碍物会在其下游产生漩涡。如果一块巨型圆石挡在向下倾斜的河床上，这些涡流会产生强有力的回旋，将下游的物体包括游泳者吸住。它们是相当危险的（图10-3-3c）。

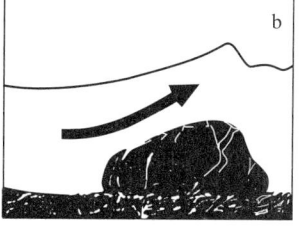

4. 利用漂浮物过河

过河时，油箱、塑料瓶、圆木，任何能够漂浮的物品都可加以利用。还可用衣物、填充防水袋，里面留下充足的充气空间，系住袋口，打折后再系紧，可用来帮助漂游。趴在漂浮物上，双脚游动，向前推进。

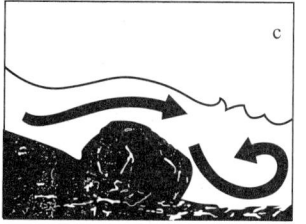

图10-3-3

若有防水布也可以利用。用嫩树枝和稻草堆积在布中央，防水布四角拉紧，捆扎严实，以便产生更多的充气空间。再在上面堆上衣物和轻巧装备，漂浮过河。

5. 溯溪

（1）溯溪前的准备。

① 参加溯溪运动之前，要有充分的物质准备与心理准备，其中体能锻炼是最重要的。溯溪运动中会遇到种种困难障碍，都需要以自己充沛的体力和技能去克服；同时，溯溪运动又是一项综合性探险运动，因此，对参赛者的体能要求很高。一般在筹划进行溯溪运动前几个月，参加者就应有针对性地进行必要的体能锻炼。

② 事先准备好详细的溯溪地区的地形图。溯溪图是根据峡谷溪流的地形特征绘制的溯行路线，一般以 1：50 000 比例的地形图为宜，地图必须显示主要的地形特征，如岩石堆、瀑布、峭壁、深水潭及危险地带、绝路等。使参加者尽早对所要去的地区有所了解。

（2）溯溪的基本技能。

岩石堆穿越：峡谷溪流中有许多滚石、岩块，由于湿滑，很难行走。因此要看准落脚点，踏稳每一步，避免因滑而跌倒被湍流冲走。

横移技术：溯溪运动中经常会遇到岩壁瀑布下深水潭阻挡住去路，必须由两岩根处横移前进。此时，水潭就在脚下，岩石上的支点隐藏在水中，湿滑不易落脚，应以脚探测摸索，找准支点后再前进，若特别困难，则可涉水或泳渡。

涉水泳渡：涉水泳渡时，必须判断清楚水流情况，是湍急，还是浅缓，是否有暗流或旋涡，必要时可借助于绳索的帮助与保护。

相关器材的使用方法：对相关器材的熟练使用是溯溪运动中安全的最大保证，特别是对绳索、绳结的熟练使用。因此，熟悉这些器材的使用方法是溯溪运动成功的关键之一。

四、搭绳过涧

利用绳索过河：如果有绳索帮助，趟水过河会更加安全——但是环状绳索应有三倍于河宽的长度。团队成员也不能少于三人。两人在两端拉紧绳索，第三人拉着绳索过河，遇到危险时，可以迅速拖人上岸（图 10-3-4）。

能力最强者第一个过河。过河者将自身安全绳系在绳索上。其他两人在其过河时控制绳索的安全，如果过河者滑倒，可以在另两人帮助下控制住局势（图 10-3-5）。

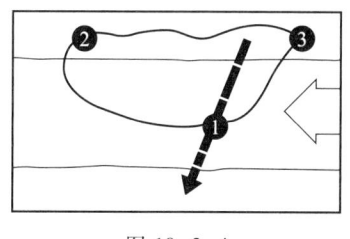
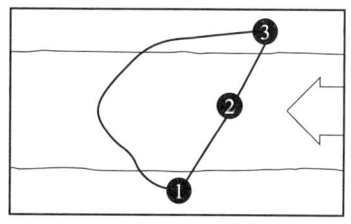

图 10-3-4　　　　　　　　　　图 10-3-5

第二位上岸后，第三位系上安全绳，在前两位的控制下过河。

爬行高绕：有时途中会遇到地图未标出的不明障碍，如突然出现的绝壁，在其他方法不能实现的情况下，可以采取绕行，从高处绕过的方法，但必须对方位和去向有正确的判断。

五、野外穿越攀爬技能

（一）野外攀登

1. 攀登的原则

保存体力：把整个身体重心落于双脚，而不是放在上身或者双臂上，只有这样才能够做到迈步轻松自如，并注意观察脚下迈步的位置。在攀登岩石时，始终要与整个岩石表面保持亲密接触状态。前进步伐应当缓慢而有节奏，保持双脚着地的状态。

2. 攀岩的技巧

拉：抓住前上方牢固支点，用力下拉，引体向上。

撑：利用台阶、缝隙或其他地形，以手掌和小臂支撑身体向上或向左右移动。

推：利用侧面、下面的岩石或物体以手臂推的力量使身体移动。

靠：利用能够容纳身体的裂缝，用背部靠住一侧岩面，用四肢顶住对面岩石，使身体上移。

胀：将手伸进缝隙里，用弯曲手掌或握拳，以此抓住岩石的缝隙并移动身体。

蹬：用前脚掌内侧或脚趾的蹬力把身体支撑起来，减轻上肢的负担。

跨：利用自身的柔韧性，避开难点，以寻求有利的支撑点。

挂：用脚尖或脚跟挂住岩石，维持身体平衡使身体移动。

踏：利用脚前部下踏较大的支点，减轻上肢的负担，移动身体。

3. 徒手攀登

徒手攀登是利用自然支点和人工支点向上攀登。又可分为身体姿势、手臂姿势、脚的动作和手脚配合4个方面。

身体姿势：在攀登过程中要放松，以三个支点稳定重心，而重心要随攀登动作的转换而移动，这是攀登能否稳定、平衡、省力的关键。

手臂姿势：手臂的动作是手在攀岩中抓住支点、维持身体平衡的关键，手臂力量的大小直接影响着攀岩的质量和效果。它要求第一指关节用力扣紧支点的同时，手腕要紧张，手掌贴在岩壁上，小臂也要随手掌紧贴岩壁而下垂。在引体时，手指有下压抬臂动作。

脚的动作：要领是两腿外旋，大脚趾内侧贴紧岩面，两腿微屈，以脚踩支点维持身体重心平衡。在自然岩壁支点大小不一和方向不同的情况下，要灵活运用。

手脚配合：这是熟练应用攀登技术的基础。它首先要练好上肢力量，再配合以脚踝、脚趾以及腿部的力量，使身体重心随着用力方向的不同而移动，这样手脚动作的配合就可以协调自如了。

4. 利用器械攀登

上升器攀登：攀登者用双手各握一只与双脚连接的上升器，并将它们卡住在主绳上与双脚配合，不断沿主绳上升。

抓结攀登：在没有上升器的情况下，利用两根辅助绳相继向上攀登的方法。它要求动作协调，要有节奏，并维持好身体平衡。

挂梯攀登：这是一种在天然岩石上攀登使用的方法。就是将准备好的挂梯交替向上挂于相应的支点上，攀登者利用挂梯做支点向上攀登。

缘绳攀登：是在攀登小于90°的岩壁和陡坡时使用的方法。其要领是在上方固定好主绳的一端，将另一端扔到下方，攀登者双手抓绳，脚蹬岩石壁而上。拉紧主绳后屈臂而上，一手迅速上移，另一只手握紧主绳，两脚随着屈臂引体，及时用力向上攀登。

5. 双人结组攀岩

双人结组攀岩是遇到路线较长，一次攀登有困难的时候，可采用两人结组交替保护的攀登方法，但要注意两人的配合一定要默契。

（二）下降技术

在45°以下的坡面下降，因危险较小，一般不需要特殊的装备和技术，可在冰镐的辅助下自然进行。

在45°以上的陡坡、峭壁下降，则必须有一定的装备和技术。

1. 三点固定下降法

三点固定下降法，所用工具简单，便于在广大群众中开展。其方法是利用双手、双脚握或蹬牢三个支点，然后移向第四个支点。这种下降法比三点固定攀登法更加困难，因此一定要设上方固定保护。

2. 利用器械下降

利用器械下降是最常用的一种下降方法。原理是利用主绳同连接在身体上的一定器械之间的摩擦，减缓并控制下滑速度，从而达到下降目的。

（1）利用下降器下降：将主绳一端固定在峭壁顶部，另一端抛至下放方；下降者在腰部系好安全带，腹前挂好铁锁，然后将主绳按"八"字形缠绕于下降器上；再将下降器和铁锁连接；下降者左手握主绳上端，右手在胯后紧握从下降器穿绕出来的主绳。下降者面向岩壁，两腿分开约成80°角，登住崖棱，身体后坐，使躯干与下肢约成100°角，将上方主绳搭于崖棱上之后，便可开始下降。

这种方法的下降动作要领是：下降时两腿分开，手拉主绳，将左手上方的绳子搭于崖棱后，左右脚上下支撑，用前脚掌蹬住岩壁，开始下降，先臀部后坐，同时右手松绳，两脚随身体的下降迅速向下移步，使之始终保持身体的平衡；右手松绳两脚迅速向下移动，要协调配合，并要有节奏。由于两脚呈上下支撑，身体向右侧倾斜，这样不但便于移动，而且可观察下降路线。下降速度的快慢主要看右手松绳的多少。快松绳就要快倒脚，下降速度也就加快，一旦要停止下降，右手只要将主绳拉紧，就可以即刻停下来。

（2）单环结下降：在没有下降器的情况下，可用铁锁和单环结连接，代替下降器。这种下降方法和动作要领与利用下降器下降的方法相同。

3. 绳降法

（1）坐绳下降：这种方法是利用主绳与身体的直接摩擦而下降的。坐绳下降首先要进行准备动作，面向固定绳端，两腿夹住上方固定好的主绳，将身后的主绳沿右腿外侧绕至前面，经腹、胸、左肩至背后，拉至右侧，用右手在胯后将其握住，握绳时虎口向上。

下降方法及动作要领与环结下降基本相同。此方法适宜在只有主绳的情况下采用。下降时，应身着较厚的而耐磨的衣服，一定要熟练掌握动作要领，维持好身体平衡。经右大腿根部的主绳不能移位或脱离，右手始终握住主绳，随身体下降逐渐松动主绳。下降速度不宜过快，要有节奏。

（2）缘绳下降：在坡度近于90°时，可采用缘绳下降法。这种方法简单易学，只要一条主绳就可进行下降操作。

将主绳在陡壁上方固定，余下的主绳扔至崖下，下降者在主绳上打好抓结，另一端与腰部安全带上的铁锁连接。抓结到连接处的距离不能过长，也不能过短，以臂伸开能抓住结为限。下降者面向固定点，两腿分开站到崖棱时一定要拉紧主绳，并握住抓结，方可开始下降。

下降的方法与要领：沿主绳依次向下倒手，在倒手时一手先将抓结捋下，两脚随着双手的下移，也同时向下倒步，前脚掌尽量踩住突起的岩石或棱角，以便减轻手臂的负担，倒手和移步要协调配合，要有节奏，两腿稍分开，以便使身体保持平衡，防止东倒西歪。倒手时握主绳的手一定要抓紧。臂长不够倒手有困难时，也可双手沿绳下滑，注意速度不能过快，防止擦伤。

第四节　海上求生

在大海中，如果落水者不能得到及时救助，生命就会受到严重的威胁。人们发现，有人在获救前能在海中支撑较长时间，而另一些人则早早死于非命。这固然有个人体质差异原因，但更重要的是他们所采取的防护自救手段不同。

海上求生必须具有一定的求生知识、有效的求生设备和坚强的求生意志三个基本条件，这三个基本条件也称为海上求生三要素。

一、海上求生知识

海上求生知识一般包含落水者对海上求生危险的认识和应对、海上自救技能的应用、海上救援方法三个方面。

1. 海上求生的危险因素

（1）潮汐。世界上大多数地方的海水每天都有两次涨落。白天海水上涨叫"潮"，晚上海水上涨叫"汐"。引起潮汐的原因是很复杂的，但主要是由于受月球和太阳的引潮力引起的。涨潮时海浪会打得很高，容易把人卷进去；退潮时危险更大，容易把人推到离海岸较远的地方，往回游时可能因体力消耗过大而发生意外。而且落水者漂浮在海中还会受风向、海流、海潮的影响，通常一小时就可以漂浮几十海里，甚至于上百海里。漂流方向有的呈"Z"型，有的呈"S"型，无规律可循，寻找方向无确定性。落水者在海上往往只露出头部，最多只露出身体的三分之一，即使气象条件较好，肉眼观察也只能搜寻600~700米的范围，夜间能见度差，搜寻更加困难。因此，在海上自救和海上搜救时，都应当了解潮汐变化的规律，摸清涨潮退潮时间，并加以应用。

（2）溺水。溺水是指大量的水被吸入肺内，引起人体缺氧窒息的危急病症。多数溺水者四肢发凉、意识丧失，重者心跳、呼吸停止。人落水后心理紧张，拼命挣扎，杂乱无章的动作只能加速落水者沉没而造成溺水。因此，要学会在水中保持放松停留漂浮，配合有节奏的呼吸，使身体的消耗保持在最小限度，以求延长生存时间。

（3）暴晒。落水者长时间暴露于烈日之下，会皮肤发红、脱皮、水疱，严重者出现头晕、口渴、面色潮红、大量出汗、昏迷乃至死亡的现象。因此，有幸坐上救生筏的人，可用衣服或各种可利用的东西架起遮阳棚，或者遮掩身体，同时减少体力活动，耐心等待救援。

（4）低温。许多落水者死亡原因不是溺水，而是低温症。人体若长时间地浸泡在冷水中，会使中心体温下降到35 ℃以下，体内各种重要器官发生严重的功能失调。研究表明，遇难者的生存率和生存期与海水温度紧密相关。当人体温度低于35 ℃时，就会昏迷、失去知觉、血管硬化、甚至死亡。因此，如何防止落水者体温的丧失，是延长生存时间的关键。

在寒冷的情况下落水，首先，不要把湿衣脱掉。衣服吸足水后，有良好的隔热作用，有助于防止体温的迅速丧失。可能的话用衣服把头、颈、手、脚部位扎紧，既可以增加浮力，也可以保暖。其次，切忌盲目运动。运动虽可暂时增加体温，使人感到温暖，但却会加速体内热量的散失。可以采取求救姿势，双腿弯曲并拢，两肘紧贴身旁，两臂交叉抱在救生衣前。再次，若有多人落水，互相抱紧会有助于减缓体温的降低。另外，不要以为酒能暖身，在冷水中要禁止饮用含有酒精的饮料，酒精不仅不能帮助保持身体温度，反而会加速体温的散失。

（5）缺乏淡水。水是生命的源泉。只要有水，即使没有食物，人也能活4~5天，甚至10天以上。苦涩的海水不仅不能补充身体需要的水量，喝了还会加速机体的脱水。若身边携有救生淡水，要省着喝，分配一般是24小时后，每人每天0.5升。饮用要有计划，不要一口饮尽，要一小口、一小口地喝，在嘴里含一会，再润润嘴唇后慢慢咽下。同时"开源节流"，包括收集雨水、挤鱼汁等，还要注意减少不必要的活动，尤其是做无望的大声呼救，以降低能耗，防止口渴。

（6）动物侵袭。海洋中有不少生物会伤人，其中，威胁最大的是鲨鱼。鲨鱼是变温动物，水温18~28 ℃最适宜其活动，赤道两侧20°~40°纬度海域易发生鲨鱼袭人事件，夏季尤多。由于鲨鱼具有对低频振动极其敏感的侧线系统，落水者若在水中无规律扑打，易被鲨鱼发现而招致攻击；鲨鱼嗅觉灵敏，人的血腥味、分泌物味和排泄物味也易招引鲨鱼。所以，落水后应适时使用黑色驱鲨剂并尽快离开危险水域才是安全之策。此外，海蜇的触须会蜇人，海蛇也会咬人，刺毒鱼类会刺人，都得防范。同时，也不可吃不熟悉的鱼肉，以防中毒。

2. 海上自救技能

掌握和提高自救技能是海上求生的核心。海上求生时运用自救的基本技能，克服各种困境，以保障自身的基本安全，尽量延长生存时间，直至最终脱险获救。

（1）岸边、码头和礁石边落水自救技能。一旦在岸边、码头和礁石边落入水中，在水下首先要睁开眼睛，寻找有亮光的地方，选择正确的逃生路线和方向，尽快游回水面。然后，快速地游泳离开岸边和码头边，避免被船在岸边夹伤或夹死，防止回头浪拍打落水者造成二次受伤。

如果选择黑暗的路线和方向，就会越潜越深或游到船底或码头下面而出不来，造成在水下时间太长而窒息死亡。

人们在登礁或海钓时，尽可能穿登礁鞋，防止因礁石上青苔太滑导致登礁时滑倒而落入水中。同时，要根据海浪的节奏，当浪涌起时，船舶靠近礁石时，再快速登上礁石，万一发生登礁不成功落水，迅速远离礁石；然后，根据海浪情况，再次重新登陆到礁石上，避免被回头浪打到造成意外溺水事故。

（2）海滩滑倒的落水自救技能。在浅滩水域滑倒后，如果站立不起来，就容易发生溺水事故。因此，要尽可能地在浅滩水域站立起来。其动作要求首先是做低头、上体前倾，双手在身体前做抱水动作，防止身体失去平衡，同时，双脚用力向下迅速将身体站立起来，然后到达安全水域。

如果是在深水区或遇到深坑、离岸流和暗流时，首先将身体探出水面做深呼吸，然后上体后仰、身体放松地躺在水面上，采用仰漂姿势让海流带你漂流离开，或到海浪平静的深水区等待救援，或调整体力后再自己游泳回到浅水区和安全水域。

（3）海上风浪的自救技能。在海上求生游泳经常会遇到风浪。遇到台风和大风天气，尽量不要到海上去游泳，因为海浪的撞击力是很巨大的，而且台风和大风期间，潮流的速度很快，很容易使游泳者发生危险或造成体力透支现象。风浪有大有小，不过总是后浪推涌着前浪，一浪紧接着一浪。浪头起伏大，力量也大，浪的中部较平，浪尾则还有一定的回流力量。两个浪之间就是浪谷。

对付风浪，首先应沉着不慌张，并迅速判明风浪的方向和大小，正确了解风浪的特点和规律，以便掌握好呼吸节奏，学会避浪、躲浪和借浪技术。遇到大浪时，要沉着、冷静、不慌张，迅速判明风浪的方向和大小，选择游泳的路线和方向，掌握好呼吸，保持体力充沛，勇敢地面对风浪。要学会避浪技术，避免大浪直接打到游泳者的头部。当躲避了大浪的撞击后，再利用借浪技术，保持体力游向平静的海面，接近到海滩或岸边。要学会借浪技术，可以将自己的身体在海上直立起来，充分利用海浪的冲击力，将自己冲向海滩或岸边。

在顺风顺浪时，最好采用抬头蛙泳或侧泳，这样既容易观察方向，身体又比较平稳，可以节省体力。遇到风浪较大时，游泳时身体的倾斜度可以大一些，动作频率要跟上风浪的节奏，以调整呼吸与风浪之间的关系。逆风时，可采用抬头爬泳姿势向前游进，但要注意观察方向，选择合理的游泳路线，不要直接顶浪直线前进，要沿浪的边缘即斜（45°~60°角方向）游进，以防止消耗太多的体力，安全地到达目的地。

（4）暗流的自救技能。暗流出现在两支水流交汇处，它是由两条不同方向的水流互相冲击而成。所以，暗流中水的流动是不规则的。游泳时，如遇到暗流，不要潜泳，而要在水面上游，并向水流规则的水面游去。

（5）漩涡的处理。在桥墩旁、暗礁上、两股水流交汇处、大船的尾部均容易出现漩涡。漩涡的中心成凹陷形，可将人或物体卷入水底。有漩涡的地方，水面通常有垃圾、树叶等杂物在打转，随时注意或及早发现。发现漩涡最好不要接近它，如果已经接近，应顺着漩涡的外沿，用爬泳迅速游过。一般小的漩涡，漩过几圈后漩力就会减小。如果游泳者卷入旋转面很大的漩涡时，千万不可慌张，更不可使身体垂直，更不能踩水，因身体与水面垂直极易被漩涡吸入水底而危及生命。正确的方法是，立即将身体平卧在水面，用爬泳或仰泳姿势快速游离漩涡区。

3. 海上救援方法

海上救援方法应以间接救援为主，尤其要靠救生艇、救生船、救生浮漂等设备，如果需要直接救援，则需要多人配合，互相协作，避免不必要的意外事件再次发生，以达到救援的目标。

（1）呼救：采取大声喊叫方式，以引起周围人群的注意和帮助，为水上救生的成功提供外围条件。

（2）拨打电话：岸上人员或救生员应立即拨打110报警或120求救电话，通知专业救援人员或医生赶赴现场，实施紧急救援。

（3）延伸救援：即岸上救援，包含接触或以竹竿及任何能随手取得之器具的使用。尽可能地在周围环境中寻找可救援的延伸物或器材伸向落水或溺水者，借助长杆、树枝，将距离较近的落水者或溺水者救助上岸。

（4）抛掷救援：即岸上救援，将现场附近可用的漂浮器材抛给溺者，包含救生圈与绳索（袋）抛投。将可以用作浮力物品或长绳抛掷给落水或溺水者，让其抓住浮力物或长绳，借助浮力物漂浮在水中，等待救援或自己游泳回到岸边或浅滩处。

（5）划船（艇）或漂浮物救援：即救援船或板、筏等浮具，以人力或机械动力来进行救援任务，为最少风险之方法。如果条件许可，立即将海滩边或身边的小船、小艇、浮标等漂浮物划向落水或溺水者的事发地点，然后将其救助上船（或艇），返回岸边或浅滩。

（6）游泳接近直接救援：又称徒手直接救援，当身边没有任何救生器材、漂浮物，落水或溺水者离岸距离较远时，则只能采取游泳入水实施直接救援。这是救援行动中最艰难的方法，救援者必须经过专业培训，具备专门的徒手直接救援中的防卫与解脱、控制与拖带、起岸与搬运等技术。救援者必须选择恰当时机，具备良好的体能，并对现场进行评估，才能实施救援，否则应放弃直接救援，避免发生人溺我溺的二次事故。

二、海上求生设备

1. 救生衣

救生衣（图10-4-1）又称救生背心，是一种救护生命的服装，设计类似背心，采用尼龙面料或氯丁橡胶，浮力材料或可充气的材料以及反光材料等制作而成。一般使用年限为5~7年，是船上的救生设备之一。救生衣穿在身上具有足够浮力，能使落水者头部露出水面。一般救生衣都是橘黄色或者橘红色的，这样的救生衣本身就具有驱赶鲨鱼的功效。

图10-4-1 救生衣

救生衣中鲜艳的颜色或者带有荧光成分的颜色，会刺激人的视神经，使人的眼睛很容易接受且不易被其他颜色混淆，比较显眼。穿着这样的救生衣万一出了事故，就很容易被人发现，可以尽快地实施救援。救生衣按用途分为船用救生衣、船用工作救生衣和休闲救生衣；按浮力原理分为浮力材料填充式救生衣和充气式救生衣。

救生衣的使用方法：

（1）将救生衣口哨袋朝外穿在身上。

（2）拉好拉链，双手拉紧前领缚带，缚好颈带。

（3）将下缚带在前身左右交叉缚牢。

（4）穿妥后检查每一处是否缚牢。

2. 救生漂浮物

（1）救生浮漂。救生浮漂（图10-4-2）是徒手直接救援的主要辅助工具，既可以充当救援者自己的漂浮工具，又可以作为溺水者拖带的辅助工具。当救援者体力不支可以借助浮漂，在海上漂浮休息和恢复体力，当溺水者被控制后，可以作为拖带工具，一起游泳回来或借助浮标的浮力，将溺水者拖带上岸或到浅滩。

（2）救生圈。救生圈（图 10-4-3）根据材料的不同可分为充气式救生圈、泡沫救生圈和塑料救生圈。充气救生圈采用 PVC 材质制成，有塑料充气孔，携带方便，但在使用过程中容易破损；泡沫救生圈采用优质轻体泡沫材料，与充气救生圈相比，颜色鲜艳，使用时不用担心漏气，但是比较容易断裂，所以好的泡沫救生圈表面一般用彩色优质防水布料缝包，这样即使断裂也不会像一般泡沫圈断成几段，失去救生作用。塑料救生圈一般采用高密度聚乙烯为壳体，内充高密度聚氨酯闭孔泡沫塑料，颜色稳定、抗老化，一次开模成形，优点是耐用性更高，是船上常备的救生用品。

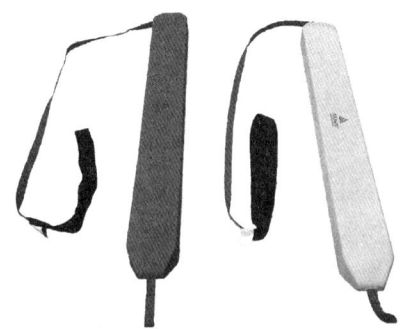
图 10-4-2　救生浮漂

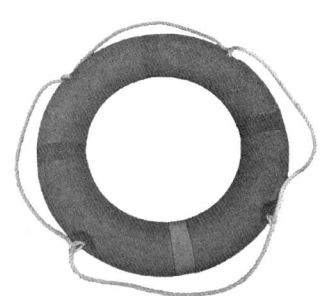
图 10-4-3　救生圈

（3）跟屁虫（随身漂）。跟屁虫（图 10-4-4）适用范围广泛，在江河湖海、公开水域、冬泳等水上场所均可使用。正常成年人头露出水面吸气需 3~4.8 千克浮力，跟屁虫一般都可提供 8~12 千克浮力，可确保水上活动时参与人员的安全。使用时，将跟屁虫绑在腰上，并调节好松紧度，以不影响水中活动为宜。

图 10-4-4　跟屁虫

跟屁虫泳包一般是双气囊设计，更具备安全性。在水上活动过程中如发现其中一个气囊漏气，可对另一个气囊充气增加浮力。跟屁虫在使用过程中舒适安全，无佩带感觉，不影响参与者在水上活动时的动作和速度。当参与者在活动过程中发生体力不支、腿脚抽筋、呛水等情况时，可立刻将泳包压入水中借助泳包浮力稍做休息，待消除不适感觉，体力逐渐恢复后，即可安全返回岸边。

使用注意事项：

① 充气饱和后放入水中用力挤压检查气囊是否漏气，如果发现气囊漏气请勿使用，确保两个气囊完好无损时方可使用。② 腰带调节：将腰带系于腰部调节好宽松度，黑色扣与腰带环连接。游泳时泳包自然漂移水面上，亦可将腰带穿过把手让泳包贴身使用。③ 保养存放：远离锋利器物，勿在阳光下曝晒，宜晾干收藏。购买时应该选择橘红色等鲜艳的颜色，活动过程中易于被人发现。

（4）抛绳器。抛绳器是水上、海上活动时的应急情况下间接救援使用的抛绳救生设备，每个抛绳器由抛射绳和抛射头组成。

根据抛射原理的不同，抛绳器一般分为手动抛绳袋、气动抛绳器和火箭式抛绳器等。手动抛绳袋（图 10-4-5）是指仅仅靠人体发力手动抛出，抛射距离一般 50 米以内，适用于近距离救援，优点是价格便宜，操作简单，可反复利用。气动抛绳器（图 10-4-6）依靠高压气体推动抛射头将救援绳抛出，抛射距离在 50~150 米之间，一般可以重复使用，无爆炸，仅由空气驱动，可在易燃区域发射。火箭式抛绳器（图 10-4-7）依靠火药等化学药品推动抛射头将绳子抛出，抛射距离在 50~300 米之间，抛射距离远，但缺点是不可以重复使用，并且不可以对易燃易爆等危险区域的受困人员进行救援。气动抛绳器和火箭式抛绳器一般用于远距离救援。

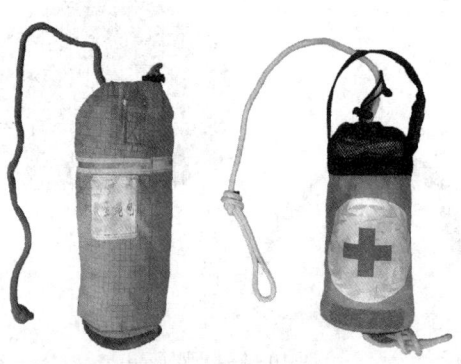

图 10-4-5　水上抛绳袋

 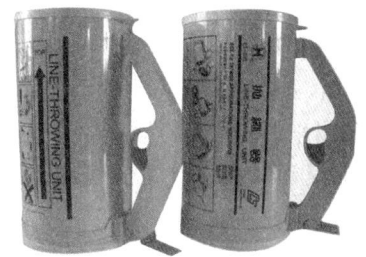

图 10-4-6　气动抛绳器　　　　　　图 10-4-7　火箭式抛绳器

（5）海浪救生板。海浪救生板（图 10-4-8）是海岛野外生存活动中海滩水域救援最常用的救生器材，是无动力救生器材中速度最快、抗风浪能力最强，并有一定的承载能力。它是单人操作救生器材的最佳选择，但操作起来有一定的难度，需要专门的训练。技术掌握的重点是对平衡的控制，技术掌握的难度在于遇到海浪时的冲浪、避浪和借浪技术的灵活运用。

（6）水上救生担架。水上救生担架（图 10-4-9）是一种充气式担架，由两边的气柱和中间气垫组成，采用高强材料热合成型，可配备脚踏泵或储气钢瓶进行充气。充气担架为软体便携式，包装体积小，重量轻，方便携带，于特殊情况下应急使用；由于使用了充气方式，担架在搬运中发生对礁岩、海岸等障碍物的撞击时，会减轻对被救护人员的冲击，从而避免对该人员的颈椎及腰椎的损伤。另外由于其漂浮性能较强不易沉没，可以减轻救援人员的负担，防止伤员溺水，方便救援。另外，充气担架也可作为水中救生垫及其他漂浮用品。

图 10-4-8　海浪救生板　　　　　　图 10-4-9　水上救生担架

3. 盛水容器

盛水容器甚至比海水淡化药剂还重要。在海中不可以直接饮用海水，因为排尿的排盐比例是固定的，喝了海水就需要排出更多的水分来排盐。在可能的情况下，喝雨水比较现实，但若没有容器这一切都难以实现。

4. 海水淡化剂

海水淡化剂可以将海水转化为淡水。将海水淡化剂加入到装海水的容器中，震荡 15~20 分钟后，容器中的海水就能变成可以食用的淡水。但由于经海水淡化剂淡化出来的淡水很有限，所以饮用淡水的时候应该谨慎，适当饮用。

5. 能量棒或者急救型压缩饼干

压缩饼干主要是提供热量。在海水中浸泡是一个缓慢失温的过程，人很容易因体温过低而死亡，所以吃些东西很必要。

6. 急救箱

急救箱内主要是处理外伤的耗材和常用药物。通常在浸泡水中的情况下，很难有效施救，但是如果有伤口，就需要及时处理。一方面，伤口浸泡在海水中会使伤势恶化；另一方面，微弱的血腥味也会引来"不速之客"。另外一个非常关键的原因是救生箱或者救生包可以提供一个空间来容纳很多其他的设备，或者用来收集生存物资。

7. 信号发放装备

海岛求生时会遇到自己解决不了又危及健康甚至生命的问题，需要向他人求救。这时，如果手上有现成的信号发送工具就会方便多了。

（1）哨子：哨子不仅可以用于队友之间的联络，也可以通过特定的声音组合发出求救信号。

（2）信号枪：通过信号枪可以发出信号弹，不同的信号弹色彩和组合代表不同的含义。但是，信号枪的使用受到一定的限制，一般适合经过有关部门批准的有组织的大型活动。

（3）气球：颜色鲜艳的气球非常引人注意，用气球发信号是一个很不错的方法。气球一般都有很好的弹性，可以用来保存怕潮湿的物品，其性能优于塑料袋，即使被扎了眼儿，用线系好后照样可以使用。另外，气球在关键的时候也可以用于装水、漂浮、捆绑、止血（弹性止血带）等。

（4）反光镜：小型的化妆镜、汽车后视镜等都可以很好地反射光线，借助太阳的光线可以向过往的飞机发出求救信号。

（5）信号灯：一种只要浸泡在水里就可以漂浮在水面闪烁的信号设备。

（6）信号棒：一般有多个发烟和发火单元，白天可以放出有颜色的烟雾，晚上可以放出高亮度的火焰。

当然，随手携带的头灯、手电等照明工具及火本身也不失为有效的信号工具。

8. 救生刀

救生刀既可以抵御危险，也是获得物质补充、处理猎物的工具。

9. 救生筏

救生筏是船舶配备用于紧急情况下脱离危险区域或从遇难船舶紧急撤离的救生设施和装备,也可作为抗洪防灾专用装备。救生筏可以让身体不用浸泡在海水中,可增加落水者生存的概率,使落水者不用直接面临脱水和失温的危险。

操作竹筏因载人不多,常用单竿进行操作,在浅海区域,可以将撑竿撑到海底控制竹筏前进、后退或转向。如在深海区域,则多用"划竿"的方式控制竹筏前进、后退或转向。"划竿"的操作方法:

(1) 持竿者站在船的中间靠后部位。

(2) 双手握竿的中间部位,一手正握,一手反握,双手间的距离为肩宽,将竿持于胸前。

(3) 以双手间的中心点为轴心,双手向前做圆周运动,使竿的两头做圆周运动,依次从竹筏、木筏两侧的前方入水后方出水,使竹筏、木筏向前运动。如要使竹筏向后运动,则双手向后做圆周运动;如要使竹筏转向,则竿的轴心不变,改变两手的高度,一手高一手低做圆周运动,让一侧竿子划水,另一侧竿子则不入水。

10. 定位设备

指北针、GPS、手表都可以成为有效的定位器材,能有效帮助落水者判断方向。

三、海上求生意志

人的意志,是人在某一环境或处境下决定要达到某种目的而产生的心理状态,通常由语言和行动表现出来。在海上求生中,意志要素有时比其他要素更为重要。有了求生意志的人,才会去运用知识、技能采取求生行为。因此,强烈的求生意志是海上求生的动力。

落水者在海上求生过程中会遇到许多困难,这就要求落水者有坚强的意志和毅力,克服绝望和恐惧心理,经得起饥饿、寒冷、口渴和晕浪的考验。落水者在任何时候不能放弃脱险获救的信念,直至脱险获救。海上求生的严酷事实必须让每个求生者清晰地认识到,任何惊慌失措、悲观失望、自暴自弃等危险心理和不良意志都可能错失良机,甚至危及生命。对生存有信心,落水者就会把自己的所有聪明才智和对生活的追求表现出来,去和绝望作斗争。其实每个人都隐藏有巨大的潜能,只要具有良好的心理素质,临危不惧,就可能战胜困难化险为夷。

遇到危险,首先要遇事不慌,保持冷静,然后要树立战胜困难的坚定信念，运用所掌握的知识，沉着对付突如其来的不测，始终不渝地充满求生希望和信心，以顽强的意志战胜一切困难，并且正确、不失时机地使用各种光、声、电联络信号和器材，积极进行自救与求救，达到海上求生的最后目的——成功获救。

第五节 沙漠生存

沙漠是指沙质荒漠。因为水很少，一般认为沙漠荒凉无生命，有"荒沙"之称。沙漠地域大多是沙滩或沙丘，沙下岩石也经常出现。沙漠中泥土很稀薄，植物也很少。有些沙漠是盐滩，完全没有草木。全世界陆地面积为1.62亿平方千米，占地球总面积的30.3%，其中约1/3（4 800万平方千米）是干旱、半干旱荒漠地，而且每年以6万平方千米的速度在扩张。

根据沙漠所处位置，可以将全球沙漠分为热带沙漠和亚热带沙漠。想要学会在沙漠中生存，就必须了解它们的地理分布、气候特征以及在沙漠中时常会遇到的沙漠现象。

热带沙漠（干燥）气候大致分布在南北回归高压带控制下的大陆内部和西岸，以非洲北部、亚洲阿拉伯半岛和澳大利亚沙漠区为典型。在副热带高压带或信风带控制下，这些地区全年受热带大陆气团控制，干旱少雨，年降水量在100毫米左右，有些地方只有数十毫米或更少；日照丰富，气温很高，最热月平均气温可达30 ℃左右。最冷月平均气温不低于10 ℃，日温差可达35 ℃~40 ℃，夜间最低气温可降至0 ℃左右。

沙漠的主要特征是空气干燥，终年少雨或无雨，气温变化剧烈，日温差可达50 ℃以上，地面最高温度可达60 ℃~80 ℃。因此，在沙漠生存应该注意以下几点：带足水、学会找水的各种方法；要"夜行晓宿"，千万不可在烈日下行动；动身前一定要通告自己的前进路线，动身与抵达的日期；前进过程中留下记号，以便救援人员寻找；学会寻找食物的方法；学会发出求救信号的各种方法。

在沙漠里会面临很多问题，包括如何判断方向，如何发送求生信号，如何在沙漠中行走等，但最为重要的两个问题是水源问题和如何躲避沙暴。

一、水源问题

在沙漠中，炎热、干旱对生存者来说是第一大杀手，沙漠遇难者大都是因缺水中暑所致。在沙漠中一旦迷失方向，在走出困境之前，一定要保证有充足、清洁的水喝，否则生存下来的希望很渺茫。在沙漠中，地表是没有水的，大部分地区也很难挖出水来。但沙漠大都是盆地，里面也有很多季节性河道。因此，在沙漠中寻找水源有以下三种方法：

（1）水源指示植物：在沙漠找到这类植物，无疑是最让人兴奋的，如同找到沙漠中的绿洲一样。因为这类植物不属于沙生植物范畴，其生存需要相对多的水。它们的存在，表明其下很浅的地方就是水源，至少是含水较多的沙层。这类植物以芦苇最为典型，一般芦苇扎根约2米，周围就是含水层，生长越茂盛含水越多，甚至可以找到泉眼。同时芦根（根状茎）也含大量水，可用于应急，其味甘甜。芦苇多生长于季节性河流两侧或沙边缘地带。利用芦苇找水的成败在于其长势如何，如是干枯死亡的芦苇丛则其下无水，因为它的生长受水位影响很大。除芦苇外，灯心草、莎草丛下都有较浅含水层。

一般情况下，在沙漠中如果发现了茂密的芦苇，就意味着在地下一米多深的地方能挖出水来；如果看到了芨芨草，在地下二米左右就能挖出水来；如果看到红柳和骆驼刺，就意味着我们下挖6~8米就有地下水；如果发现胡杨林，则意味着地下8~10米的地方有地下水。

（2）湿沙指示植物：这类植物分布较广，植株密集，具有保水作用。但其耐旱，需水量明显比前者少，其根系附近的湿沙含水量也偏少。这类植物以梭梭和白梭梭灌丛以及荚膜麻黄灌丛为典型。一般来说，它们根系深扎沙层约3~5米，湿沙含水量一般不超过30%，其下几乎无有泉眼的可能，只能用于应急。

（3）直接利用植物：沙漠中的有些植物为了其生存，在身体里贮存有大量水分。梭梭灌丛中常见到寄生在它根上的肉苁蓉，俗称"大芸"，含水量一般在15%~30%，找到它，就如同找到了天然水罐。剥去外皮，吞食其肉，不但解决了水的问题，其体内丰富的蛋白质还可充饥，可谓一举两得。寄生于白刺（沙漠中常见的一种小灌木）根上的锁阳，个头虽比不上"大芸"，但含水量要比前者高不少，它色泽褐紫，形如棒槌，其肉洁白，入口香甜，又是另一充饥的佳品。但寻找二者均要择时，因为它们在花开结果后迅速干枯，就无食用价值了，一次也不能食用过多，否则会导致呕吐不止或眩晕感等副作用。

另外，由于沙漠地区昼夜温差大，所以可以采用冷凝法获取淡水。具体方法是在地上挖一个直径90厘米左右、深45厘米的坑。用透明塑料布将坑罩住，这样就做成了一个简易的太阳蒸馏器。在坑里的空气和土壤迅速升温，产生蒸汽。当水蒸气达到饱和时，会在塑料布内面凝结成水滴，滴入下面的容器，这样就可以得到珍贵的水了。用这种方法每天可以取1升多的蒸馏淡水。需要注意的是，在沙漠中，多数地下水含盐碱很高，不能直接饮用（骆驼可以饮用），必须用蒸馏等方法处理。

在沙漠中寻找水源非常困难，尤其是我国新疆塔克拉玛干沙漠的东部和中部。而古尔班通古特、巴丹吉林、腾格里和毛乌素沙漠中的水源大多是盐碱水，未经处理不宜饮用，尽可能饮用净化过的水。但如果没有选择，也只能喝未经处理的水，因为身体一旦脱水，后果会更加严重。

沙漠生存需要带足水，因为在沙漠中找到水的概率不会太大。一般来说，建议每天至少饮用3升的水。即使坐在树荫下，也必须保持体内的水分。阳光下行走会快速散发掉你体内的水分。

在沙漠缺水的情况下，水的合理饮用极为重要。沙漠中风沙大，使得人体中水分蒸发加快，因此要保证足够的饮水量。最好在清晨或黄昏时喝水，炎热时喝水可能导致大量排汗、盐分流失，所以应把握"少饮多次"的原则，尽量加大喝水间隔、减少每次的饮水量。实验证明，一次饮 1 000 毫升水，380 毫升会由小便排出；倘若分 10 次喝，每次 80 毫升，小便共排出 80~90 毫升，水在体内就能得到充分利用。每昼夜应喝水 500~600 毫升，在 5~6 天内对人体不会带来害处。

所以，如果你位于水源供应地附近，并且有人知道你在那里，不要离开，等待救援。到处行走寻求帮助将会消耗更多的体力和水，失水会缩短你的生存时间。在沙漠生存或逃生的情况下，不太可能有医生或其他医疗救援，因此你应该极为小心，尽量避免受到热伤害。应在白天休息，在凉爽的晚上或夜间工作。

二、躲避风沙

沙尘暴是沙暴和尘暴两者兼有的总称，是指强风把地面大量沙尘物质吹起并卷入空中，使空气特别混浊，水平能见度小于 100 米的严重风沙天气现象。其中沙暴是指大风把大量沙粒吹入近地层所形成的挟沙风暴；沙尘暴则是大风把大量尘埃及其他细粒物质卷入高空所形成的风暴，沙尘暴给人们带来的危害是巨大的。

沙暴到来时异常迅猛，当感觉到好像有种声音从很远的地方传来时，仅在几秒钟之内，天地就变成了黄色，狂风裹着沙尘铺天盖地，打在人身上疼痛难忍。因此，沙漠中遇见沙暴，千万不要到沙丘的背风坡躲避，否则有被窒息或被沙暴埋葬的危险。对此，骆驼比较有经验，它会随着沙子的填埋不断地抖动，这样，就不至于被沙子掩埋了。如果你没有任何的保护，那么沙子就会覆盖你的皮肤，沙尘暴会立即将灰尘吹入你的眼睛。如果沙子被吸入肺，你可能会有被感染的危险甚至死亡。

三、如何正确地判断方向

在广阔的沙漠上行走，因为视野空旷，难以找到定向的参照物，加上起伏的沙丘、高大的沙山和洼地，人们一般不可能走直线，所以，沙漠行进中正确地判断方向是沙漠探险的先决条件。

1. 用仪器判定方向

用罗盘和地图标定方向是早期沙漠探险中常用的方法。这种方法首先要知道自身所处的位置，根据地图标定目标地区的位置和方位角，然后根据罗盘所指的方位角行进。由于沙漠中不可能沿直线行进，用这种方法时要不断地校正方位，否则很难到达预定目标。在长距离沙漠探险和穿越中，准确到达目的地或在茫茫沙海中找到预投的补给品是非常困难的。20世纪80年代后期，个人卫星导航系统（GPS）在民间的普及，将在沙漠中迷途的可能性降到了最低，目前所有的沙漠探险队几乎都使用GPS导航。

2. 利用自然特征判定方向

（1）用北极星判定方位：北极星是正北天空中一颗较亮的恒星，夜间找到了北极星就找到了正北方。北极星是小熊座的a星，大熊座（主要是北斗七星）和仙后星座位于北极星的两侧。我国位于北半球，终年夜间都可以看到北极星。

（2）利用太阳判定方向：太阳东起西落是最可靠的"指北针"。太阳由东向西移动，而影子则是由西向东移。例如，在我国西部的沙漠，早晨太阳从东方升起，一切物体的阴影都倒向西方；中午时太阳位于正南，影子便指向北方；下午太阳到正西，影子则指向正东。在塔克拉玛干沙漠周围世代生活的维吾尔族驼工就是靠这种方法在沙漠中行走，而不会迷失方向。当然，还有一些较精确的方法判定方向，如"立竿见影"法、手表判定法等都是在沙漠探险中很有用的。

（3）利用沙丘走向判定方向：风是塑造沙漠地面形态的重要因素。在我国西北地区，由于盛行西北风，沙丘一般形成东南走向，沙丘西北面是迎风面，坡度较小、沙质较硬；东南面背风，坡度大、沙质松软。另外，沙漠中的植物，如红柳、梭梭柴、骆驼刺等都向东南方向倾斜。此外，还需说明的是，风向还因地区的不同而异，沙丘的走向也有所不同，要得出正确的判断，需事先掌握目标地区的气象和地貌。

四、如何在沙漠露营、选择栖息地

在沙漠露营和在其他地区露营是有区别的。在沙漠中露营通常要注意两点：一是营地要选在避风的地方，要防止流沙的掩埋，这类地方往往是在沙丘之中的平地上；二是营地绝对不能安扎在红柳、胡杨树等植物附近，因为在有植物的地方，往往寄生着一些有毒的虫子，如在塔克拉玛干沙漠中，有一种"塔里木蜱"，通常生活在红柳和胡杨树下，这种"蜱"携带一种病毒，人一旦被咬后，往往会引发一种致命的病（塔里木出血热），会在十几个小时内死亡。

在沙漠中过夜，建议不要睡在低洼的地方，应选择睡在沙丘的上边。因为沙漠里时常刮风，如果睡在低洼的地方，可能会被流沙掩埋。如果是戈壁沙漠建议露营在可以看到的戈壁地带，不要在沙丘聚集的地方露营。还有不要到有灌木的地方露营，有可能会有老鼠或响尾蛇，容易出现致命的威胁。

在冬季，沙漠中不会有大风，也没有咬人的毒虫，选择露营地点比较容易。冬季的夜晚非常寒冷，即使用双层帐篷，帐内也会结很厚的霜。在沙漠中有许多枯死的树木，在寒冷的夜间可自己动手打造"火炕"：挖一席之地，在上面烧火，然后用沙子掩埋，人睡在烧热的沙子上。

身处荒漠沙地的时候，可以利用车辆或者枯枝在沙地底下建一避身所。夜间需要生火取暖和烧水。上升的烟火会成为引人注意的信号，一旦迷路，这对获救有很大的帮助。沙漠地带的各类灌木都很容易点燃。如果地面空旷无物，车辆上的汽油和其他燃料与细纱混合放在容器里，也会燃烧得很好。另外，骆驼、驴子和其他动物的粪便也很易于燃烧。

五、如何在沙漠中行走

不要赤脚走在热沙上，等到感觉灼烫时可能已经出现不同程度的烫伤了。光脚时，皮肤可能会被烫起泡，甚至引起化脓感染。也不要穿平底凉鞋，那样脚趾同样会暴露在外面。徒步在沙漠中行走要想走得舒服，必须准备一双合适的鞋子。鞋底太软，在沙漠中行走很不舒服，时间长了脚会很难受；防沙套是不可缺少的，一旦鞋子里进了沙子，不一会儿脚就会被磨破。如果没有合适的鞋子，可以临时用布凑合自制一双。

负重在沙漠中行进，上下翻越松软的沙丘，会对膝盖构成很大的压力，很容易造成损伤。在沙漠中用双杖行走能减轻膝盖的压力，节省很多体力。

一望无际的沙海并不是一马平川。在沙漠中会遇到许多大的沙丘或沙山，一定要绕过去，切忌直越陡坡。要避开背风面松软的沙地，尽量在迎风面和沙脊上行走，因为迎风面受风蚀作用，被压得很实，比较硬，在上面行走比较容易，也省力气；而背风面主要是风积形成的，比较松软，在上面行走，陷入较深，比较消耗体力。如果有驼队的话，踏着骆驼的蹄印走，也可以节省很多体力。沙漠探险中，在前面带路的人很重要，要采用慢行、每小时休息10分钟的方法。一般队伍一天行走不要超过20千米。

尽量在晨间行走，早晨是沙漠一天中最凉爽的时候，趁着这一时段抓紧赶路。当正午来临之时，炎炎烈日炙烤着这片沙地，只能尽量找个阴凉地停下来休息。应该小心翼翼地躲进低矮稀疏的灌木丛，避免惊扰到那些在里面庇荫的蛇和蝎子。在阳光的直接照射下，即使不运动，所消耗的水分也是在阴凉下的三倍。在新疆塔克拉玛干沙漠最热的季节，如果不带水在有遮阴的地方休息，可生存3天左右。如果在白天的阳光下行走，只能生存1~2天。在特殊的情况下，也要学会"夜行晓宿"的方法。

六、食物问题

过热会使人没有胃口，不过也不必强迫进食。蛋白类食物会增加体内产生热量，加快水分散失，消化过程也需要消耗大量水分。如果缺水就应尽量减少进食，可以尽量吃一些富含水分的食物，如水果和蔬菜等。包括一些含盐和钾的食物，这些食物会补充盐和钾在汗液中的流失。这些可以避免中暑并保持更多的水分。但是，如果出现脱水，过量的盐会让你感觉更糟。因此，在沙漠紧急情况下，食物不是优先考虑的问题。如果你没有水，应只吃最低所需的食物。

在沙漠地区，食品也很容易腐坏。任何贮存食品，一旦开了口，就应该一次吃光，或者重新封紧存放在阴凉处，否则会引来苍蝇或者其他飞虫。

如果身边没有食物，也可以从沙漠中获取。在沙漠中，动植物数量有限，只有耳廓狐、蛇、蜥蜴、鸟类（鹰鹫）、骆驼、蝎子、蜘蛛等。这些动物大多隐藏于地底或者飞在天上，大都灵活敏捷难捕捉，想要捕捉它们很困难，同时会消耗人很多能量与水分，所以不建议捕捉此类动物。

其实，在沙漠中很多地方也并非寸草不生。只要有水的地方就会有动植物。1980年，我国科学考察队在新疆罗布泊沙漠地区进行考察。其中有懂得生物特性的队员，他们在食物、饮水缺乏的艰苦环境中，捕捉蜥蜴而生吞其肉，吃蛇，饮野骆驼奶，还用梭梭（一种沙漠植物）的根茎和芦苇根来充饥，表现出极强的生存能力。

沙漠中有许多植物，其中最常见的植物是仙人掌。仙人掌在干旱的环境中，叶退化成针状，以减少水分的蒸发；茎肥厚多汁，有发达的薄壁组织细胞贮藏丰富的水分；茎的表皮有厚而硬的蜡质作为保护层，或生有密集的绒毛，保护它不受强光的照射，降低水分蒸发。仙人掌的根分支多，根系庞大，能吸收土里的水分。遇到降雨，它就会在表土层长出许多新根，大量吸水。它的大根有很厚的木栓组织保护，能在灼热的沙石上生活而不至于干死。仙人掌不仅可以带来生命之水，而且它的茎肉也可以食用。

七、做好防晒

沙漠中白天的地表温度通常在40 ℃~50 ℃左右，最高可达80 ℃。在沙漠中，阴影处的气温可比阳光直射处低7 ℃~8 ℃。沙漠地带干旱暴晒，在阳光下暴露时间太长可能会引起皮肤灼伤，为了避免阳光直射头部，一定要将衣服穿得严严实实，还要戴上手套和围巾，对于暴露在外的皮肤要涂抹大量的防晒霜。

阳光中毒的后果跟晕船和脱水一样。而且，灼伤部位可能会感染，引发更多问题。白天应尽量利用岩石凸出部、干河沿等阴影遮蔽，避免阳光直射。若能挖一沙坑，上覆以雨布等物，既遮挡了太阳的直射，又能减少炎热的地表沙传导的热量。躲避阳光时，采取的姿势也颇有讲究，坐姿较卧姿每小时可减少排汗液150克，因为坐着比躺在地上受阳光辐射小。

当你感觉炎热的时候不要脱衣服，你可能认为脱衣服会凉爽一些，但在沙漠中，当你脱掉衣服，你可能会被严重晒伤，甚至还会导致中暑或中毒。你应该保持你身体的水分，降低脱水。在低湿度环境，尽量穿戴棉质的衣物，棉花会吸收汗水和有效地在干燥环境中释放水分。

沙漠干旱地区容易产生的热伤害类型主要有以下三种：

（1）热痉挛。这主要是由于大量出汗导致身体盐分流失引起的。症状表现为腿部、手臂或者腹部的中等强度或严重的肌肉痉挛。刚开始时可能表现为轻微的肌肉不适。这个时候，应该停止一切活动，到阴凉处休息、喝水。如果没有意识到初期的这种轻微不适，继续身体活动，将会导致严重的肌肉痉挛和剧痛。其治疗措施和下面的热虚脱相同。

（2）热虚脱。这是由于身体水分和盐分的大量流失引起的。症状表现为头痛、精神混乱、躁动不安、大量出汗、虚弱、头晕、痉挛、面色苍白、皮肤潮湿冰冷等。发生这些症状之后，应立刻采取以下措施：把病人放置在阴凉处，让他躺在担架或类似物体上，使他离开地面大约50厘米，解开他的衣服，用水泼在他身上，往他身上扇风，每3分钟给他喝少量的水。确保他不要动，让他充分休息。

（3）中暑。这是由于身体严重缺水、缺盐，身体自身无法进行冷却作用引起的热伤害。如果身体的热度不能马上退下来，病人可能会死亡。中暑的症状表现为不出汗、皮肤干燥滚烫、头痛、头晕、脉搏跳动迅速、恶心、呕吐、精神错乱以致失去知觉。发生中暑症状后，应立刻采取以下措施：将病人放到阴凉处，让他平躺在担架或类似物体上，使之身体离开地面50厘米左右，松开他的衣服，向他身上浇水（即使水很脏或者是半咸水，也没有关系），往他身上扇风，按摩他的手臂、腿部以及身体。如果他恢复了意识，每隔3分钟给他喝少量的水。

 课后练习与思考

1. 野外生存中简单生活用具的制作主要包括哪些内容？
2. 野外穿越走技能的基本要领有哪些？
3. 野外穿越攀爬技能中下降技术的方法与要领有哪些？
4. 试分析海上救生的特点与难点。
5. 在沙漠中生存如何解决水源问题？

第十一章 野外生存的安全防范与急救

本章提要 野外生存活动具有一定的危险性。即使你在野外活动时从未遇到过危险，也应该学习和掌握处理突发事件的基本技能。本章主要介绍野外险情的处理、野外伤病的自救与互救、野外应急措施、野外求救信号的发放与接收等内容。

第一节 野外险情的处理

一、暴风雨

遭遇暴风雨时，领队应根据行进的路段、雨势的大小以及队员的身体状况迅速决定是继续行进还是避雨。

（1）继续行进时，因暴风雨影响能见度，应更加注意辨别方向。雨湿路滑，必要时要使用安全绳，确保行进安全。

（2）避雨时，应注意保暖，防雷击，防山洪。

（3）在宿营遭遇暴风雨时：① 根据周围地形和雨势大小决定是否将帐篷转移到安全地点；② 对帐篷进行加固，挖好排水沟；③ 将帐篷内多余物品整理好，收入背包中，准备随时撤离；④ 轮班派人外出巡逻，一旦发现有山洪暴发、泥石流等危险存在，马上撤离帐篷。

二、雷击

野外活动中存在遭受雷击的危险性。但是通过采取科学有效的措施，可以显著地降低这种危险。雷电通常会击中户外最高的物体尖顶，所以孤立的高大树木或建筑物往往最易遭雷击。在雷电大作时，在户外应遵守以下规则，以确保安全：

（1）预知打雷和雷击。看到乱积云变大，不久即将变成雷云，赶紧到安全地方躲一躲；收音机中有刺耳的杂音、忽下大粒雨滴也是打雷的预兆。

（2）跑向低地。

（3）远离高树或密叶树林。

（4）远离铁塔，去除身上的金属物，装入塑料袋中。

（5）如在水域活动，要赶紧上岸。

（6）不要聚集在一起，应分散开。

（7）小屋内、汽车内、岩背阴处或凹处也是很好的躲避之处，但注意不要靠墙。

●●● *有人遭雷击怎么办？*

人体在遭受雷击后，往往会出现"假死"状态，此时应采取紧急措施进行抢救。首先应进行口对口人工呼吸。雷击后进行人工呼吸的时间越早，对伤者的身体恢复越好，因为人脑缺氧时间超过十几分钟就会有生命危险。其次应对伤者进行心脏按压，并迅速通知医院。

如果遭受雷击后引起衣服着火，应马上让伤者躺下，以使火焰不致烧伤面部，并往伤者身上泼水，或者用厚外衣、毯子等把伤者裹住。

三、泥石流

经过可能发生泥石流的地段时，要听当地的有关预报。如我国滇藏、川藏公路某些地段易发生泥石流，这些地段一般都设有监测点。伴随着泥石流的发生，可能引发地域性山洪暴发、地震等地质灾害。泥石流破坏性极大，其经过之处，万物都被破坏，人若被卷入其中，几乎无生还的可能。

在山区、半山区行进时，若听到异常响声，看到有石头、泥块频频飞落，或向某一方向冲来，表示附近可能有泥石流袭来；如果响声越来越大，泥块、石头等已明显可见，这表示泥石流就要流到，这时，应立即丢弃重物尽快逃生。逃避时，要向泥石流流来方向的两侧（横向）跑，如泥石流由北向南或由南向北，则要向东、西方向跑。

泥石流的面积一般不会很宽，如果提高警惕，在逃避时则相对比较主动。逃避时，可根据现场地形，向未发生泥石流的高处逃避。在山区扎营，千万注意不要选在谷底泄洪的通道、河道拐弯处、河流会合处扎营。

四、雪崩

雪崩的威胁非常大。进行野外生存生活训练时，首先要向当地住户打听哪些地方容易发生雪崩，行进过程中尽量避开这些地区。从地貌特征也能判断雪崩常发地区，如山坡上有雪崩大槽，山坡上方有悬浮的冰川，山脊上有雪檐等。雪崩前，有雪块、冰片落下，这时要确认冰落的方向，然后再决定逃离方向。逃离时，要尽快向雪崩下滑的横向跑。企图同雪崩方向同向跑是错误的，雪崩下滑速度可达每秒 20~30 米，人是无法从同方向逃脱的。一旦来不及逃脱而卷入雪中，手脚要快速地像游泳一样运动，尽量使自己的头部浮在雪上，同时抛出身上携带的一些物品作为标志物，以便别人发现你被雪埋的具体位置，及时营救。雪崩发生时，常有低沉的轰鸣声或冰雪破裂之声，易于觉察，此时可通过声音来辨别雪崩的方向。若站到高处看到某处有云状白色尘埃，也说明该处可能会有雪崩发生。

五、洪水

洪水不仅发生在山谷、河流等落差大的地方，也可能发生在沙漠中，这种地区被称为溢流,或"干溪",几分钟后很快就会溢满。风暴非常容易侵袭到这些地方。你需要避开这些区域,但它们却很难被注意到。要注意远处云的形成,倾听流水的声音,如果你在山谷中,即使80千米之外山上的暴雨也能在几小时内形成洪水倾泻下来。

在被暴雨洪水围困时,切记自救十条原则:

(1) 洪水来临时尽快撤到高处避险。
(2) 备足速食食品或足够食用几天的食品,准备足够的饮用水和日用品。
(3) 搜集木材等适合漂浮的材料,加工成救生装置以备急用。还要准备药品、通信工具。
(4) 千万不要游泳逃生,不可攀爬带电的电线杆、铁塔。
(5) 关闭电源、气罐,千万不要贪恋财物,尽快撤到安全处避险。
(6) 如已被洪水包围,要设法尽快与政府防汛部门取得联系,报告自己的方位和险情,积极寻求救援。
(7) 突遇山洪时,一定要保持冷静,迅速判断周边环境,尽快向山上或较高地方转移;如一时躲避不了,应选择一个相对安全的地方避洪。
(8) 不要沿着行洪道方向跑,而要向两侧快速躲避。
(9) 千万不要轻易涉水过河。
(10) 被山洪困在山中,应及时与当地政府防汛部门取得联系,寻求救援。

六、遇蛇

在野外生存训练中遭遇蛇,通常是在以下的情况发生:无意中踩到蛇,抓树枝时触到蛇,早晨收拾背包时发现蛇等。这基本上是因为行人闯进了蛇的领地而引起的。遇到蛇,可能会引起人极大的恐慌,一旦被毒蛇咬伤则是非常危险的。

预防蛇咬的措施之一是要准备一根手杖,打草惊蛇。蛇很少会主动袭击人类,受到惊吓会识趣地离开。如果发现了毒蛇,最好避而远之,这是最好的避免咬伤的办法。另外,进行野外活动,在经过经常有蛇出没的地方,应戴帽子、穿长袖外套,穿有强韧护脚的裤子和坚韧的靴子,并带好蛇药。

需要捕捉或杀死毒蛇时,应尽量用石头或"Y"形树枝击打或控制住毒蛇的头部,尽量不用手去接触蛇。

七、遇到猛兽

(1) 野外行走遇到野兽时,不要紧张慌乱,如果野兽离你很远,可以迅速离开危险地带，到安全区域躲藏；如果野兽虽然较近，但尚未发现你，可以躲藏起来，让它自行离去。

（2）晚上在野外宿营遇到野兽时，可以在四周点上火堆，利用野兽害怕火的特点，吓跑野兽。

（3）如果被野兽发现并且被追赶，不能慌不择路，应借助沟坎、高地等掩体或障碍物，挡住它们的追击。逃避时，注意不要摔倒。摔伤是次要的，最重要的是因摔倒受伤而被野兽抓住那才是致命的。

（4）如果狼突然从后面用爪子扒住你的双肩，不能回头观望，否则狼会张口咬住你的喉咙，那是十分危险的。此时应该用双手抓住两只狼爪，用力前拉，同时头部后扬顶住狼的颈部，然后呼救，或向有人的地方走去求援。注意不要摔倒，不要松手，即使狼的后爪拼命撕拉蹬踢你的背部或臀部，也不能松手。如果远离居住区或附近没有人，也可以在有十分把握时，双手用力将狼从头顶向前摔出，将其摔伤或摔至沟内。

（5）为防止发生意外，野外作业或到常有野兽出没处旅游时，应带好防身武器如刀棍、手电等，以防万一。

八、断水

野外寻找水源最简单的方法就是听见水声或看见水流。注意听山脚、山涧、断崖、盆地、谷底等是否有山溪或瀑布的流水声，有无蛙声和水鸟的叫声等。如果能听到这些声音，说明离有水源的地方不远了，并可证明这儿的水源是流动的活水，可以直接饮用。如果嗅到潮湿气味，或嗅到因刮风带过来的泥土腥味及水草的味道，也可以沿气味的方向寻找水源。

（1）去观察动物、植物、气象、气候及地理环境等因素也可以找到水源。

（2）根据地形地势，判断地下水位的高低。两座较高大的山脊中间一般会有小溪流。山脚下往往会有地下水，低洼处、雨水集中处以及水库的下游等地下水位均高。另外，在干河床的下面，河道的转弯处外侧的最低处，往下挖掘几米左右就能有水。

（3）如在炎热的夏季地面总是非常潮湿，在相同的气候条件下，地面久晒而不干不热的地方地下水位较高；在秋季地表有水汽上升，凌晨常出现像薄纱似的雾，晚上露水较重，且地面潮湿，说明地下水位高，水量充足；在寒冷的冬季，地表面的隙缝处有白霜时，地下水位也比较高；春季解冻早的地方和冬季封冻晚的地方以及降雪后融化快的地方地下水位均高。

（4）生长着香蒲、沙柳、马莲、金针（也称黄花）、木芥的地方，水位比较高，且水质也好；生长着灰菜、蓬蒿、沙里旺的地方，也有地下水，但水质不好，有苦味或涩味，或带铁锈；初春，其他树枝还没发芽时，当看到独有一处树已发芽，这表明此处有地下水；入秋时，当同一地方其他树已经枯黄，而独有一处树叶不黄，这也表明此处有地下水；另外，在三角叶杨、梧桐、柳树、盐香柏等植物生长的地方，在它们下面定能挖出地下水来。

（5）夏天蚊虫聚集，且飞成圆柱形状的地方一定有水；有青蛙、大蚂蚁、蜗牛居住的地方也有水；另外，燕子飞过的路线和衔泥筑巢的地方，都是有水源和地下水位较高的地方。再有，鹌鹑傍晚时向水飞，清晨时背水飞；斑鸠群早晚飞向水源，这些也是判断水源的依据。

（6）天空出现彩虹的地方，肯定有雨水；在乌云、带有雷电的积雨云下面，定有雨水或冰雹；在总有浓雾的山谷里定有水源；此外，靠收集露水也可缓解些燃眉之急。

（7）在南方的丛林中，到处都有野芭蕉，也叫仙人蕉。这种植物的芯含水量很大，只要用刀将其从底部迅速砍断，就会有干净的液体从茎中滴出，野芭蕉的嫩心也可食用，在断粮的情况下，可以充饥。如果能找到野葛藤、葡萄藤、猕猴桃藤、五味子藤等藤本植物也可从中获取饮用水。另外，在春天树木要发芽之时，还可从桦树、山榆树等乔木的树干及枝条中获取饮用水。注意：千万不要饮用那些带有乳浊液的藤或灌、乔木的汁液，这些汁液往往有毒。另外，还可以从芦荟、仙人掌及其果实中获取饮水。从植物中获取的饮用"水"，容易变质，最好即取即饮，不要长时间存放。

上述取水方法在野外缺水时是很有效的。然而，单纯地依靠上述方法去寻找水源却不是长久之计，一般只限于少数人员（3~7人）和短时间（3~5天），不适合人员众多或时间过长。就安全而言，最好不要远离水源行进一两天的路程，也不要单枪匹马独闯丛林。

当你在极度疲惫干渴之际，找到了水源，最好不要立即狂饮，应该就当时的环境条件对水源进行必要的净化和消毒处理，以避免因饮水而中毒或染上疾病。

第二节 野外生存的自救与互救

一、晕厥

晕厥俗称昏倒，是由于一时性脑血流量不足所引起的短暂性意识丧失。晕厥发生时，应立即将患者体位平卧，头部放低，绝大部分病例经此处理后不久即可恢复。持久者可按压人中、百合、百谷、十宣或送至医院诊治。

二、呕吐的处理

（1）卧床时要把病人的脸侧向一边，以防呕吐物流入鼻腔或呼吸道。能坐起的应让病人坐起。

（2）呕吐物要尽快从病人面前拿走，并仔细观察呕吐物的内容，同时清洁口腔。

（3）冷却胃部，觉得舒服时，可放置冰袋。

（4）止吐后，由于水分丧失，要给予补充。长期反复呕吐时，除补充水分外，还应注意补充无机盐。

（5）有神经性和习惯性呕吐的人，要找出诱因，并尽量避免。

（6）仔细观察呕吐的原因。有时呕吐是疾病危重的信号，所以，呕吐剧烈而又想不出是什么原因时，要尽快送医院就治。仔细观察与恶心同时存在的其他症状，如腹痛、眩晕、头痛等。

三、被毒蛇咬伤

被毒蛇咬伤后，除了引起局部疼痛、出血外，毒液还可由伤口经血液循环迅速扩散至全身，引起全身中毒反应，严重者可危及生命。

一旦被毒蛇咬伤，要保持镇静，力争在几分钟内进行急救处理，排除毒液，防止毒素被吸收，抑制毒性作用。千万不可惊慌失措，为回家或找医生处理拼命奔跑。因为奔跑时肌肉加快收缩，可促使血液循环加快，加速毒素吸收。正确的办法是立即用止血带在患肢伤口靠近心脏的一端约5厘米处扎紧，以阻断静脉回流，减少毒素的吸收与扩散。如手边没有止血带，可用鞋带、领带、手帕、绳子、布条或树藤等代替。此外，应将肢体放低。还可在局部用冰袋冷敷，无冰时可用冷饮或井水代替。可用吸乳器，或用拔火罐吸出毒液。必要时，也可用嘴吸出。但一定要注意，吸吮者口腔黏膜必须无损伤、破溃，没有龋齿，否则，可能会引起中毒！然后，设法到距离最近的医疗单位请医生处理。

四、蚊虫叮咬

蚊、虱、蚤、螨及吸血蝇都属于昆虫纲，为多种传染源的媒介，均赖吸血生存，并传染疾病。如蚊可传播黄热病、疟疾、乙型脑炎、登革热、东方马脑炎、西方马脑炎、委内瑞拉马脑炎；虱、蚤可传播斑疹伤寒、流行性出血性肾病综合征、鼠疫；螨可传播恙虫病等。

旅行中,防止蚊虫叮咬的方法:
(1) 保持居住环境干燥清洁,驱蚊杀虫。
(2) 做好个人防护,穿着长袖衣裤。
(3) 睡觉挂好蚊帐,最好是用驱蚊剂浸泡过的蚊帐。
(4) 若被蚊虫叮咬,局部应用复方炉甘石洗剂或樟脑与水和氯醛合剂擦洗。出现全身过敏反应,可服用苯海拉明或扑尔敏,重症病人应口服泼尼松或地塞米松,若感染其他相应传染病应及早找医生治疗。

五、骨折

骨折的处理包括现场的急救和处理。急救一般都在条件差的地方进行。现场急救的目的在于抢救生命,减轻痛苦,防止组织再损伤和再污染,创造良好的运送条件。急救中,特别在一些重大事故的抢救现场一定要做到全面、仔细、迅速、准确,根据伤势轻重给予先后处理。特别注意应边抢救边向就近医疗单位或公安机关求助。

对有出血的伤员进行包扎;对休克的病员,除进行抗休克治疗外,应及时查明引起或加重休克的原因,如疼痛和出血等。对有疼痛较剧烈的伤员可先用止痛药止痛。对有可能有脊柱骨折的伤员,须注意搬运方法和搬运工具,尽可能保持脊柱于功能位或中立位,避免扭曲或旋转造成加重或伤害脊髓。四肢骨发生骨折时,临时急救固定十分重要,可用木板、木棍、纸板、树枝等作为夹板应用。无物可用时,可用布条、三角巾等悬吊上肢并固定于胸前。经以上处理后应及时联系救援或送医院复位治疗。

六、外伤出血

野外旅行时,人体受各种意外伤害的机会增多,全身各部位受损伤出血的可能性增大。一般小的出血无须特殊处理可自行止血,但较大的出血常会危及伤员生命,故需及时采取人工方法止血。

常见的出血有外出血与内出血两种。外出血即可见血液自伤口向外流出。内出血,即出血流入人体腔形成胸腹等积血或流入组织间隙内形成血肿,在身体表面看不见出血。

止血方法有以下几种:
(1) 手指压迫止血法:直接压迫伤口出血处,但不能持久。压迫部位可在伤口近端的动脉上或直接压迫伤口出血处。一般颈部、锁骨上窝、腋窝、腘窝和腹股沟等大血管出血,可直接压迫出血处,以便暂时止血,赢得彻底止血的时间。

（2）加压包扎止血法：用敷料盖在伤口上，再用绷带缠紧，这是急救时最常用的临时止血法，适用于静脉式中等动脉出血。

（3）局部镇塞止血法：将清洁纱布、吸收性明胶海绵或止血棉等止血剂填塞在伤口内，再用加压绷带固定。

（4）止血带止血法：这是对四肢大出血急救时较简单而有效的止血法。止血带有多种，临时可用绳子等物代替，而最佳的是空气止血带。止血带止血效果好，但有一最大缺点是它完全阻断肢体的血循环，增加了肢体的感染和坏死率，所以一般情况下不要轻易使用。

另外要注意：缚扎的部位应尽可能靠近伤口。在膝和肘关节以下缚止血带无止血作用。在上臂缚止血带时要注意避开桡神经，以免发生损伤。上止血带时要衬垫衣服、毛布等布类，不可直接接触皮肤。同时要注意衬垫物要放平整。缚止血带时松紧要合适，不可过紧、损伤组织神经；过松使静脉血回流受阻，出血增多。在冬季缚止血带后要注意肢体保温，但千万不要加温，以免发生意外。止血带包扎的时间一次最好不超过两小时，同时每小时应放松数秒钟后再缚紧。当然有个别情况病人情况不允许再失血或大的血管损伤有可能大量失血者，不可轻易松带。

七、急性扭伤时的自行处理

急性扭伤多为踝关节扭伤，在日常生活、生产劳动及体育活动中非常多见，多数为外侧副韧带损伤，如下山、下楼梯滑落踩空，或走路踩到石砖块上，此时足呈跖屈位，不够稳定。

单纯外侧副韧带扭伤：损伤后即开始积极治疗，用冷敷或局部用氯乙烷喷射、止痛、止血、降温，减轻肌肉僵硬，增加活动度。抬高患肢，防止肿胀。2~3日后，热敷或行理疗。用胶布条固定法将踝关节固定于外翻位，如此固定10~14日便可完全恢复。

胶布固定法：足外翻、背伸，用宽2厘米胶布，自小腿内侧下1/3处开始，向下经足底向外，再向上止于小腿外侧中部，每条重叠1/3处开始，向下经足底向外，再向上止于小腿外侧中部，每条重叠1/3。然后贴横向胶布，自足踝外侧绕过后方达内侧，亦重叠1/3，至小腿中部。

八、食物中毒

食物中毒是由于吃了被细菌、病毒、毒素、毒物等污染或含有毒性物质的食物后，引起机体损害而发生中毒症状的疾病。在野外野餐有可能因为生吃食物或已经变质的食物，或误吃毒菌等其他野生食物造成食物中毒。中毒症状视食物的毒素而不尽相同，但主要有腹部不适、疼痛、痉挛、恶心、腹泻、虚弱，严重时神志不清，有些毒菌还会使人造成幻觉等。这时应立即饮水，用手指抠喉咙深处引起反胃及呕吐，以减轻毒素的蔓延发展，然后立刻送医院治疗。

九、中暑

夏季在湿热无风的山区中开展登山活动时，由于身体无法靠汗液蒸发来控制体温，人就会中暑。中暑的主要症状为：头痛、晕眩、烦躁不安、脉搏强而有力，呼吸有杂音，体温可能上升至40℃以上，皮肤干燥泛红。如果不及时救治，中暑的人可能很快会失去意识，导致意外的发生。

因此，夏季在登山前一定要准备好预防和治疗中暑的药物，如十滴水、清凉油、藿香正气胶囊、人丹等。另外，还应该准备一些清凉饮料和太阳镜、遮阳帽等防暑装备。

一旦有人中暑，应尽快将其移至阴凉通风处，将其衣服用冷水浸湿，裹住身体，并保持潮湿。或不停扇风散热并用冷毛巾擦拭患者，直到其体温降到38℃以下。若中暑者意识清醒，应让其半坐姿休息，头与肩部给予支撑。若中暑者已失去意识，则应让其平躺。

通过以上救治措施，中暑者的体温如已下降，则改以干衣物覆盖，并尽快送医院救治。

十、溺水的急救

1. 清理呼吸道

将溺水者救出水后，应立即除去口鼻淤泥、杂草及呕吐物、拉出舌头。若尚有心跳、呼吸，可将溺水者腹部置于抢救者屈膝的大腿上，头部下垂，然后用手平压背部，使气管内及口咽的积水倒出。

2. 人工呼吸

呼吸停止者应立即进行口对口人工呼吸。心跳停止者必须与胸外心脏按压同时进行。吹气量要大，足以克服肺内阻力才有效。经短期抢救，呼吸不恢复者，不可轻易放弃，至少坚持3~4小时，转院途中应持续进行。有条件者可做气管插管，给氧或开胸心脏按压，并应用人工呼吸间歇正压给氧或呼气末正压给氧。

十一、肢体固定

按骨折端是否与外界相通分为：① 闭合性骨折：骨折端未刺出皮肤；

② 开放性骨折：骨折端刺出皮肤。

1. 固定目的

止痛、制动、减轻伤员痛苦，防止伤情加重和休克，保护伤口，防止感染，便于运送。

2. 固定的材料

常用的有木制、铁制、塑料制夹板。临时夹板有木、木棒、树枝和竹竿等。若无临时夹板，可固定于伤员躯干或健肢上。

3. 固定的要领

先止血，后包扎，再固定；夹板长短与肢体长短相对称，骨折突出部位要加垫。先扎骨折上下端，后固定两关节；四肢露指（趾）尖，胸前挂标志；迅速送医院。

4. 固定的方法

（1）前臂骨折固定方法：夹板放置骨折前臂外侧，骨折突出部分要加垫，然后固定腕肘两关节（胸部"8"字形固定），用三角巾将前臂屈曲悬于胸前，再用三角巾将伤肢固定于伤员胸廓。

（2）上臂骨折固定法：夹板放置骨折上臂外侧，骨折突出部分要加垫，然后固定肘、肩两关节，用三角巾将上臂屈曲悬胸前，再以三角巾将伤肢固定于伤员胸廓。

（3）无夹板前臂、上臂三角巾固定法：① 前臂骨折：先用三角巾将伤肢悬挂胸前，后用三角巾将伤肢固定于胸廓。② 上臂骨折：先用三角巾将伤肢固定于胸廓，再用三角巾将伤肢悬挂胸前。

（4）锁骨骨折固定法：① 丁字夹板固定法：丁字夹板放置背后肩胛骨上，骨折处垫上棉垫，然后用三角巾绕肩两周结在板上，夹板端用三角巾固定好。② 三角巾无夹板固定法：挺胸，双肩向后，两侧腋下放置棉垫，用两块三角巾分别绕肩两周打结，然后将三角巾结在一起，前臂屈曲用三角巾固定于胸前。

（5）小腿骨折固定法：将夹板放置于骨折小腿外侧，骨折突出部分要加垫，然后固定伤口上下两端和膝、踝两关节（"8"字形固定踝关节），夹板顶端要固定。

（6）大腿骨折固定法：将夹板放置于骨折大腿外侧，骨折突出部分要加垫，然后固定伤口上、下两端和踝、膝关节，最后固定踝、髂、踝部。下肢自体固定法将患者两下肢合并，在膝关节处、膝关节上、下和踝关节处及大腿根部各扎一条三角巾，打结在健侧下肢，踝关节处"8"字形固定。

（7）脊椎骨折固定法：伤员仰卧木板上，用绷带将伤员胸、腹、髂、踝部固定于木板上。

（8）颈椎骨折固定法：伤员仰卧在木板上，颈下、肩部两侧用棉垫固定防止左右摇晃，然后用绷带（三角巾）将额、下巴尖、胸固定于木板上。

十二、搬运护送伤员的方法

受伤人员经过处理或急救后，如需进入医院做进一步治疗时，搬运护送的好坏，在一定意义上直接影响下一步治疗的难易和成败。因此，根据病人情况选择合适的搬运方法非常重要。

1. 徒手搬运法

徒手搬运法适用于伤情较轻、能够站立行走，并距医院较近的病人。

2. 担架搬运法

担架搬运法应用于病情较重、路途较远或不适用徒手搬运的病人。搬运时一般用帆布担架。在移动病人时动作要轻，病人躺在担架上时，要让其头部在后，脚部在前，以便护送者在行进途中对病人进行观察。在途中要使病人保持水平状态。上坡时，前面的担架员要将担架放低，后面的担架员要将担架抬高，下坡时则相反。要用三角巾等将病人固定在担架上，防止移动。如用汽车转送，病人身体要与车的前进方向垂直而横卧。昏迷病人转运时要取侧卧位，胸部或背部垫一枕头。

十三、海上遇险的基本处理

遇险时首先要调整情绪，必须保持冷静，千万不可惊慌失措，要沉着应对。听从指挥，携带必需的物品，安全撤离。可能的话，准备一个防潮隔湿的手电筒，这是所有夜间海上逃难者极力推荐的一种工具。另外，还可以带些巧克力，以备必要时补充热量。在可能的情况下，抓紧时间登上救生艇。如果落水，游到救生艇的尾部而非两侧，先放入一条腿，然后翻身滚入。要穿戴好救生衣或救生圈，救生圈、救生衣能够节省体力，防止漂流时体力消耗过多。要熟悉救生衣的穿戴和系带图示，绳带必须扎紧系牢，以免在海浪中救生衣被冲走。穿救生衣时还要看清它的前面和后面，如果救生衣穿戴正确，在海浪中即使昏迷过去，救生衣仍能保持遇险者的面部朝上并呈一定的角度，而不会让溺水者口鼻呛水。标准的救生衣都配有救生哨，吹起急促的口哨表示需要紧急求助。由于人体的密度小于海水，在海水中容易漂浮。落水者不仅要学会在水中保持身体放松，还应该穿戴暖和，最好选择毛织品，不要遗忘帽子、手套和围巾。假如只能在水中漂浮，衣服尽量少脱，身体裸露会导致体温迅速下降，衣服可使身体保持一定的温度。

十四、高原反应

高原的低压、低氧状态使得进入高原的人体出现缺氧和氧代谢障碍，导致高原反应发生。其发病率、发病快慢和严重程度与上山速度、海拔高度、居住时间以及体质等有关。一般来讲，从平原快速进入海拔 3 000 米以上高原时，50%~75%的人会出现高原反应。老年人的发病率低于青年人，女性低于男性，肥胖男性更易发病。

（一）典型症状

1. 急性高原反应

急性高原反应很常见。通常在高原停留 24~48 小时后症状缓解，数天后症状消失。少数可发展成高原肺水肿和（或）高原脑水肿。

（1）由平原快速进入海拔 3 000 米以上高原，或由高原进入海拔更高地区，在数小时或 1~3 天内发病。

（2）有下列表现之一或一种以上者：① 头痛、头昏、恶心呕吐、心慌气短、胸闷胸痛、失眠、嗜睡、食欲减退、腹胀、手足发麻等症状，经检查不能用其他原因解释。评价症状的程度主要依据头痛及（或）呕吐的程度（轻、中、重度），并结合其他症状。② 休息时仅表现轻度症状如心慌、气短、胸闷、胸痛等，但活动后症状特别显著。③ 有下列体征，如脉搏显著增快、血压轻度或中度升高（也有偏低），口唇及（或）手指发绀，眼睑或面部水肿等。

（3）经吸氧，或适应 1~2 周，或转入低处后上述症状或体征明显减轻或消失。

2. 慢性高原反应：是急性高原反应持续 3 个月以上症状不消失，表现头痛、头晕、失眠、记忆力减退、注意力不集中、心悸、气短、食欲减退、消化不良、手足麻木和颜面水肿，有时发生心律失常或短暂性昏厥。

（二）日常护理

（1）进入高原前应对心理和体质进行适应性锻炼，如有条件最好在低压舱内进行间断性低氧刺激。

（2）初入高山者如需进 4 000 米以上高原时，一般应在 2 500~3 000 米处停留 2~3 天，然后每天上升的速度不宜超过 600~900 米。

（3）到达高原后，头两天避免饮酒和服用镇静催眠药，避免重体力活动，轻度活动可促使习服。

（4）避免寒冷防冻，注意保温，上山前使用乙酰唑胺、地塞米松、刺五加、复方党参、舒必利等药对预防和减轻急性高原病的症状可能有效。

(5)有器质性疾病、严重神经衰弱或呼吸道感染患者,不宜进入高原地区。

(三)饮食调理

主张多用高碳水化合物饮食。避免烟酒和服用镇静催眠药,供给充分液体。

第三节 野外生存的应急措施

一、迷途迷向怎么办

白天在野外、森林、沙漠赶路时,如果相同的地点已是第二次出现,可以断定这是迷路了。一旦怀疑自己迷了路,如果仍然盲目前行,处境会更加糟糕。此时,应立即停下来稍做休整,等找出正确的方向后,再继续进发。

1. 利用现有条件判断方向

(1)如果有地图,可利用地图与实地地理特征作比较,找到正确方向;也可利用指北针所指的正确方向,重新调整自己的前进路线。

(2)没有地图或指北针时,可观察周围环境。寻找到房屋、电线、炊烟等,可朝它们走去。没有这些特征时,可考虑往回走,返回较为熟悉的大路,再重新确定去向。

(3)观察周围的地理特征,粗略估计自己的位置,并依据已掌握的该区域的情况,推断附近山势、河流、丛林、道路的分布特点,再选定一个方向作出试探。如果试探证实了自己的判断正确,那么你就有希望摆脱困境。

(4)利用太阳判断方向。正午时北半球太阳在天上靠南,南半球则相反。如太阳被阴云遮挡,可以用小刀刃、剪指刀、火柴梗、钢笔尖等竖放在信用卡、小镜子等光洁物体的表面上,并从中找出淡淡的阴影,据此可推断太阳的方位。

(5)如果你戴的手表是有指针的且已校准过当地时间,把手腕平放,时针指向太阳,时针与 12 点方向所成角的角平分线方向就是正南—正北方向。在北半球时,角平分线指向正南,在南半球时它则指向正北。

(6)在浓密的森林里或其他看不见太阳的地方,可通过观察树干或岩石上的苔藓判断方向。苔藓多长在背光处,在北半球,朝北或朝东北一面的苔藓较多;在南半球,则朝南或朝东南那一面的苔藓较多。另外朝向太阳的阳面树干上的树皮一般会比阴面的树皮粗糙一些,因此,树皮粗糙的一面一般指向南方或西南方（南半球相反）。但应注意，这两种方法有时是不太可靠的，如有太阳还是选择利用太阳确定方向更为可靠。

（7）没有手表或其他工具时，可在原地停留一段时间，将一根木棍竖在平地上，在其地面阴影顶端作出记号，每小时标记一次，把几次的记号连成一条曲线，该曲线大致指向东西方向。

2. 在风雨中判别方向的注意事项

（1）穿好雨衣，或用塑料袋等保护好身体，离开高地、大树，到稍低洼的地方暂避一时。注意：不能到深沟大壑处，以防洪水暴发，使你陷入更加危险的境地。

（2）如果有地图，或能找到附近人家，应设法搞清前面是否有危险地形，如地图上密集的等高线表示山势陡峭，要绕道而行。

（3）如果在山上，可以沿着溪流的流向下山，但不要贴近溪流而行。因为山洪冲击力极大，河岸两侧一般非常陡峭，而且雨季随时有可能暴发山洪。因此，正确的做法是循着水声沿溪流下山。

（4）随时注意前方道路情况。不能走近浅绿色穗状草丛的洼地，那儿很可能是沼泽。

（5）留意路旁有没有住家及其他可避风雨的藏身之所。一般而言，有路的地方，就有可能找到人家或藏身之处。

3. 夜晚迷路可采取的方式

在夜晚，人的方位感明显降低，容易迷失方向。一旦在黑夜迷了路，对策如下：

（1）如果月色依稀可见，可据此观察周围环境，寻找公路、农舍，以求帮助。

（2）利用星星来辨别方向。在北半球，可以根据北斗七星找到正北方的北极星；在南半球，南十字星座大致指向南方。

（3）如果既无月光，又没有星辰，四周漆黑一片，看不见周围环境，这时应停止前进，找一个栖身之地。一段残垣断壁或山脚岩石后面，都可以暂避风寒。多穿几件随身携带的衣服，钻进维生袋或睡袋（如果有）以取暖。人多时可以抱成一团来取暖，隔一段时间应互相易位，以免外围有人冻伤。等熬过黑夜到了白天，再按白天判断方向的办法，寻找正确的路线。

二、独自走散怎么办

为了避免这种情况，平时要互相照顾，避免单独行动。同时，也要事先考虑万一落伍离队时的处理方法。

第一，全体队员必须清楚地知道此次出行的路程和目的地，不可以把一切都委任给领队而自己只漫无目的地跟在后面走。

第二，每个人都要带地图和指北针、水壶、食物以及灯具等必需的个人装备，要事先决定目的地和预定到达的时间等。

万一离队而不容易和队员会合时，如果确信自己可以继续走到目的地，就要依照计划继续前进。而对大部队而言，等到超过预定时间还有队员无法到达目的地时，应考虑下一步的行动，决定是派人去找还是留在原地等待。这种判断要依照各自的经验和当时的条件，如大家的体能情况如何、地形是否复杂、危险度高不高等来决定。

三、天黑之前未到达目的地怎么办

进行野外活动时，万一比预定的时间晚，或者在到达目的地之前，天已变暗时，该怎么办才好？

如果前进路线很明显，现在的位置也很确定，同时可以认定已离目的地不远的话，就可以借助手电筒继续前进，尽快到达目的地，与大家会合。

但如果发生了其他的不良条件，如下雨、气温下降，或迷路无法回到原地，或队员中有人身体不适，或所处环境对黑暗中行动很危险等情形，就要决定是否在当地露宿过夜。此时，如果带有帐篷且可以找到设营的地方，那就可以按照一般的方式来设营过夜。但如果没有携带帐篷或地处斜坡上无法设营时，就尽量多穿衣服，注意保温。若是携带了食物和炊具的话，就可以炊事用餐。

四、脚底打泡怎么办

在旅途中，鞋子不舒服或走路时间长了，脚容易起泡。这时候怎么办呢？

较小的水泡，最好不要刺破它，局部涂些抗菌素软膏或碘酒，包扎好就可以了。如果水泡较大，就应把脚洗净后消毒（可用碘酒和酒精局部擦涂），然后用经过火烧灭菌的衣针将泡刺破，将组织液挤出，再用消毒纱布敷盖包扎。如果水泡自然破裂，应立即进行消毒，并用消毒纱布敷盖包扎，并禁止再穿脏的袜子和鞋。

此外，也可试用这种民间方法：用白萝卜籽（适量）炒熟研末，白矾（适量）研末，两种药混匀放入鞋内，穿上后走路不疼，小水泡数日自消。

预防脚底起泡的方法：

（1）走较远的路和旅游时，不要穿新鞋、皮鞋或高跟鞋。

（2）如果脚底摩伤疼痛、发红，可在相应部位的袜子外面或鞋底内，擦上一层肥皂，或在脚底磨伤处贴两层纱布，使接触部位平滑。

五、地图遗失怎么办

没有地图，就无法顺利前进。因此，在野外活动过程中，一定要妥善保管好地图，千万不能丢失。

在大自然里，随时随地都有可能发生难以预测的事态，如由于队员急病，必须从其他路线迅速返回；天气即将恶化，必须变更预定路线等。这时，必须根据地图来讨论如何变更路线。如果仅凭直觉想要通过地形复杂的路线，即使理论上有此可能，也是相当危险的。如果你经常从事野外活动，请务必随身携带地图，此乃不二法则。

如果不幸遗失地图，首先可以考虑向其他队员借用。

其次，应尽快取得地图或观光旅游指南。此外，休息地多半也备有地图或路线说明书。

除了地图之外，还应该携带旅游指南等资料。现在的旅游指南往往内容详细，有各种资料，且附有相当精确的地图，对野外活动很有参考价值。

第四节 野外求救信号的发放与接收

在野外，生存环境非常恶劣，各种困难会不期而至。对野外生存者来说，及时了解自己所面临的困境，通知别人，求得救援，是非常重要的。遇险求救时，要通过各种方式与别人取得联系。发出的信号要足以引起人们的注意。

一、信号种类

根据自身的情况和周围的环境条件，发出不同的求救信号。一般情况下，重复三次的行动都象征寻求援助。

信号的种类有：

1. 烟火信号

火光作为联络信号是非常有效的。遇险时，白天可在火堆上放些苔藓、青嫩树枝、橡皮等物使之产生浓烟；晚上可放些干柴，使火烧旺，使火焰升高。

燃放三堆火焰是国际通行的求救信号。遇险时可以将火堆摆成三角形，每堆火之间的间隔相等。如果燃料稀缺或者自己伤势严重，或者由于饥饿、过度虚弱，凑不够三堆火焰，那么因陋就简点燃一堆也行。

不可能让所有的信号火种整天燃烧，但应随时准备妥当，使燃料保持干燥,一旦有任何飞机路过,就尽快点燃求救。

火堆的燃料要易于燃烧,点燃后要能快速燃烧,因为有些机会转瞬即逝。白桦树皮是十分理想的燃料。

可以利用汽油,但不可将汽油倾倒于火堆上。要用一些布料做灯芯带,在汽油中浸泡,然后放在燃料堆上,将汽油罐移至安全地点后再点燃。记住:添加汽油前要确保添加在没有火花或余烬的燃料中。

在白天,烟雾是良好的定位器,可采用在火堆上添加散发烟雾的材料的方式制造烟雾。浓烟升空后与周围环境形成强烈对比,易引人注意。

在夜间或深绿色的丛林中亮色浓烟十分醒目。添加绿草、树叶、苔藓和蕨类植物都会产生浓烟。其实任何潮湿的东西都易产生烟雾,潮湿的草席、坐垫可熏烧很长时间,同时飞虫也难以逼近伤人。

黑色烟雾在雪地或沙漠中最醒目,橡胶和汽油可产生黑烟。

如果受到天气条件限制,烟雾只能近地表飘动时,这时可以加大火势,这样暖气流上升势头更猛,会携带烟雾到相当的高度。

2. 地对空信号

下面所列字母是国际通用的紧急求救信号,"FILL"可以帮你记住其中主要的信号。单个一根木棒"1",是最为重要,制作也最简单的一个。尺寸是每个信号长 10 米、宽 3 米,每个信号间隔 3 米(图 11-4-1)。

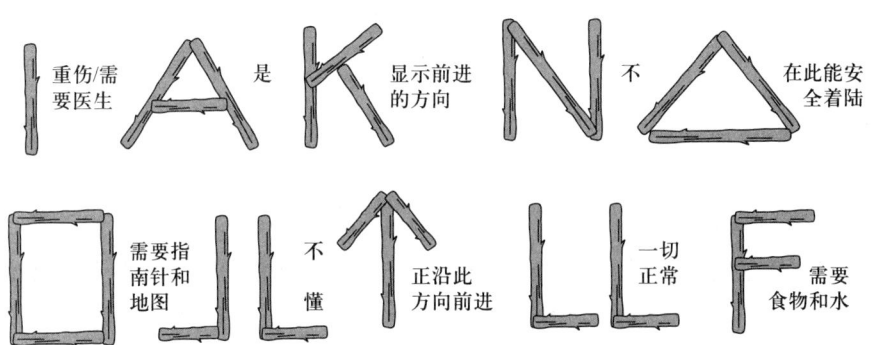

图 11-4-1 国际通用紧急求救信号

3. 体示信号

当搜索飞机较近时,可用体示信号表达遇险者的意思。

4. 旗语信号

将一面旗子或一块色泽亮艳的布料系在木棒上。持棒运动时,在左侧长划,右侧短划,加大动作的幅度,做"八"字形运动。

如果双方距离较近,不必做"八"字形运动。一个简单的划行动作就可以，在左侧长划一次，在右边短划一次，前者应比后者用时稍长。

5. 声音信号

如距离较近，可大声呼喊，三声短三声长，再三声短；间隔1分钟之后再重复。

6. 反光信号

利用阳光和一个反射镜即可射出信号光。任何明亮的材料都可利用，如罐头盒盖、玻璃、金属铂片，镜子当然更为理想。持续的反射将规律性地产生一条长线和一个圆点，这是莫尔斯代码的一种。即使距离相当遥远，营救者也能察觉到遇险者发出的反射光线信号。注意环视天空，如果有飞机靠近，就快速反射出信号光。这种光线可能会使营救人员目眩，所以一旦确定自己已被发现，应立刻停止反射光线。

二、如何使用信号求救

如何求救，可采取多种方式：

1. 点燃火堆

连续点燃三堆火，中间距离最好相等，白天可燃烟，在火上放些青草等产生浓烟的物品，每分钟加6次。夜晚可燃旺火。

2. 声音求救

声音也是求救的一种信号。采用声音进行求救，可大声呼喊，也可借助其他物品发出声响，如用斧子、木棍敲打树木。

3. 利用反光镜

利用回光反射信号，也是有效的求救办法。可利用的能反光的物品如金属信号镜、罐头皮、玻璃片、眼镜、回光仪等。

4. 在地面上作标志

在比较开阔的地面，如草地、海滩、雪地上可以制作地面标志。如把青草割成一定标志，或在雪地上踩出一定标志；也可用树枝、海草等拼成一定标志，与空中取得联络。还可以使用国际民航统一规定的地空联络符号所示。

请记住这几个单词：SOS（求救）、SEND（送出）、DOCTOR（医生）、HELP（帮助）、INJURY（受伤）、TRAPPED（发射）、LOST（迷失）、WATER（水）。

5. 留下信息

当离开危险地时，要留下一些信号物，以备让救援人员发现。地面信号物能使营救者了解遇险者的位置，方向指示标则有助于他们寻找遇险者的行动路径。一路上要不断留下指示标，这样做不仅可以让救援人员追寻而至，在自己希望返回时，也不致迷路。

方向指示标可以是：

（1）将岩石或碎石片摆成箭形。

（2）将棍棒支撑在树杈间，顶部指着行动的方向。

（3）在卷草中的中上部系上结，使其顶端弯曲指示行动方向。

（4）在地上放置一根分叉的树枝，用分叉点指向行动方向。

（5）用小石块垒成一个大石堆，在边上再放一小石块指向行动方向。

（6）用一个深刻于树干的箭头形凹槽表示行动方向。

（7）两根交叉的木棒或两块交叉的石头表示此路不通。

（8）用三块岩石、木棒或灌木丛传达的信号含义明显，表示危险或紧急。

 课后练习与思考

1. 野外险情的处理主要有哪些内容？
2. 野外伤病自救与互救主要有哪些常用手段？
3. 野外应急的主要措施有哪些？
4. 如何使用野外求救信号？

12 第十二章 野外生存教学与组织

本章提要　野外生存是户外运动的基础活动项目之一,是体育教育专业田径类课程延伸的重要内容,更是一项必不可少的生活生存实用技能。开展野外生存教育课程,可以培养学生参与户外运动所具备的身体素质、心理素质和提高适应环境变化的应变能力。本章着重介绍野外生存的教学目标、教学内容与方法、教学组织以及部分教学案例。

第一节 野外生存运动教学目标

野外生存训练课程教学目标的制订是一个非常复杂且精细的过程，本书结合目前国内外开设野外生存生活训练的情形，不同层次人群的特点，以及野外生存教学的特点来制订课程教学目标。

野外生存活动在欧美国家，以及日本、韩国、澳大利亚等国高校都很普及，他们建立专门的基地进行训练。野外生存能力是青少年成长过程中必不可少的生活技能，澳大利亚体育学院还单独开设了野外生存课程。

在我国，野外生存训练深受年轻人喜爱，高校也十分重视野外生存教育，如杭州成立了全国大学生野外生存研究会，福建华侨大学成立了野外生存与定向越野协会暨野藤大学生户外运动俱乐部，中国地质大学（武汉）组织了野外生活训练，浙江大学开展了野外定向越野活动，广州大学人文学院将野外生存拉练纳入军训之中。

2002年8月，教育部颁布的《全国普通高等学校体育课程教学指导纲要》明确提出："因时因地制宜开发利用各种课程资源是课程建设的重要途径，充分利用空气、阳光、水、江、河、湖、海、沙滩、田野、森林、山地、草原、荒原等条件，开展野外生存、生活方面的教学与训练"。目前对野外生存生活训练的研究取得了一些成果，但仍需不断探索总结。

鉴于目前国内外野外生存教育情形，野外生存教育课程可进行如下设置：

（1）整个教学过程一般分为两部分，即常规教学（基本理论和一般户外运动）和野外综合实践（或考核）。常规教学理论课、实践课的形式在教室、操场以及学校附近可利用的自然环境中进行；野外综合实践既是提高学生野外生存生活能力的训练课，又是对学生野外生存、生活能力的综合考核，须在野外的环境中进行。

（2）野外综合实践可根据学习进程的具体情况设计成初级、中级、高级等不同程度的难度；活动形式可分为基地式、穿越式、混合式；时间可利用双休日、节日长假、寒暑假等。

（3）每学期可安排36学时（含野外综合训练的学时数），其中，理论课、一般户外运动、野外综合实践课的学时数比例以1:3:2为宜。

（4）可运用学生自评、学生互评、教师评价等方法（可采用百分制评分+评语的方式），从5个学习领域综合评价学生的学习情况。

一、教学指导思想

"健康中国2030"规划纲要指出：健康是促进人的全面发展的必然要求，是经济社会发展的基础条件，是民族昌盛和国家富强的重要标志，也是广大人民群众的共同追求。《体育强国建设纲要》中将青少年体育发展促进作为九大重大工程之一，特别提出了发展青少年身体素养的目标要求，促使更多青少年投入到体育运动中去，从而增强学生体质、强化以体育人的功能。健康体魄是不忘初心砥砺前行的先决条件，更是中华民族伟大复兴中国梦得以实现的根本保障。学校体育是培养具有健康体魄与健全人格的新时代合格人才的主战场。高校野外生存生活训练的教学设计必须紧紧围绕习总书记新时代"五位一体"的总体布局与"四个全面"战略部署，树立"健康第一"的教育教学理念，以《国家中长期教育改革和发展规划纲要（2010—2020年）》《普通高等学校体育教育本科专业主干课程教学指导纲要》等文件精神为依据，改革创新学校体育工作，增强学生体质，促进其身心健康成长。努力提高学生综合素质、培养综合能力与创新思维、养成终身体育与健康的意识及科学锻炼的习惯，帮助学生在野外生存与生活锻炼中享受乐趣、增强体质、健全人格、锤炼意志。

高校野外生存生活训练的教学设计不仅要注重学生体质的增强，还必须着眼于学生个性差异，加强心理技能训练，强化身心统一的生存意识，掌握必备的生存技能，这是学校体育改革和发展的必然趋势，也是高校体育与健康工作的最终目标。

野外生存生活训练是拓展体育课程内容、教学组织方法、时间和空间，联合体育课程资源、学校之外的自然资源和社会资源，促进大学生生动、活泼、主动发展的新型高校体育课程内容，能激发大学生体育学习兴趣，有利于提高大学生身体、心理、社会适应等方面的整体健康水平。

开展野外生存训练课，让学生走出校门，亲近自然，是对传统体育教学模式的挑战，同时也是学校体育发展的新机遇。通过野外生存训练课程提高学生全面认识"体验式学习"，理解"大体育、大文化"的教育目的，这些都有助于提高学生的社会综合素质与综合能力。

二、教学特点

野外生存生活训练与传统的体育教学有着本质的区别，从名称上可以看出"野外""生存"两大要素，体现了这项运动是以学生的"学""做"为重点，从实践运用中得出真知，注重身体力行，有别于以往的体育教育。学生能在愉快、积极的参与中得到知识、领悟道理，通过亲身实践挖掘自己的潜力，培养实践能力以及创新精神，促进勇敢、顽强、果断、自信、团结等优良品格的形成。各种极限体验、挫折体验、高峰体验让学生在野外生存中体验快乐、激动、悲伤、犹豫、喜悦等各种人生感悟，对超越自己的向往，通过亲身体验来培养体育精神。主要表现为以下几个方面：

（一）教学内容的多样性和实践性

野外生存生活训练是当下大学生最热衷的项目，涵盖了野营、野炊、负重行军、攀岩、岩降、定向越野、涉水、穿越丛林、搭绳过涧、野外自救等生活生存技能。

野外生存生活教学是以实践为主要手段，兼备趣味性、实用性、健身功能。野外生存生活训练的所有项目以身体力行和团结协作为导引，引导学生的认知活动、情感活动、意志活动和交往活动，有明确的目标和操作过程，要求学生全身心地投入。

（二）教学对象的特殊性和统一性

当代大学生个体意识强，但渴望团队帮助和融入团队。在我国的教育环境下，大学生从小到大，在家庭、学校、社会的呵护下，平稳安逸地学习生活了十几年，同时其冒险、挑战心理也被限制了十几年。一旦获得自主、自立，其追求新奇、冒险和挑战的心理必将迸发。

野外生存生活训练强调集体合作，力图使每一个学生竭尽全力为集体争取荣誉，同时从集体中汲取巨大的力量和信心在集体中显示个性。野外生存生活训练在团队的组织形式下，在教师的组织指导和同伴帮助配合下，由学生主动参与独立完成，师生间、同学间频繁交往。在大自然中，少了条条框框的限制，学生的个性得以张扬，同时让他们体会到团队合作的重要性，懂得了帮助别人就是帮助自己。

（三）教学环境的新奇性与融通性

大自然对人类具有无穷的吸引力，向往自然、回归自然是人类的天性和心理需求。大学生群体处于走向自然、走向社会的准备期，这一阶段对社会、自然的好奇心、认知欲促使其产生极大的兴趣。

大自然也是野外生存生活训练用以滋润人的个性世界的养料，它与人文关怀融合在一起发挥作用。野外生存生活训练是一种"绿色行动"，大学生们应承诺"除了脚印什么都不留下，除了照片什么都不带走"。在纯净自然的山野中遵守环保行为规范、一同保护每一片绿色。

（四）教学过程的探险性和挑战性

野外生存生活训练是一个新鲜事物，具有探险性和挑战性，完全符合大学生的心理需求。大学生群体思维活跃、分散，对新鲜事物有极强的认知、参与欲望强，并且神经兴奋性高，富于挑战，敢于冒险。野外生存生活训练是团体在野外艰苦环境中，依靠集体和个人力量完成的教育活动，是难度高、挑战性强的特殊训练，要求参加者具有良好的个性心理品质。

野外生存生活训练有一定的难度，这个难度不仅表现在体能要求上，更体现在心理考验上。大学生群体个性心理品质与野外生存生活训练的要求有一定差距。一些项目乍看上去似乎高不可攀或者难以逾越，更需要学生向自己的能力限度挑战，跨越"极限"。野外生存生活训练是把学生的身心能力中最卓越、最出色的部分升华到可能达到的巅峰。当他们从巅峰"下降"到"常规生活"中的时候对一切挑战都可以从容应付。训练中常听到的一句话是："不是你不能，只是你不敢；不是你的能力问题，而是你的心理问题"。

（五）教学条件的多变性和安全性

在野外生存训练中，需要考虑都很多的实际情况。比如现下的很多大学生极少从事体力劳动以及专项耐力训练，学生肌肉耐力较其他体能指标滞后。活动中部分参与者不注意体力分配，喜欢做变速走等，体力消耗大，肌肉容易疲劳；对自身能力评估不足的，不注意自身防护；在烈日下贪图凉快，穿着较少，不注意防晒；在丛林中过多暴露皮肤，接触过敏物质，引起过敏反应等等问题。

野外生存生活训练应尽量在基地开展，领队教师也都要经过专业训练，所用器材都要符合标准，而且一般情况下应采用双重保护。因此野外生存生活训练大部分都是没有任何危险性的项目，在高校中开展野外生存生活训练的安全可以得到充分保证。

三、教学目标

（一）常规教学目标

（1）通过野外生存课的教学与训练，让学生体验亲近自然、挑战自我、激发潜能的乐趣，培养参与体育运动的兴趣与爱好，养成自觉锻炼的习惯，形成终身体育观念。

（2）让学生理解并掌握野外生存的基本理论知识，掌握野外生存训练课程的主要项目的常用技能，注重学生自主学习能力和具体解决问题的能力的培养，提高野外生活、生存、自救的能力。

（3）使学生懂得制订训练计划和提高身体素质的训练的具体方法，通过锻炼使身体素质逐步得到提高，增强安全防范、自我保护的意识、知识与能力，养成良好的健康行为习惯，提高对外部环境的应变能力及生存能力。

（4）锻炼学生参加野外生存训练和相关项目所应具备的基本心理素质，

注重学生的动手能力及对环境的适应能力培养，加强学生不怕苦、不怕累的意志品质的培养，养成良好的情绪自控调节能力，建立健康、成熟的心理品质。

（5）掌握有效的人际沟通技巧，培养团队协作意识与相互信任的高尚品德，勇于创新，超越自我，提高适应社会的能力。

（二）野外综合实践目标

（1）通过该课程的学习，使学生产生强烈的体育锻炼欲望，体验挑战极限的乐趣，能自觉地参与，科学地指导体育锻炼过程。

（2）通过参与具有挑战性的野外活动和竞赛，挖掘身体潜能，提高技能，具备指导他人进行科学锻炼的能力，培养勇于竞争的意识和组织策划的能力。

（3）通过该课程的学习，全面发展体能，达到较高的野外生存技能水平。

（4）在环境条件设置艰苦恶劣的野外生存生活训练中，历练勇敢顽强的意志品质和战胜困难的勇气信心。

（5）通过野外生存训练，加强安全教育，增强团队协作意识和能力，提高社会适应能力。

第二节 野外生存的教学内容与方法

野外生存生活训练作为高校体育课程的拓展，把仅限于体育课堂的走、跑、跳、投等基本内容扩展到社会和大自然，使学生在与自然界的亲密接触中学会野外生存生活的基本知识与技能，学会安营扎寨、搭灶烧饭、下河捕鱼、分辨可食植物、获取食物和水，学会如何看地图、如何使用 GPS 和罗盘，学会如何预防与处理蛇和蚂蟥的叮咬，受伤自救和互救，掌握攀岩、下降与保护、漂流溯溪、搭绳过涧等具有挑战性的活动技能。

一、教学内容选择的依据

野外生存是体育教育专业田径类课程延伸的重要内容，在教学内容与课时数确定上符合《纲要》的要求，结合普通高等学校体育教育教学实际，以《定向运动与野外生存》教材为蓝本，根据野外生存的教学目标与教学特点，教学内容的选择应不仅充分反映野外生存各个项目的技术技能，且在教师的指导下，通过理论知识、技术与技能的学习，学生能较为全面地掌握野外环境中的应对措施及培养沉着冷静的应变能力。野外生存教学是实现野外生存目的、任务的有效途径之一，其教学涉及范围广泛、教学内容多样、教学形式新颖。

二、教学内容的选择

（一）理论部分

教学任务：主要传授野外生存理论、定向穿越知识、攀岩知识、野外生存的体适能锻炼方法、野外安全与急救知识等，让学生根据所学的知识，建立野外生存必备的知识框架结构，提升学生的综合理论知识素养。

教学内容：

1. 野外生存概述
（1）什么是野外生存。
（2）野外生存的由来、重要性及生存方式。
（3）野外生存的内涵与价值。

2. 野外生存的基本知识
（1）野外生存的基本装备与要求。
（2）辨别野外天气与方向。
（3）野外生存的体适能与心理要求。

3. 野外生存的安全防范与急救
（1）野外险情的处理方式。
（2）野外生存的自救与互救知识。
（3）野外应急措施与求救信号。

（二）一般户外运动部分

教学任务：主要传授野外生存与生活的基本技术与技能，让学生根据所学的知识、技术、技能，自己解决问题，开拓创新，能够切实掌握野外环境下的生存与生活的技能以及安全防范与急救的技能，提升野外突发情况的应变能力与心理素质。

教学内容：

1. 野外生存基本技能
（1）简单生活用具的制作。
（2）基本装备的使用。
（3）各种情形的穿越技能训练。
（4）攀登技能训练。
（5）海上求生技能训练。
（6）沙漠生存技能训练。

2. 野外生存体适能训练

（1）耐力训练。

（2）力量训练。

（3）速度训练。

3. 心理技能辅助训练

（1）渐进放松训练。

（2）系统脱敏训练。

（3）强化自信训练。

（4）情境模拟训练。

（5）生物反馈训练。

4. 野外生存急救训练

（1）野外急救的处理。

（2）骨折的固定与搬运注意事项。

（3）CPR（心肺复苏术）操作练习。

（三）野外生存综合训练部分

教学任务：建立一个真实的亲近自然的体验环境，是对野外生存教学的成果检验，也是对学生综合能力的全面锻炼。学生利用所学的理论知识来指导实践，并通过野外实践的训练总结新的知识，在活动中提升学生挑战自我的能力及团结协作的精神。

教学内容：训练时间为2天，以周末或假期为宜，训练内容依据训练基地的具体情况制订。

主要内容有负重行军、丛林穿越、涉水、溯浮、扎筏漂流、搭索过涧、攀岩、岩降、危险路段的行走、过独木桥、野外定向、修建营地、埋锅造饭、捕鱼、篝火晚会等。

三、教学进度与课时分配表

1. 学时数分配（共36学时，表12-2-1）

表12-2-1 学时数分配

分类	教学内容	学时	总学时数	百分比
理论部分	1. 野外生存概述	2	6	16.70%
	2. 野外生存的基本知识	2		
	3. 野外生存的安全防范与急救	2		

续表

分类	教学内容	学时	总学时数	百分比
一般户外运动部分	1. 野外生存基本技能训练	10	18	50%
	2. 野外生存体适能训练	2		
	3. 野外生存心理技能训练	2		
	4. 野外急救操作训练	4		
综合实践部分	1. 野外生存综合训练部分	12	12	33.30%
	2. 考核			
总计		36	36	100%

2. 教学进度（表12-2-2）

表12-2-2 教 学 进 度

课次	主要内容	学时数	上课地点
1	野外生存概述：概念、由来、重要性、生存方式、内涵与价值	2	教室
2	野外生存的基本知识：装备要求、辨别天气与方向、体适能与心理技能辅助训练方法	2	教室
3	简单生活用具的制作、基本装备的使用	2	户外
4	体适能训练、心理技能训练	2	户外
5	野外生存的安全防范与急救：险情处理、自救与互救知识、应急措施与求救信号	2	教室
6	急救操作：止血、包扎、骨折固定，担架制作与搬运	2	户外
7	急救操作：心肺复苏（CPR）操练	2	户外
8	穿越训练	2	户外
9	攀岩与速降训练	3	基地
10	海上求生技能的训练	3	户外

续表

课次	主要内容	学时数	上课地点
11	体能训练、心理训练	2	户外
12	野外生存综合训练：负重行军、丛林穿越、涉水、溯溪、扎筏漂流、搭索过涧、攀岩、岩降、危险路段的行走、过独木桥、野外定向、修建营地、埋锅造饭、捕鱼、篝火晚会等 考核	12 （周末2天）	野外或基地

注：考核与评价
1. 考核内容
（1）平时考核：平时表现、课外作业。
（2）理论考核：讲授的内容。
（3）实践能力考核：野外生存的各项技能，包括急救处理的操作技能。
（4）身体素质考核：男生1 000米、女生800米跑，游泳（随堂考核）。
2. 考核方法与形式：所有的考核均随堂进行
（1）平时考核：出勤、学习态度、课外作业完成情况。
（2）理论考核：闭卷笔试。
（3）实践能力考核：学生课堂参与情况、技能完成情况进行考评。
（4）身体素质考核：达标。
3. 分数构成
　　总分（100分）= 平时占20%+理论占30%+实践能力占30%+身体素质占20%
4. 评价方式
采用定量与定性、过程性评价与阶段性评价相结合的评价标准，由学生自评、学生互评、教师考评的形式。

四、实用教学手段与方法

（一）耐力练习

1. 练习目的

通过练习，提高学生学生野外生存必备的体能储备，掌握耐力锻炼的方法、要领、注意事项。

2. 练习准备

（1）选择一个公园，并在地图上标出跑步路径，并在途中关键位置设立签到点。

（2）路线长度设置4 000米左右为宜。

3. 练习方法

学生一人一图，每人一个数字牌号。教师在起点处统一发令，经过签到点处，将数字牌号报给签到处的老师，到终点处，教师记下每个人的成绩。超出规定时间的，进行惩罚练习。

4. 教学建议

（1）教师一定要讲清练习方法与要求，跑前务必强调安全，做好体检。特别是有心血管等非传染性疾病的同学不宜进行剧烈运动；跑步途中有自感不适的，放慢速度，自行调整，并汇报教师。

（2）整个过程可以单人的形式进行，也可分组同时进行，以最终的成绩相加，时间少的队获胜。

（二）克服自重力量练习

1. 练习目的

通过悬垂过横梯的练习，发展学生克服自身重力，锻炼上肢及肩背带力量，为后续的野外综合训练奠定基础。

2. 练习准备

横梯一架，垫子 4~5 块。

3. 练习方法

（1）学生分成两组，采用计时两手依次交替爬过每一段横梯，并在末端返回爬到起点处，下来与下一位队友击掌接力，用时少的队获胜。输的队伍，接受惩罚。

（2）中途掉下来的，从掉下处重新起跳握起继续。

（3）力量稍差的同学可以不用两手依次交替，可经过双手抓握同一节横梯再前行。

4. 教学建议

（1）教师讲解示范动作要领，学生自行练习后，再进行比赛。

（2）在横梯的两端应有专人保护，增加练习的安全性。

（3）准备活动做充分，避免伤害事故发生。

（三）上下坡速度练习

1. 练习目的

利用坡度练习快速跑的能力，发展学生的腿部力量的同时提高学生的快速跑动的能力。

2. 练习准备

寻找一块有坡度的公路，坡度不需要太大，平缓一些最好。一般桥梁的两边都是有坡度的。

3. 练习方法

（1）上坡跑练习，训练强度高于平地练习，跑动时应保持正确的身体姿态和技术动作，跑动距离 30~50 米，练习速度不低于最大速度的 90%。练习次数 3~5 次。

（2）下坡跑练习，逐步获取到最大的速度再保持 15~20 米的冲刺跑，体会下坡条件下带来的更大的步长、步频和速度。练习次数 3~5 次。

4. 教学建议

（1）练习前教师讲解上坡跑、下坡跑的安全注意事项，强调技术动作的合理性。

（2）学生练习过程中，教师语音提示动作注意环节。

（3）强化正误动作对比，加深对正确动作的直观印象，提高练习效果。

（四）游泳练习

1. 练习目的

通过练习，锻炼学生的游泳能力，提升水中生存自救以及逃生的技能。

2. 练习准备

游泳池，漂浮板。

3. 练习方法

（1）水中手拉手行走 15 m×3 组。

（2）踩水练习。

（3）持浮板水中游行 25 m×3 组。

（4）任何泳姿水中游行 200 m×2 组。

（5）水中解脱练习组。

4. 教学建议

（1）强调学生切勿在水中嘻嘻打闹。

（2）强调课堂组织纪律性，游泳课必须配备岸上救生员，增加课堂安全性。

（五）信任背摔练习

1. 练习目的

通过练习，培养学生团队内部的信任，增强学生挑战自我、突破自我、敢于尝试的勇气以及良好的心理素质。

2. 练习准备

1.5 米左右的高台、背摔绳、垫子 4~5 片。

3. 练习方法

（1）个人挑战部分的学习：首先，挑战者调整好心态，在高台中央两臂前举，双手外旋并十指交叉相扣，前臂曲肘内旋靠近身体，然后由教师系上背摔绳。其次，在教师的引导下，站到高台上指定的区域，双脚并拢，脚跟超出台面少许，膝关节绷紧，臀部肌肉收紧，下颌微收略含胸。最后，调整好呼吸，大声地问队友"准备好了吗？"，待队友听后齐声回答"准备好了"，并喊"1、2、3"，此刻，挑战者直体后到向人床。

（2）团队接人部分的学习：8人组成人床，一边4人，体型相近的人两两相向站立，伸出右脚成前弓步，脚尖内侧相抵，膝关节内侧相触，重心保持稳定；同时双臂向前平举，自然伸展，与肩同高，掌心向上，手指自然伸直，搭在队友肩膀上，进入用力状态；抬头看着后倒队友的背，当队友倒下时接住队友。

（3）接住队友后，慢慢地放下，先放脚，待人站稳后松手，并解开背摔绳。换下一个队友进行。

4. 教学建议

（1）教师按照先个人后团体的顺序讲解，并找学生一边练习一边讲解。提醒背摔者直体后倒的要领，切忌倒下时后坐。

（2）练习前先进行平地后倒辅助练习，再挑战高台背摔练习。

（3）教师积极鼓励学生参与挑战，同时注意接人床的接应位置，密切注意安全。

（六）浪木平移练习（图12-2-1，图12-2-2）

图12-2-1　浪木平移练习　　　图12-2-2　浪木平移练习

1. 练习目的

通过浪木平移的练习，锻炼学生身体的平衡性与协调性，提高不稳定状态下的控制能力，培养学生良好的心理素质。

2. 练习准备

浪木。

3. 练习方法

（1）两手紧握铁锁链，两脚踏在横木上，待身体稳定后在逐个通过横木。

（2）双人相向过横木，相遇时，可待一人稳定通过后，再过另一个人。

4. 教学建议

（1）练习时，双手要抓牢铁链，防止摔伤。刚开始练习可以使用保护与帮助。

（2）未成年人必须在监护人的陪同与保护下体验。

（3）打雷下雨天气禁止使用。

（七）平衡木练习（图12-2-3）

图12-2-3　平衡木练习

1. 练习目的

通过练习，帮助学生增加肌肉本体感觉，提高身体的平衡性与克服高空路窄的恐惧心理。

2. 练习准备

体操凳、平衡木、体操垫6~7块。

3. 练习方法

（1）身体正直，双臂打开，保持身体的平衡性。

（2）模拟通过悬崖峭壁，侧身行走，上体保持平稳，两脚依次打开、并拢，保证安全通过。

（3）坐在平衡木上，双手支撑臀部向前移动逐步通过。

4. 教学建议

（1）先简单后增加难度练习，先在体操凳上体验动作的感觉，逐步挑战平衡木练习。

（2）有高度的平衡木练习时，加大保护与帮助。

（八）穿越洞穴练习（图 12-2-4）

图 12-2-4　穿越洞穴练习

1. 练习目的

通过各种不同高度的洞穴穿越练习，培养学生穿越、翻爬的能力，提升学生的灵敏素质。

2. 练习准备

一片具备各种不同高度的圆形孔洞的练习场所。

3. 练习方法

从不同的高度的孔洞内，各自运用恰当的方法通过。

4. 教学建议

（1）禁止直接采用跳跃方式穿过。

（2）未成年人必须在监护人陪同和保护下体验。

（3）阴雨天气禁止使用。

（九）跨越壕沟练习（图 12-2-5）

1. 练习目的

通过练习，锻炼学生克服困难，挑战自我的能力，提升学生四肢及腰腹力量。

图 12-2-5 跨越壕沟练习

2. 练习准备

拓展基地内一片断了隔木约 1.5 米的水域桥梁，含缆绳、滑轮、手把托、安全帽、安全带。

3. 练习方法

双手抓住滑轮下的手把托，助跑借助向前惯性在靠近断木前蹬地收腿腾空向前越过壕沟后，双脚放下着地成功踏上对面的地面。

4. 教学建议

（1）教师讲解练习方法与注意事项，找身体素质好胆子大的队员先参与，可在练习的过程中讲解要点。

（2）心理辅导要及时，并注意方式。

（3）学生挑战成功，要及时鼓励。

（4）注意安全与保护措施

（十）扎筏泅渡练习

1. 练习目的

通过训练，学生掌握野外生存的一种水上求生技能，活动中学会分工合作，发挥团队精神。

2. 练习准备

一片安全的公开水域，竹竿 6~8 根，大油瓶或废弃的汽车轮胎 4 个，10 根 5 米长的绳子，6 根 10 米长的绳子，救生衣每人 1 件，桨每人 1 把，救生艇 1 条，救生圈 1 个，救生竿 1 把。

3. 练习方法

(1) 将学生分成 8~10 人一组,男女生搭配分组。分组进行,从扎筏开始计时到下水到指定位置并返回岸边为止,用时少的队伍获胜,用时最长的队伍接受惩罚。

(2) 竹筏扎好后给培训师检查是否安全,通过检查的方可下水,不通过的继续返工。

(3) 竹筏下水后,上筏的学生必须穿上救生衣,每人拿一把桨,一起划动。

4. 教学建议

(1) 教师讲解清楚比赛的方法与要求,扎筏的要领,划桨动作。

(2) 每小组确立一位小组长,负责团队成员间的统筹与安排,发挥率领作用。

(3) 强调上筏必须穿救生衣,注意安全。

(4) 事先搞清不会游泳的学生,并重点关注,安排好会游泳的学生关照好不会游泳的学生,建立同伴关照制。

(5) 原则上要求每组的学生都要参与活动,并坐上筏划上桨。

(十一) 攀岩练习

1. 练习目的

通过练习,体验并掌握攀爬的技巧,提高身体的协调性与平衡性,培养学生沉着冷静、积极进取,敢于挑战勇于攀登的精神。

2. 练习准备

室外专用岩壁、50 米长 10.5 毫米粗的动力绳 1 根、半可调坐式安全带 3 条、头盔 2 个、绳套 4 个、丝扣主锁 6 个、8 字环 1 个、手套 4 副、镁粉袋 1 个。

3. 练习方法

(1) 所有队员一同学习正确穿戴安全带、头盔的方法,学习主锁与 8 字环的使用方法,保护队员学习五步收绳法。

(2) 先做一段时间的平移练习,即水平地从岩壁一侧移到另一侧,体会重心、平衡、手脚的运用等基本技术。

(3) 学习攀岩侧拉、手脚同点等基本技巧,体验手、脚的配合与身体的平衡以及动作的节奏。

(4) 队员自己设定目标,在规定时间内完成爬行任务,脱落次数不可超过 3 次,超过停止攀爬。

4. 教学建议

（1）要求穿攀爬专用鞋，或者鞋底较软的皮质胶底运动鞋。攀爬时做好安全保险准备。

（2）提醒队员注意攀登的技术要领。如：身体要尽量贴近岩壁，双脚踩实，再伸手够下一支点。体会用腿的力量顶起重心上移，手只是在上移时维持平衡。

（3）多用语言提示动作技巧，给予鼓励，尽量让每一位队员体验到战胜极限的感觉。

（十二）急救包扎练习

1. 练习目的

通过包扎练习，学生能够掌握急救的知识，并能根据突发状况作出正确的判断与基本的处理。

2. 练习准备

三角巾 30 条、绷带 30 个、纱布 10 块、毛巾 10 块。

3. 练习方法

（1）教师边讲解边示范几种常见的包扎方法，如周包扎、8 字形包扎、三角巾头部包扎、上臂骨折固定、前臂骨折固定、大腿骨折固定、小腿骨折固定、戳伤异物留在体内处理等方法。

（2）学生分组相互练习各种包扎手法。

（3）将学生分成人数相等的 4 组，教师先从各组抽签一名参赛的队员名单，然后由此轮参赛的四名队员中随机安排一名队员抽签包扎的内容，开始比赛包扎时，计时 3 分钟看学生包扎完成的效果，教师对完成情况进行点评打分，超时扣 10 分。依次类推，直到每个成员都完成比赛，把每组参赛成员的分数相加，分数多的队伍获胜。输的队伍接受惩罚。

4. 教学建议

（1）教师根据受伤的部位，受伤的情况来讲解所采用的包扎处理方法，并包扎示范，可在包扎的同时讲清包扎的要点。

（2）学生间相互包扎操练的环节，教师注意多一点对比评价，指出存在的问题，让学生掌握包扎的细节。

（十三）心肺复苏练习

1. 练习目的

通过心肺复苏的急救知识的学习，掌握胸外心脏按压急救的操作流程与操作手法，明确采取心肺复苏操作的恰当时机。以便意外出现后能及时有效地开展现场急救所需，达到挽救生命、减轻伤残的目的。

2. 练习准备

心肺复苏模拟教具 2 套，一次性人工呼吸薄膜 1 个/人，节拍仪一台。

3. 练习方法

（1）学生在听清弄懂心肺复苏的知识与操作技能后，分组练习操作的流程与操作的手法。

（2）心肺复苏步骤：① 评估意识与呼吸；② 复苏体位；③ 循环支持（C）——胸外心脏按压技术、开放气道——（A）人工呼吸——（B）；④ 复苏呼吸与按压比例；⑤ 判断复苏效果（如无搏动则继续行 CPR，如此反复进行，直到呼吸、心跳恢复）。

（3）完整流程的演练展示，不合格者继续练习，待再次演练展示合格后，方可结束。

4. 教学建议

（1）采用多媒体教学，结合道具进行示范，提高课堂教学的效果。

（2）强调按压的部位、按压的深度、按压的频率、按压通气比等几个操作手法上的注意点。

（3）注重情境教学的演练。

第三节　野外生存的教学组织

一、教学的基本要求

（1）在贯彻执行教学大纲的过程中，教师始终要抓好学生的思想教育，并把教书育人放在教学工作的首要位置。根据人才培养方案及培养目标的要求，突出体育教育专业特点，培养社会需求的栋梁之材。

（2）把"以人为本、健康第一"的指导思想贯穿教学的整个过程，教师有计划、有目的地组织实施各项教学内容，在课堂常规中加强安全与组织纪律教育，教学中突出"做中学、学中做"的理念，充分发挥学生的积极主动性，加强学生研讨、师生互动环节的教学，提高学生的学习热情与参与乐趣，加深对所学知识的理解，能将所学的知识、技术与技能在实践中运用。

（3）教学中借助多媒体等现代化教学手段，注重健康知识、安全知识、野外生存技能知识、急救知识的渗透，建立野外生存生活的知识、技术、技能的储备，以提高学生的综合素质为目的，完成野外生存综合训练任务的考验。

（4）注重拓展训练，加强安全防范与风险评估，建立良好的预防应急措施，有目的性地开展心理挑战训练，提高学生紧急情况下的心理素养与应急能力。

（5）注重人与自然和谐相处观念的教育，培育学生学会野外生存的同时，要求学生能够关爱自己、关爱同伴，关爱自然。

二、教学设计的心理学基础

野外生存教学设计就是对野外生存教学与训练活动实施的事先规划和组织。野外生存教学心理主要研究野外生存教学环境中师生的心理活动以及行为特征和规律，既关注学生野外生存知识和技能的掌握以及态度与行为的形成，又关注其情境创设的心理学原理。生存能力是每个人在不同环境下生存的必备能力。试想一下，如果城市没有了电、水，或者形成了火灾，或者坐飞机时出现了意外坠落森林……没有生存能力，就无法存活下去，所以野外生存教学与训练有其实际应用价值和特殊的心理学意义。

（一）引导学生正确认识野外生存运动

心理学研究表明，人的行为与行为结果之间有一个看不见的黑箱子，黑箱子里面就是认知评价，认知评价才是行为结果的始作俑者，又称"黑箱理论"。学生是否会主动参与野外生存活动，起决定性作用的是其对野外生存活动的态度。态度是个体对外界人或事物较为稳固的心理倾向。这种心理倾向蕴含着个体的主观评价以及由此产生的行为意向。因此，"态度决定一切"成了共识性的哲理。在野外生存教学设计的理论教学部分要着重引导学生正确地认识野外生存活动的内涵、功能以及现实的实践价值，促使学生萌生参与的积极心理需求，不由自主地产生参与活动的行为意向，这样从心理上自然水到渠成。

（二）培养野外生存活动的参与动机

动机是由需要引起的激发和维持有机体的行动，并使行动导向某一目标的心理倾向或内在驱动力。动机的内在条件是需要，在进行野外生存教学设计时要考虑学生的认知基础，关心学生不同层次的需求，激发学生的学习动机，培养学生的学习兴趣。

成就动机是一种较高级的社会性动机，是指个体积极主动地从事自认为重要或有价值的活动，并力求达到完美、取得优异成绩的心理倾向。野外生存活动是典型的成就情境，对培养参与者成就动机具有重要意义。追求成功的动机会使人产生积极的情绪状态，教学效果也较好；避免失败的动机会使人产消极的情绪状态，教学效果也较差。因此，教师应鼓励学生确立以追求在野外生存活动中学习掌握技能为主的学习动机。

(三) 强化学生积极的情感体验

人在认识世界的时候，总是以某种态度来对待事物，内心会产生一种特殊的体验，满意或不满意，愉快或不愉快，这就是情绪。广义的情绪包括情感，是指人对客观事物是否符合其需要而产生的态度体验。野外生存活动除了技能学习以外，还可以使学生在活动中经历丰富多变的情绪情感体验。比如：愤怒、恐惧、愉快、惊奇、痛苦与挫折等，甚至还会出现强烈的身体—生理反应，例如，基础代谢加快、心跳加速、瞳孔扩大等。教学设计时要注意任务难度适中，既要有挑战性，又要兼顾多数学生，尽可能使学生更多地获得积极的情绪与情感体验，树立信心和勇气。

自我效能是个体对自己能够完成某一行为的实际能力的推测，即个体对自己行为能力的主观评价。积极的情绪情感体验对提高学生的自我效能感具有良好的促进作用。野外生存的环境和任务设置对提升学生的自我效能感具有特定的效果。

1. 自我效能感在野外生存活动中的功能体现

（1）决定个体野外生存活动的选择，以及对该活动的坚持性。高自我效能感的学生，倾向于选择富有挑战性的任务，并能坚持自己的行为。

（2）影响个体在困难面前的态度。高自我效能感的学生，勇于面对野外生存活动中的困难，并对自己能够克服困难充满自信。

（3）影响新环境的体验和新技能习得行为。高自我效能感的学生，敢于尝试新内容、新技能而使技能掌握速度较快。

（4）影响活动时的情绪。高自我效能感的学生，在完成动作技能的过程中，情绪饱满、乐观而稳定。

2. 影响野外生存活动中自我效能感的主要因素

（1）直接经验。学生在野外生存活动中成功或失败的亲身经历，是他们在野外生存知识学习和技能锻炼中所获得的直接经验，对他们的自我效能感影响最大。一般而言，成功能提高自我效能感，而多次失败会使学生的自我效能感降低。

（2）间接经验。通过观察其他学生的野外生存实践活动行为，特别是观察或想象与自己能力相近的同学成功地完成动作技能的行为所获得的间接经验，对自我效能感的形成和改变也有很大的影响。

（3）言语劝说。包括说服性的建议、劝告、解释以及自我规劝。

（四）加强对学生的挫折教育

野外生存活动教学特点之教学过程的探险性和挑战性就蕴含了风险、困难以及挫折。这样一项具有探险性和挑战性的新鲜事物，基本符合新时代大学生的心理需求。在进行教学内容设计时，应对任务的难度有一定安排，这个难度不仅仅是表现在体能要求上，更多的是表现在心理考验上。正如训练中常听到的一句话是："不是你不能，只是你不敢；不是你的能力问题，而是你的心理问题"。有研究表明，当前，大学生群体个性心理品质与野外生存生活训练的要求有一定差距，抗挫折能力以及自我调节方面不够成熟，有些训练项目可能乍看上去似乎高不可攀或者难以逾越，其实不然，有时更需要学生向自己的能力限度挑战，跨越"极限"。这也是暗示训练与自信训练的方法，从内心驱赶失败挫折的困扰，树立自信。

在学生挫折教育中还应该进行归因指导。归因，是指个体对自我或他人行为结果的原因进行分析、解释和推测的认知过程。不同的归因方式对个体的野外生存活动动机和行为有着不同的影响。归因指导的目的是提高学生在野外生存学习中的成就动机。在归因的诸要素中"努力"这一要素对激发学生成就动机的作用特别重要。因此，首先应指导学生归因于"努力"，使学生明白无论成败都是努力与否造成的，只有坚持努力，才能取得最终的成功。另外，要引导学生对自己或他人的行为结果进行全面的原因分析，针对具体情况现实地进行"归因"。要帮助学生了解、分析哪些因素在多大程度上影响野外生存活动的结果；哪些因素是可控的，通过努力可以改变的；哪些因素是不可控的，应努力加以适应或调整。这也是缓解挫折的方式或者说是挫折教育的方法之一。

（五）适当设计竞争与合作

竞争可以成为行为的动力，但有时也可能使学生表现异常。因此，教师在组织野外生存教学、训练以及竞赛活动时应注意以下几点：

（1）将竞争的重点放在使学生努力做得更好，而不是去与别人进行比较方面。

（2）要开展多种多样的竞赛活动，使每个学生都有参加竞赛的机会。

（3）要使所有的学生都感到有一定的成功的可能性，从而激发起每个学生去努力尝试的动机。

另外，同一团队成员间通过合作形成的良好的人际关系、积极的情感等也可以加强野外生存技能学习动机。所以，为激发学生野外生存技能学习的动机，应在教学设计时因地制宜组织竞争与合作。

（六）及时反馈，合理评价

反馈是通过对所掌握的技能操作或学习结果的评定、评价及自我知觉使学生了解自己学习的情况，并对后继行为进行调节的过程。反馈应注意做到：反馈要及时、反馈要积极、反馈要得法。学生在野外生存技能学习中获取的反馈信息，能够使他们及时地了解自己的学习结果、技能水平、身体运动能力等情况，这有利于激发学生的学习动机。

评价具有一定的导向作用。合理的评价方式可以促进学生积极地学习，不合理的评价方式会增强学生之间的竞争，容易导致一些学生的挫败感。野外生存课程对学生的生存能力有很强的考验，尤其是心理方面，那么评价导向作用会更加明显。一般来说，对学生的评价有过程评价和结果评价两种方式。教师通常采用结果评价，但这种方式评判学生的成绩不够全面。给学生打分将使学生之间产生比较心理，花大量的时间和精力去关心他人的表现和分数，将注意力指向评价结果，而非学习过程与收获。如果教师在教学过程中针对学生的学习策略和所取得的进步等对学生进行评价，向学生提供他们进步的情况，并分阶段、分情况向学生及时提供有关他们的成绩和不足等信息，可以引导学生更多地进行自我的纵向比较，使学生相信只要付出了努力就会在原有的基础上有所提高，这会给学生带来更多的收获感和成功体验，在后续的学习动力与效果方面有很好的促进作用。

三、教学的组织实施

1. 野外生存教学前的教学准备

（1）课程时间为一学期。课前在校内体育部或体育院系网页上介绍野外生存教学内容及管理办法。

（2）统一组织。合理利用教学资源，实践课以班为单位进行教学，每班人数控制在30人左右，理论课可合班进行教学。

（3）教学经费预算的制订。活动经费必须在活动前预算好，主要用于交通、租购用具、食物、药品、保险、服务人员费用、门票以及适量的灵活周转费；经费采取公开透明、节俭够用、专人负责的原则；活动结束公示经费使用明细表。

（4）物资准备和食品准备。事先根据活动内容、参与人数、时间列出各种物品的清单，然后根据清单内容逐一准备。

（5）应急预案的制订。充分考虑野外实践活动的不确定风险因素，提前制订好安全事故的应急预防措施，给野外实践活动增加一份安全保障。

（6）教学工作以及后勤人员安排。处理好后勤人员与教学工作的关系，建立后勤大本营，时刻做好救援准备，为教学工作安全顺利保驾护航。

（7）购买保险。可在学期初与保险公司人员沟通，购买有针对性的险种，可兼顾意外伤害险与部分医疗事故险

2. 教学组织形式

（1）教师要根据教学要求进行实践课和综合训练的组织安排，一般对学生分组为每组8~10人，男女生最好搭配组合，学生自选组长，实施组长负责制进行练习，采取互动式教学方式。

（2）身体素质练习贯穿于实践课的全过程。身体素质练习一般安排在课程结束前进行，练习时间一般20~30分钟为宜。

（3）综合训练选择复杂多变的山区，采用基地式、穿越式、混合式等不同的方式，也可选择公园、城市周边农村进行训练。

（4）综合训练时各小组自行安排食品计划。在教师的严格控制下，有条件可让学生识别采集一些可食植物，教学中注重培养学生的环保意识，保护好生态环境。

（5）根据训练基地的实际情况，可进行负重行军、丛林穿越、涉水、溯溪、扎筏漂流、搭索过涧、攀岩、岩降、危险路段的行走、过独木桥、野外定向、修建营地、埋锅造饭、捕鱼、篝火晚会等野外生存生活等一系列技能的训练。

3. 注意事项

（1）每小组安排一位教师处理紧急情况，确保训练安全。

（2）野外生存综合实践训练应风雨无阻，但可根据具体情况适当调整训练计划与要求。

第四节 野外生存训练教学案例

案例一：野外生存物资准备案例

课程内容：野外生存综合训练

课程目标：培养学生野外生存生活的综合能力，亲近自然

课程地点：×××野外生存实习基地

课程时间：2018年6月16—17日

上课人数：30人（男22人，女8人）

课程项目：徒步穿越丛林、搭索过涧、攀岩、岩降

1. 个人装备

序号	名称	数量	备注
1	背包	1个	50 L 以上
2	睡袋	1个	适宜温度 10 ℃
3	换洗衣服	2套	长外套
4	头盔	1个	轻质运动头盔
5	太阳帽	1个	护颈帽群,速干排汗
6	太阳眼镜	1副	偏振镜片
7	手套	1副	防滑,排汗
8	袜子	2双	速干排汗
9	徒步鞋	1双	防水透气,耐磨
10	洗漱套装	1套	毛巾、牙刷、牙膏
11	头灯	1个	可拆卸电池型
12	小刀	1把	
13	防潮垫或气垫	1个	检查是否完好
14	多功能水壶	1个	
15	指北针	1个	检查是否工作
16	哨子	1个	
17	绳套	1个	
18	打火机	1个	检查是否能打火

2. 公共装备

序号	名称	数量	备注
1	帐篷	16顶	四季双人帐篷,备用1顶
2	主绳	2条	50米动力绳,检查
3	辅助绳	2条	路绳,辅助下降

续表

序号	名称	数量	备注
4	岩石锥	5个	难度攀爬
5	岩石钉	5个	难度攀爬
6	安全带	10条	检查
7	上升器	3个	检查
8	主锁	12个	丝扣锁，检查
9	肩带	6条	4长，2短
10	下降器	8个	8字环
11	轮滑	2个	双排轮
12	快挂	5个	
13	软梯	1个	
14	炊具	1套	锅、碗、铲、刀、砧板
15	炉具	1套	视情况提供

3. 食品

序号	名称	数量	备注
1	燕麦片	30袋	小袋装，保质期内
2	奶粉	30袋	小袋装，保质期内
3	速冻馒头	6袋	保质期内
4	方便面	60袋	清淡口味为主
5	八宝粥	30罐	保质期内
6	压缩饼干	30袋	保质期内
7	烤馕	30袋	保质期内
8	小面包	60袋	保质期内

续表

序号	名称	数量	备注
9	牛肉干	30 袋	保质期内
10	午餐肉	30 罐	保质期内
11	火腿肠	30 根	保质期内
12	坚果	30 袋	小袋装，保质期内
13	葡萄干	30 袋	小袋装，保质期内
14	香蕉片	30 袋	小袋装，保质期内
15	果冻	30 袋	150 g 装
16	糖果	30 袋	小袋装，保质期内
17	巧克力	60 块	保质期内
18	士力架	30 块	保质期内
19	榨菜	30 袋	保质期内
20	汤包	15 袋	保质期内
21	鸡肉	3 只	视条件，可用活鸡
22	干蘑菇	3 袋	
23	白萝卜	6 个	大的长萝卜，1.5 kg 一个
24	卷心菜	6 棵	
25	黄瓜	60 根	
26	食用油	3 瓶	500 ml 装
27	食用盐	3 袋	150 克装
28	调味料	3 包	混合型调料
29	纯净水	三桶	
30	能量棒	60 个	保质期内

4. 药品

序号	名称	数量	备注
1	板蓝根冲剂	2袋	预防病毒性感冒
2	白加黑	2盒	感冒
3	复方甘草片	1瓶	受冷咳嗽
4	水杨酸片（APC）	2板	退烧
5	牛黄解毒片	1盒	上火
6	芬必得	2板	止痛
7	诺氟沙星胶囊	1瓶	腹泻
8	阿莫西林	1盒	消炎
9	藿香正气水	2盒	中暑，上吐下泻
10	云南白药喷雾	1瓶	跌打损伤
11	创可贴	2盒	止血
12	消毒酒精	1瓶	皮肤消炎
13	碘伏	1瓶	创口消炎
14	药棉	1包	消炎用
15	清凉油	1瓶	祛风镇痛，消炎止痒
16	驱蚊花露水	1瓶	驱蚊止痒
17	驱蛇粉	20瓶	预防咬伤，驱赶毒蛇
18	维生素B族	1瓶	调节新陈代谢，增强免疫
19	维C果味泡腾片	1瓶	抗氧化剂，增强免疫
20	纱布	3捆	包扎伤口
21	温度计	2支	测量体温

案例二：野外生存生活训练实践中意外事故案例及分析

（一）案例简介

2002年7月18日浙江大明山。同学们到达山下出发营地时天正黑且下雨。大家分头开始架锅烧饭、搭帐篷等，在黑灯瞎火的情况下同学们兴奋地吃饭洗漱之后都睡下了。半夜雨越下越大，帐篷里闷热，外面阴冷，这时个别同学出现了腹痛、呕吐和腹泻的现象。第二天一大早，有些身体不适的同学还是打起精神坚持参与行动，有的连走路力气都没了还想坚持不掉队。为了不影响整体计划的进行，临时决定个别严重的同学就地下山医治，其他能坚持的立即出发。由于当天是溯溪项目，有时要走齐腰深阴冷的山溪，对已有肠胃问题的同学来说，犹如雪上加霜，因而途中个别同学实在坚持不住也退下山了。

分析：

野外活动中饮食卫生尤为重要。虽然大家平时都会注意饮食卫生，但到了野外，对难得的集体活动学生们表现兴奋不已，什么都无所顾忌，此时吃东西稍不注意就会出问题。这天晚上的荤菜有些油腻，学生们又喝了混杂着雨水的溪水，若睡觉受凉就会引起腹泻。有些学生就是在这些综合因素的作用下，发生了急性肠炎，上吐下泻。

日常饮食要注重营养均衡，荤素搭配。然而在野外生存生活实践中，环境比较艰苦，又不断处于运动状态，还是要以营养清淡、易消化、热量高、易加工的食物为好，不要暴饮暴食。饮水更要注意卫生，尤其在食用油腻食品后的饮水卫生更要引起重视，晚上不能受凉。

（二）案例简介

2002年7月20日湖北神农架。雨天穿越丛林。神农架有六座海拔3 000米以上的高峰，有一个纵横3 200平方千米的原始大森林。中午同学们开始了穿越，这里丛林茂密又下着雨，行走就更不易了。此时走在最后的一位男生想方便，但又不想麻烦别人，便走到另一岔道去解决问题。没想到当他回头时已看不到同伴影子了，凭着感觉找了一条道跟了上去。赶了一会还是没看到人影，他赶紧倒回去另择他路，走了很长时间还是看不到其他同伴。天也慢慢暗下来了，这时他脚下一滑，整个人朝山下掉下去，突然他感到身体被东西挡住，于是急中生智拼命抓住山坡上的树根，才避免了一次掉进无底深渊粉身碎骨的可怕事故。之后他使出了全身力气爬上了山坡并继续朝前走，数小时后终于在一山坡下看到了菜地，闻到了家畜的气味，他高兴地连滚带爬到了山农家。

分析：

在这个案例中，迷路者首先犯了一个非常严重的错误，即在特殊天（雨天、视线不好)、复杂道（路泥泞、岔路多）的深山丛林中行走时，让同伴离开自己的视线。密林中有时 3 米以外就会看不见前面的人，故密林行走前后同伴时刻要互相照看，时刻保持联络。即使在不得已的情况下要回避，时间也不能长，且应保持声音联络。其次，还是路标的问题。遇到岔路，领路者必须做路标，其他人必须保持联系。

点评：

运动有风险，野外生存训练相对于一般性的运动而言存在更多的意想不到的风险，如何避免风险的产生，安全防范显得尤为重要。这需要组织者、参与者具备较高的组织能力、指挥控制能力、安全意识以及良好的心理素质。行动听指挥，时刻保持警戒心理，有问题多请示，遇事情不慌乱，同伴间团结互助，有共同战胜困难的决心与勇气，尽可能将野外生存运动控制到零风险。

第五节 海岛野外生存生活训练的教学与评价

将野外生存与海岛区域特点，开发海岛野外生存的教学内容，这对贯彻《全国普通高等学校体育课程教学指导纲要》的指导精神，拓展和丰富高校体育课程资源等都具有重要意义。

一、课程概念与教学理论基础

海岛野外生存课程是以海岛环境为蓝本，充分利用校内及周边环境设施和"模拟"场景，以及孤岛、半岛、列岛、群岛等原生态自然资源，通过课堂教学和"个人挑战、团队熔炼"的体验式实践教学模式的实施，把原来仅限于学校体育课堂、竞技性很强的跑、跳、投、攀爬、跨越等基本内容扩展到社会和大自然中，在与大自然的亲密接触中，培养学生的野外生存技能；在挑战体能极限中，增强学生的身心素质增进健康、达到完善人格、发展个性，提高生存生活技能一门新兴的户外体育拓展课程。需要强调的是，这里涉及的环境包括海岛野外，但更多的是校内及周边环境，即把海岛野外资源移植到学校及周边，使之具有可控性，并通过设置海岛野外的模拟或"假设"情景来进行教学、训练、活动。

海岛野外生存作为学校体育的一门课程，以"教育即生活"教育理念为指导，以"以人为本，健康第一"为指导思想，以素质教育为根本，以大学体育课程改革为主线，以《国家中长期教育改革和发展规划纲要（2010—2020 年）》《全国普通高等学校体育课程教学指导纲要》等文件精神为依据，针对当前学校存在着传统的"圈养教育"、大学生"喜欢体育而不喜欢体育课"、体质健康状况逐年下降、心理承受能力差、团队意识缺乏、生活生存能力低下、海洋意识淡薄等现状,以"问题解决和技能习得"为课程目的;结合学校地处海岛的地域优势和鲜明的海洋办学特色,让学生走进海岛、海洋、天象等大自然,体验"天、地、风、海、浪"所赋予的困难和考验,打破现行学校体育课形成的封闭模式,拓展体育课的时间和空间,引入了前沿的拓展项目、实用的生存、安全救护技能,与海洋特色内容有机结合,集体育运动素养与海洋生态文明知识、体格健全与心理社会适应能力为一体,使学生在课堂中"学会认知"、从需要中"学会做事",从活动中"学会共处",从培养个性发展中"学会生存"(简称"四个学会"),注重"从做中学"的体验式教学方式,提高综合素质,培养德、智、体、美、劳全面发展的创新型、应用型人才。

二、教学目标与任务

海岛野外生存生活课程目标是以理论教学和实践教学为主要手段,除了可以达成其他体育课所具有的运动兴趣养成、强身健体、心理健康等通用目标外,更重要的是还实现了以下两类独特目标:一是使学生具备在海洋环境中的生存知识和技能,包括防晕、游泳、自救与求救、登礁攀岩、海上泅渡、海上漂流、海上溜索、海上定向及相关生存工具制作等;二是使学生具备在海洋环境中的生活知识和技能,包括负重行走、庇护所搭建、淡水和食物获取、取火和炊事、天气潮汐观测等。从而使学生能获取海岛野外生存的基本知识,养成健康文明的生活方式,培养团结合作,勇于竞争的意识,形成勇敢顽强的意志品质和创新进取精神,最终达到增进人的身心健康的课程目标。

1. 基本目标

(1)运动参与目标:通过海岛野外生存生活训练,体验亲近海洋、挑战自我的乐趣,培养和激发学生参与体育活动的兴趣和爱好,基本形成终身体育意识。

(2)运动技能目标:掌握有关海岛野外生存生活的基本知识和技能,学会生活、学习、生存的能力。

(3)身体健康目标:增强学生的体能,提高对外部环境的适应能力。

(4)心理健康目标:发展学生个性,磨炼意志,改善情绪状态,确立良好的自我概念,培养学生吃苦耐劳的优良品质。

(5)适应社会目标:培养学生团队精神,提高人际交往的意识和技能,处理好合作与竞争的关系,提高适应社会的能力。

2. 发展目标

（1）运动参与目标：通过该课程的学习，产生强烈的体育锻炼欲望，体验挑战极限的乐趣，能自觉参与，科学指导体育锻炼过程。

（2）运动技能目标：能参加具有挑战性的海岛野外活动和竞赛，挖掘身体潜能，提高技能，具备指导他人进行科学锻炼的能力。

（3）身体健康目标：通过该课程的学习，全面发展体能，达到较高的身体机能水平。

（4）心理健康目标：在挑战更强的海岛野外生存生活训练中表现出勇敢顽强的意志品质和战胜困难的勇气和信心。

（5）适应社会目标：能在艰苦恶劣的环境中体现良好的行为习惯，培养勇于竞争的意识和组织策划能力。

海岛野外生存课程任务在充分利用海岛的地域环境优势，以其自身的挑战性、冒险性、趣味性和实用性等特点而引起了广大学生广泛的兴趣，使学生亲身参与实践对客观事物变革的感知，获得直接经验，培养手脑并用的实际操作能力，这对培养学生的抗挫折能力，解决问题能力、拼搏精神、团队意识、创新意识、发展学生个性等都有促进作用。

（1）通过教学与实践，使学生掌握海岛野外生存基本知识和技能，得到终身和实用的知识与技能，提高了野外生存和安全教育的意识，促使学生个性的全面发展。

（2）通过教学与实践，使体育教学特有的培养学生团结协作、互相帮助、勇敢顽强精神的品质，变得更加现实和可行。

（3）通过教学与实践，打破了长期以来学校体育课形成的封闭模式，借助前沿的拓展项目和实用的生存生活技能，帮助养成学生进行自觉锻炼的兴趣和习惯。

（4）通过教学与实践，进一步强化了"健康第一"的指导思想，加强了学生的心理干预和心理引导，提高学生健康水平和社会适应能力。

三、课程教学设置原则

基于对学校体育和素质教育的理解，以及对海岛野外生存的认识和实践在进行海岛野外生存课程教学设置时要依据以下原则。

1. 要有明确目的性

海岛野外生存课程原则设置是要拓展学生的素质，培养学生的创新精神和实践能力，提高适应社会的能力。应以"增进健康、挑战自我、团队合作、战胜困难"作为课程内容的出发点，围绕运动参与目标、运动技能目标、身体健康目标、心理健康目标、社会适应目标五个领域目标来设置课程和教学。

2. 要体现海洋特色

海岛野外生存生活训练是在特定的与海洋环境和相关的模拟情景下进行有关的生存生活训练和活动。因此，海岛野外生存设置要结合海洋、海岛的特点，内容要体现海洋、海岛的特色，充分利用海岛自然环境资源，将大海、沙滩、滩涂、丛林沟渠、礁石、岩石、岩洞、渔船、渔具、海洋动植物等作为课程资源，这样才能体现出海岛野外生存的特点。

3. 要有可操作性和安全性

"野外无小事，安全第一"，海岛野外生存生活训练教学时，涉及的课程内容和项目要模拟野外、海岛等存在着安全隐患的环境因素，因此课程设置要经过精心的设计与实验，按要求操作，及时消除安全隐患，杜绝不安全行为，控制不安全因素，使项目顺利开展，并消除学生、家长、学校领导们的思想顾虑。课程教学要把安全保障作为教学首要责任，并时刻保持警觉，以专业的手段保证每一个细节的绝对安全可靠；保护装备均使用一流的专业器材，并由经验丰富的专业教员严格依照安全程序指导监控活动的全过程；通过预警系统进行实时监控，配备安全救援人员，做到可操作性和安全性，以确保课程教学的顺利进行。

4. 要注重团队精神的培育

海岛野外生存是一门新兴的课程和项目，无论是教学内容、教学形式、考核方式，还是师资力量，对教师和学生来说都是全新的，因此对海岛野外生存资源的开发、利用需要有集体的智慧和力量。

四、教学结构与控制

海岛野外生存生活课程依据"重视教育理论的指导、尊重教育教学规律以及体现各校办学专业的优势和特色"这一指导思想，深入落实"阳光体育"运动，从"增强体质"转变到"增进健康""愉悦心情""宣泄积郁"，实现了由单一的生物体育观到"生物—心理—社会"三维体育观的转变。海岛野外生存生活训练作为体育课程内容，通过亲身参与实践对客观事物的变革的感知，获得直接经验，培养手脑并用的实际操作能力。在课程设计上，遵循"以生为本"的教育原则，进行分层教学。

（一）教学内容

海岛野外生存教学是实现海岛野外生存目的、任务的有效途径之一，是在教师的专业指导下，为全面发展学生在海岛环境下适应生存的各项能力而进行的教学过程。海岛野外生存课程作为学校体育的一门新型课程，其教学内容具有丰富多样，涉及范围较广的特点。

海岛野外生存教学内容分为理论教学与实践教学两部分。

1. 海岛野外生存理论教学内容

（1）海岛野外生存课程概述：① 课程概况；② 课程特点；③ 起源与发展；④ 学习目标及意义；⑤ 野外生存生活基本知识分类与要求；⑥ 海岛野外生存基地的特征与选择等。

（2）海岛野外生存基本常识：① 海岛野外装备的使用与维护；② 营区的选择与建设；③ 水源的寻找与获取（包括海水淡化）；④ 生火与野外篝火的使用方法；⑤ 海岛地图的识别与定向；⑥ 海岛野外辨别方向；⑦ 海洋潮汐天气观测；⑧ 海岛复杂地形行进方法；⑨ 识别海洋生物与采捕方法；⑩ 海岛野外生存活动常见伤病的预防与处理等。

（3）海岛野外生存组织与实施：① 海岛野外生存计划与组织；② 海岛野外生存应急预案与活动实施；③ 海岛野外生存拓展教学与评价等。

（4）海岛野外生存安全保障体系：① 海岛野外生存安全保障与救护概况；② 海上安全预防与救护体系的构建；③ 海上求生与救护基础知识与技能；④ 海岛野外安全急救知识与险情处理。

2. 海岛野外生存实践教学内容：

（1）海岛拓展项目训练：① 团队破冰；② 陆地拓展；③ 高空拓展；④ 水上拓展；⑤ 攀岩运动；⑥ 帆船运动；⑦ 帆板运动；⑧ 皮划艇运动；⑨ 实用潜水（包括浮潜）；⑩ 龙舟运动等。

（2）海岛野外生存技能：① 海岛穿越（海岛徒步、登礁攀崖、海上溜索、海岛跨越、海岛定向等）；② 海中求生（救生衣穿戴、冷水求生、海上漂流、海上泅渡、潜水逃生、实用游泳等）；③ 船上脱险（礁崖登船、水中上艇、弃船跳海、抛艇逃生、操艇弄潮、船底脱险、翻船逃生等）；④ 海上逃生；⑤ 海上救生；⑥ 抢滩登礁；⑦ 营地生存；⑧ 孤岛救援；⑨ 孤岛求生等。

（3）海岛野外生活技能：① 安营扎寨；② 搭灶烧饭；③ 野外用具制作；④ 礁岩海钓；⑤ 海岛野外设备的使用；⑥ 撒网捕鱼；⑦ 绳索的打结和捆绑；⑧ 扎筏泅渡；⑨ 食材的运用与制作；⑩ 野外取水等。

（4）海岛野外生存安全救护：① 险情处置；② 伤病的自救与互救；③ 应急措施；④ 求救信号的发放与接受；⑤ 动力艇救援；⑥ 抛绳救援；⑦ 浮潜打捞；⑧ 救护搬运；⑨ 心肺复苏等。

（5）海岛野外生存拓展体能训练：① 校内基地的负重与不负重穿越；② 海岛野外生存拓展项目的综合性练习；③ 12分钟耐力训练等。

（二）教学基本要求

（1）确立拓展训练为主要教学形式。海岛野外生存活动是本课程的主要内容和场景，拓展训练是主要的教学形式。要实现在海岛进行的海上漂流、海上泅渡、海岛穿越、野营野炊等课程实践活动，需首先通过本课程的情景模拟和拓展训练的方式进行教学，达到心理、知识、技术、技能、安全保障、管理等熟练驾驭的水平。

（2）加强拓展项目风险的鉴定与管理。"野外无小事，安全第一"这始终是包括海岛野外生存拓展课程在内教学工作的首要原则。依据室内、场地、野外等拓展课程类型的区分，要将风险程度与对心理挑战的大小相结合，进行无风险、低风险、高风险级别的鉴定，鉴定后合理安排教学内容，以符合教学任务要求。

（3）完善体验式学习模式流程。海岛野外生存拓展课程作为拓展训练的分支，其主要采取的是体验式教学模式。因此，本课程的教学流程由既独立又密切关联的4个环节组成：学习体验—分享交流—提炼整合—应用跟进。每个环节都需要通过学生研讨、师生互动、体验操作等形式，来发挥学生的创造性，加强对所学知识的理解和在实践中的运用。网络课程的介入与导学会使这个模式流程更为顺畅和有效。

（4）强化课程内容的适用性。一方面在教学内容上要结合学校海岛地域特点和传统专业与特色，尽可能考虑到海洋专业的特点；另一方面在选择海岛野外生存拓展教学内容时，应充分利用海岛自然环境的资源，如大海、沙滩、滩涂、森林、沟渠、海滩、岩石、岩洞、渔船、海洋动植物等都可以作为课程资源加以利用；再者在时间上，可利用双休日、节日长假、暑假来安排必须在野外进行的教学与训练。

（三）教学组织形式

（1）教师要根据教学要求进行实践课和综合训练的组织安排，一般对学生进行8~10人为一组的分组，最好男女生搭配，学生自选组长，实行组长负责制进行练习，采取互动式教学方式。

（2）身体素质练习贯穿于实践课的全过程。一般安排在课程结束前进行，练习时间一般为20分钟左右。

（3）综合训练选择复杂多变的海岛地形，可采用基地式、穿越式、混合式等不同的方式。基地式是以大本营或校园为活动基地，利用周围地形环境制定活动内容，如进行陆地、水上、高空、心理等拓展性内容；穿越式是全程在行军中度过，将装备、沿路植物的识别与鉴定、野外定向、寻找水源、观察天气等活动内容贯穿于行军中进行。混合式是鉴于基地式和穿越型之间的活动训练方式。根据实际情况可进行爬攀礁岩、海崖速降、溯海漂流、野炊野营、钓鱼、海上泅渡、海岛定向、篝火晚会、海岛野外生存与技术等项目的训练。

（4）根据学习进程设计成专项课、公选课和运动队训练等层次。其中海岛野外生存专项课包括面向全体大一、大二本科学生的体育选项课和针对留学生的海岛野外生存国际特色体育课，主要促发学生锻炼，掌握具备一定的海岛野外实践能力；公选课主要针对不同学生的兴趣及未能抢到专项课学生的需求而开设的，按难易程度有初班、中级和高级之分。初级班主要引发学生兴趣，了解海岛野外生存基本知识和技能；中级班主要吸引学生参与，掌握海岛野外生存救护能力；高级班主要满足学生需求，提高海岛外生存挑战能力。海岛野外生存运动队则促进学生发展，具备户外运动竞技和专业救护能力以及组织策划能力。

（5）按主题和组织形式，可分为按课堂教学、实践教学、社会活动、课余训练、经典赛事、社会服务等六大主题环节。针对不同教学、活动和训练要求，强化课程内容和实际操作能力，满足和达到学校体育和未来社会的需求。

（四）教学指导方法

（1）实践课分组练习中，教师对每一组都要进行指导与掌握；特别是野外综合实践时，整个团队要配备指导教师小组，有专门的负责人；每一个小组必须配备一名辅导教师进行指导，但辅导教师不直接参与小组的事务，主要职责是确保实践安全，并根据教学要求传授技术、技能；具体事务均由学生组长进行负责。这样才能在确保安全的前提下，最大限度地发挥学生的"三自主"能力。

（2）教师在实际指导中需体现方法的多样性。坚持指导中的"体验+操作""兴趣+发展"和"个体+团队"的形式，采取体验式教学和启发式教学的多种手段和方法，设置好各种"生死"、困难、危险、突发等场景，让学生在特定的生理、心理应激状态下进行体验，和利用团队的力量进行任务完成过程和形式的创新。

（五）课堂规范

课堂规范是教师为了保证课堂的正常进行而对学员提出的一些约束及注意事项，在海岛野外生存训练过程中这些规范是拓展师必须要强调的，也是学员必须严肃认真地去执行的，不得有丝毫的马虎。

一般在课前要提出一些基本要求，比如平常在说的课堂常规一二三：一是一切行动听指挥：团队要听拓展师指挥，队员要听队长指挥；二是两个不许：不许开小差；不许嘲笑他人；三是三个忘记：忘记身份；忘记年龄；忘记性别。

另外，在课堂上要时刻提醒一些安全和纪律方面的注意事项，比如活动中的安全问题，要求患有颈椎、腰背、高血压、心脏病等疾病的学生必须要提前告知教师，在安排教学任务的时候要对这些同学实行区别对待；在一些拓展项目或高空、水上项目的时候要提醒学生将随身携带的手机、手表、钱包等物取出，统一摆放在安全区域；女同学的长头发必须要用橡皮筋扎起来，如要戴安全帽，必须要把头发盘到安全帽里等；另外，为让学员在吵闹的讨论声中立刻安静下来，教师要有统一纪律的一些口令，比如：教师喊"1——2"，学生就要齐声喊"安——静"；或教师喊"一流的团队——"，学生就要齐声喊"静——悄——悄"等，要经常性地运用这些口令来建设训练有素的团队。

●●● 学练提示：

"一切行动听指挥；不开小差；不嘲笑他人；忘记身份；忘记年龄；忘记性别。"

五、教学评价

教学评价是一种在收集必要信息的基础上依据一定标准对教学系统（整体或局部）进行价值判断的活动，是教学工作的重要环节。通过教学评价达到诊断、反馈、激励等目的。

海岛野外生存训练的教学评价主要是测量与评价学生的学习情况，每学期进行一定项目的考核，每学年综合评定体育成绩，总成绩按百分制记分。优秀为86分以上，良好为76~85分，及格为60~75分，59分以下为不及格。成绩主要由学习态度、技能成绩、理论知识、体质测试四个部分组成。评价标准实行定量和定性结合，评价方式采取学生自评、学生互评、教师考评三种互动方式相结合，阶段性评定和结束的总结性评定相结合。

（一）考核内容

（1）学习态度：占总成绩的10%，包括课堂表现、出勤率、进步程度等，采取学生自评、互评，教师考评结合的形式。

（2）技能成绩：占总成绩的50%，包括海岛野外生存生活各项技能、拓展运动等技能，采取学生自评、学生互评和教师考评结合的形式。

（3）理论知识：占总成绩的10%，包括海岛野外生存基础知识、野外安全常识、海岛野外生存活动的方案与组织实施等，采取命题小论文，开卷考试和课程总结报告形式进行，教师考评。

（4）体质测试：占总成绩的20%，内容和考核标准参见《国家学生体质健康标准（2014年修订）》要求执行。

（5）身体素质：占总成绩的10%；内容包括男生的1 000米跑；女生800米跑；12分钟跑和游泳达标等，老师考评。

（二）评价内容

（1）吃苦耐劳：学生对累、脏、苦的态度。

（2）安全意识：能否冷静、科学、分析所遇到的困难，有科学处事的态度，树立安全第一的思想，提出正确的行动方案来处理危险隐患等。

（3）团队精神：与人合作的能力和态度。如遇到危险和困难时，合作解决的能力等。

（4）生活能力：实践生活的动手能力和条理性。如野营野炊，对装备用具的整理是否合理等。

（5）知识和技能的掌握：技术、技能实际运用、操作能力。如水上技能、安全救生技能、涉海运动技能、攀爬技能、海岛野外定向技术等。

（三）评分参考标准（采用10分制）

1. 学习态度的考核

主要是指学生的平时表现，可以根据在团队中参与的积极性、发挥能力的大小、与同伴的配合默契程度、出勤率、进步程度等方面给予评定。

学习态度评分参考标准

分值	90~100	80~89	70~79	60~69
评分参考标准	课堂出勤率高，技能水平有明显进步，有很强的团队意识和组织领导能力，与同伴的配合默契	课堂出勤率较高，技能水平有进步，有较强的团队意识和组织领导能力，与同伴的配合比较默契	课堂出勤率保证，技能水平基本有进步，有一定的团队意识和组织领导能力，与同伴的配合基本默契	课堂出勤率基本保证，技能水平无明显进步，团队意识和组织领导能力一般，与同伴的配合不太默契

2. 技能成绩的考核

技能成绩的考核指学生的实际动手操作能力，这要根据学生在野外实践中对于教学实践内容掌握及实际应用情况给予评定。

海岛野外生存装备的使用评分参考标准

分值	90~100	80~89	70~79	60~69
评分参考标准	装备的种类与用途非常清楚；装备的准备与使用掌握能力强；注意事项和要求明确	装备的种类与用途清楚；装备的准备与使用掌握能力较强；注意事项和要求较明确	装备的种类与用途比较清楚；装备的准备与使用掌握能力一般；注意事项和要求基本明确	装备的种类与用途非常比较清楚；装备的准备与使用掌握能力欠佳；注意事项和要求不太明确

海岛野外生存绳索攀爬技能评分参考标准

分值	90~100	80~89	70~79	60~69
评分参考标准	攀爬时间在前20%；动作熟练、省力，连贯性好	攀爬时间在前21%~40%；动作较熟练、省力，连贯性好	攀爬时间在前41%~60%；动作一般，但连贯性较好	攀爬时间在前61%~80%；动作一般，比较费力，且有明显停顿

海岛野外生存损伤处理技能评分参考标准

分值	90~100	80~89	70~79	60~69
评分参考标准	止血、包扎手法熟练；搬运方法得当；操作流程准确；技能掌握规范	止血、包扎手法较熟练；搬运方法得当；操作流程较准确；技能掌握较规范	止血、包扎手法一般；搬运方法得当；操作流程基本准确；技能掌握基本规范	止血、包扎手法欠熟练；搬运方法得当；操作流程不太准确；技能掌握欠规范

海岛野外生存定向技能评分参考标准

分值	90~100	80~89	70~79	60~69
评分参考标准	野外定向时间在前20%；打点准确，无失误	野外定向时间在前21%~40%；打点失误1~2个	野外定向时间在前41%~60%；打点失误3~4个	野外定向时间在前61%~80%；打点失误5~6个

海岛野外生存拓展项目操作技能评分参考标准

分值	90~100	80~89	70~79	60~69
评分参考标准	操作程序清楚熟练，注意事项明确，操作规范	操作程序比较清楚熟练，注意事项比较明确，操作比较规范	操作程序基本清楚熟练，注意事项基本明确，操作基本规范	操作程序欠清楚熟练，注意事项不太明确，操作欠规范

海岛野外生存上升与速降操作技能评分参考标准

分值	90~100	80~89	70~79	60~69
评分参考标准	正确使用上升器和下降器；动作熟练、省力，操作规范、连贯	正确使用上升器和下降器；动作较熟练，操作较规范、连贯	正确使用上升器和下降器；动作一般，但操作较规范，偶有短时间停顿	正确使用上升器和下降器；动作一般、费力，有明显较长时间停顿

海岛野外生存绳结基本打法与捆绑评分参考标准

分值	90~100	80~89	70~79	60~69
评分参考标准	绳结的用途明确；操作熟练；野外运用准确	绳结的用途比较明确；操作比较熟练；野外运用比较准确	绳结的用途基本明确；操作基本熟练；野外运用基本准确	绳结的用途不太明确；操作不太熟练；野外运用不太准确

海岛野外生存野营与野炊评分参考标准

分值	90~100	80~89	70~79	60~69
评分参考标准	营地布局合理，设施搭建齐全；野炊分工合理	营地布局较合理，设施搭建基本齐全；野炊分工基本合理	营地布局基本合理，设施搭建基本齐全；野炊分工基本合理	营地布局较乱，设施搭建不全；野炊分工不明确

海岛野外生存方向辨别技能评分参考标准

分值	90~100	80~89	70~79	60~69
评分参考标准	了解多种情况下野外辨别方向的方法；利用太阳定向法操作准确；指北针的使用规范、熟练	了解一般情况下野外辨别方向的方法；利用太阳定向法操作较准确；指北针的使用较规范、熟练	了解一般情况下野外辨别方向的方法；利用太阳定向法操作基本准确；指北针的使用基本规范、熟练	了解少数野外辨别方向的方法；利用太阳定向法操作欠准确；指北针的使用欠规范、有点生熟

海岛野外生存水上划船技能评分参考标准

分值	90~100	80~89	70~79	60~69
评分参考标准	划桨技术的掌握程度高；团队协作默契；划船效果佳	划桨技术的掌握程度较高；团队协作较默契；划船效果好	划桨技术的掌握程度一般；团队协作基本默契；划船效果一般	划桨技术的掌握不佳；团队协作欠默契；划船效果欠佳

海岛野外生存简单用具的制造评分参考标准

分值	90~100	80~89	70~79	60~69
评分参考标准	能很好完成野外简单用具的制造	能较好完成野外简单用具的制造	完成野外简单用具的制造程度一般	完成野外简单用具的制造情况不佳

海岛野外生存实用游泳技能评分参考标准

分值	90~100	80~89	70~79	60~69
评分参考标准	踩水时间长（2分30秒~3分）；实用泳姿4种及以上；技能自如、动作轻松；泅渡距离长（参见游泳达标标准）	踩水时间长（2分~2分30秒）；实用泳姿3种；技能较好、动作较轻松；泅渡距离较长（参见游泳达标标准）	踩水时间长（1分~2分）；实用泳姿2种；技能、动作都一般；泅渡距离一般（参见游泳达标标准）	踩水时间长（30秒~1分）；实用泳姿1种；技能不太好、动作费力；泅渡距离较短（参见游泳达标标准）

海岛野外生存攀岩技能评分参考标准

分值	90~100	80~89	70~79	60~69
评分参考标准	正确掌握"三点固定法";动作熟练、省力,操作规范、连贯	较正确掌握"三点固定法";动作较熟练、省力,操作较规范、连贯	基本掌握"三点固定法";动作一般,操作较规范、连贯	不能正确掌握"三点固定法";动作欠熟练、费力,操作较规范,但有明显停顿

海岛野外生存心肺复苏评分参考标准

分值	90~100	80~89	70~79	60~69
评分参考标准	定位准确,手法正确;冷静沉着,动作敏捷,操作熟练;复苏有效,程序规范	定位较准确,手法较正确;冷静沉着,动作较敏捷,操作较熟练;复苏有效,程序较规范	定位基本准确,手法基本正确;有点慌张,动作基本敏捷,操作基本熟练;复苏有效,程序较规范	定位不太准确,手法不太正确;神态慌张,动作欠敏捷,操作欠熟练;复苏有效,程序较规范

游泳达标、1 000米(男)、800米(女)、12分钟跑评分标准

项目	性别	分数										
		100	95	90	85	80	75	70	65	60	50	40
游泳	男	200		150		100		75		50		
游泳	女	100		75		50		35		25		
1 000	男	3.15	3.20	3.25	3.30	3.35	3.40	3.45	3.50	3.55	4.00	4.05
800	女	3.10	3.15	3.25	3.30	3.35	3.40	3.45	3.50	3.55	4.00	4.05
12分钟跑	男	3 200		3 000		2 700		2 500		2 300		
12分钟跑	女	2 800		2 600		2 400		2 200		2 000		

课后练习与思考

1. 野外生存训练的教学特点有哪些？
2. 野外生存训练需要注意些什么？
3. 根据某一堂课的任务，准备一份野外生存训练的教学设计。

参 考 文 献

[1] 梁传成，梁传声.野外生存教程［M］.北京：高等教育出版社，2003.

[2] 钱张师.野外生存生活训练指南［M］.西安：西安地图出版社，2003.

[3] 张惠红.野外生存生活训练指导手册［M］.北京：人民教育出版社，2002.

[4] 韩宏义，刘擎.大学生野外生活生存训练［M］.杭州：浙江科学技术出版社，2004.

[5] 约翰·怀斯曼.生存手册［M］.北京：华文出版社，1999.

[6] 郝光安，武援朝，冯清山.登山攀岩［M］.北京：学苑出版社，1999.

[7] 沈克尼，陶京天.野外生存［M］.北京：解放军出版社，1994.

[8] 陈小蓉.定向运动与野外生存［M］.广州：中山大学出版社，2003.

[9] 阎循，范文.生存指南［M］.北京：蓝天出版社，1999.

[10] 阎健，张惠红，黄超群."大学生野外生存生活训练"⑤ 大学生野外生存生活训练的安全［J］.中国学校体育，2003（5）：50-51.

[11] 张惠红.郊游与野营［M］.桂林：广西师范大学出版社，2002.

[12] 周兵，等.休闲体育［M］.桂林：广西师范大学出版社，2001.

[13] 王翔，彭光辉，张新安等.定向运动［M］.北京：高等教育出版社，2005.

[14] 李德银，等.定向越野指导［M］.北京：测绘出版社，1989.

[15] 张晓威.定向越野［M］.北京：星球地图出版社，2003.

[16] 孙全兴.国防体育——定向运动指导［M］.上海：上海教育出版社，2001.

[17] 黄永良，等.海岛野外生存生活拓展训练教程［M］.北京：高等教育出版社，2017.

[18] 牛小洪，等.野外生存［M］.武汉：中国地质大学出版社，2016.

[19] 季浏，等.体育心理学［M］.北京：高等教育出版社，2016.

[20] 陈琦，刘儒德.教育心理学［M］.北京：高等教育出版社，2011.

附录1 国际定向运动地图图例

查看附录1 彩图

国际定向运动地图图例

根据国际定向运动联合会《ISOM2017-2》绘制

本图例比例尺1:10000,请勿缩放。

1. 地貌
- 首曲线/示坡线
- 计曲线/等高线注记
- 辅助等高线
- 土坎、土崖
- 土墙/残破的土墙
- 冲沟/小冲沟
- 丘/土石堆/长丘
- 大凹地/小凹地/土坑
- 坑洼地
- 非常破碎的坑洼地
- 特殊地貌

2. 岩面与石块
- 不可通过的陡崖
- 可通过的陡崖
- 岩坑/山洞
- 石块/大石块
- 巨石或石柱
- 石群
- 可跑的石块地
- 难跑的石块地
- 慢跑的碎石地
- 慢走的碎石地
- 极难通过的碎石地
- 沙地
- 裸岩地
- 壕沟、战壕

3. 水系
- 不可通过的水体
- 可通过的水体
- 水坑
- 可通过的水道
- 可通过的小水道
- 季节性小水道
- 不可通过的沼泽
- 可通过的沼泽
- 细沼
- 不明显的沼泽
- 水井、喷泉、蓄水池
- 泉
- 特殊水体

4. 植被
- 空旷地
- 稀疏树木空旷地
- 凌乱空旷地
- 稀疏树木凌乱空旷地
- 易跑的树林
- 慢跑的树林
- 慢跑的灌木丛
- 难跑的树林
- 难跑的灌木丛
- 极难通过的树林
- 单向易跑林
- 线状树丛
- 耕地
- 果林
- 葡萄园
- 耕地边界
- 植被边界
- 突出的大树
- 突出的灌木或树
- 特殊植被

5. 人造地物
- 铺筑地
- 高速公路
- 机动车道
- 公路
- 大车道
- 人行道
- 小路
- 不明显的小路
- 可跑/易跑的窄林道
- 慢跑/难跑的窄林道
- 铁路
- 电线、索道或缆车
- 主干输电线、高压线
- 桥
- 涵洞
- 小桥
- 可通过的围墙
- 残破的围墙
- 不可通过的高围墙
- 可通过的围栏
- 残破的围栏
- 不可通过的高围栏
- 通过点
- 禁区
- 建筑禁区
- 建筑物
- 可穿行的建筑物/石柱
- 废墟、小废墟
- 高塔/塔
- 标石堆/饲料槽
- 可通过的管道
- 不可通过的管道
- 特殊人造地物
- 楼梯

6. 技术符号
- 磁北线
- 套印标记
- ·666 高程点

7. 线路符号
- 取图点
- 起点
- 检查点连线
- 检查点
- 检查点序号
- 必经线路
- 终点
- 禁区边界
- 禁区
- 通过点
- 禁止沿道路通行
- 急救站
- 补给点

附录2 国际短距离定向运动地图图例

国际短距离定向运动地图图例
根据国际定向运动联合会《ISSprOM2019》绘制

本图例比例尺1:4000

1. 地貌
- 首曲线/示坡线
- 计曲线/等高线注记
- 辅助等高线
- 土坎、土崖
- 矮土墙
- 冲沟/小冲沟
- 丘/小丘、土石堆/长丘
- 大凹地/小凹地/土坑
- 坑洼地
- 非常破碎的坑洼地
- 特殊地貌

2. 岩面与石块
- 不可通过的陡崖
- 可通过的陡崖
- 岩坑/山洞
- 石块/大石块
- 巨石或石柱
- 石群
- 石块地
- 碎石地
- 空旷沙地
- 裸岩地

3. 水系
- 不可通过的水体
- 可通过的水体
- 水坑
- 可通行的小水道
- 季节性小水道
- 不能通过的沼泽
- 可通过的沼泽
- 细沼
- 不明显的沼泽
- 喷泉、水井
- 泉
- 特殊水体

4. 植被
- 空旷地
- 稀疏树木空旷地
- 稀疏灌木空旷地
- 凌乱空旷地
- 稀疏树木凌乱空旷地
- 稀疏灌木凌乱空旷地
- 易跑的树林
- 慢跑的树林
- 慢跑的灌木丛
- 难跑的树林
- 难跑的灌木丛
- 极难通过的树林
- 单向易跑林
- 线状树丛
- 耕地
- 果林/凌乱果林
- 葡萄园/凌乱葡萄园
- 耕地边界
- 植被边界
- 突出的大树
- 突出的灌木或树
- 特殊植被

5. 人造地物
- 铺筑地
- 道路
- 多层结构铺筑地
- 稀疏树木铺筑地
- 无铺面的道路
- 无铺面的小路
- 不明显的小路
- 窄林道
- 铁路
- 电车轨道
- 电线、索道或缆车
- 主干输电线、高压线
- 桥
- 地下通道、隧道
- 可通过的围墙
- 单边墙
- 不可通过的围墙
- 可通过的围栏
- 不可通过的围栏
- 通过点
- 禁区
- 建筑物
- 可穿行的建筑物/石柱
- 高塔/塔
- 标石堆
- 可通过的管道
- 不可通过的管道
- 特殊人造地物
- 楼梯

6. 技术符号
- 磁北线

7. 线路符号
- 取图点
- 起点
- 检查点连线
- 检查点
- 检查点序号
- 必经线路
- 终点
- 禁区边界
- 禁区
- 通过点
- 通过区
- 临时施工区、关闭区

《ISSprOM2019》在校园定向运动中的特殊图例,所有符号需放大125%,本图例比例尺1:1000。
- 消防栓
- 运动器材
- 桌子、台子
- 长凳
- 旗杆、指示牌、篮球架
- 路灯、交通灯

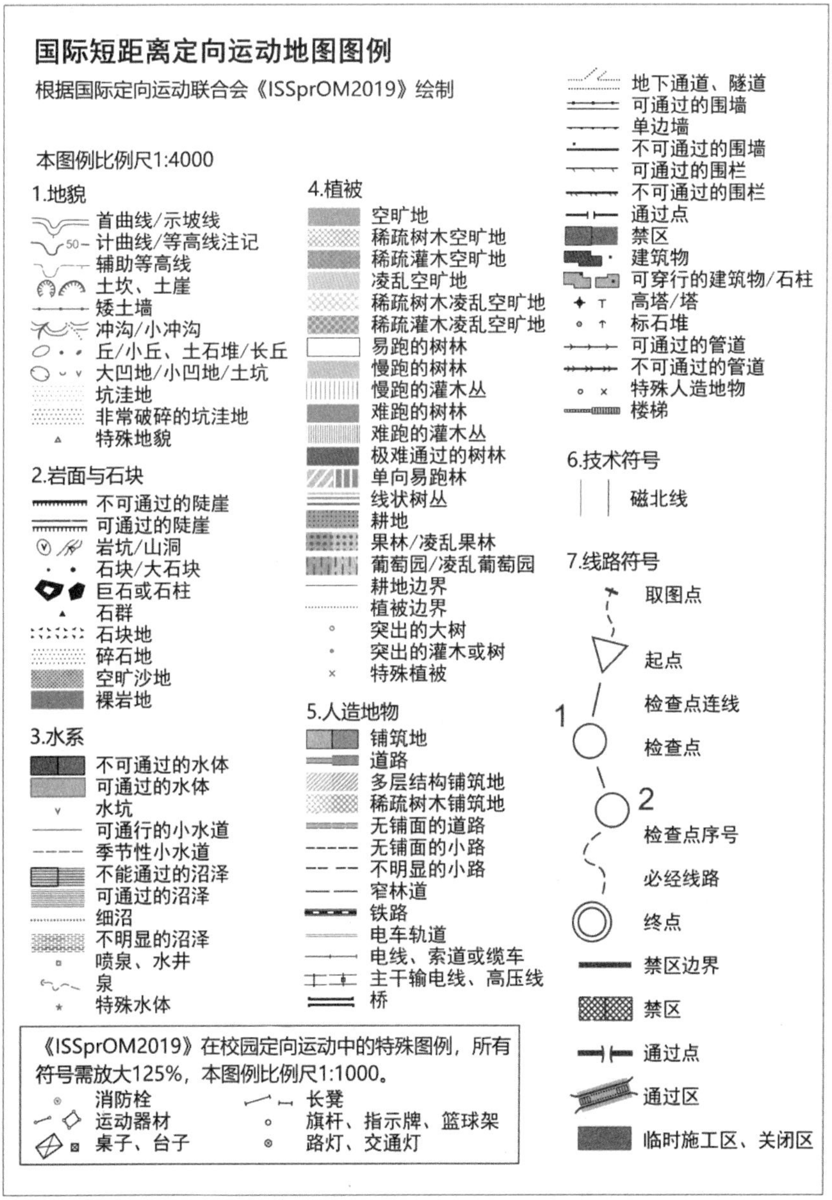

查看附录2 彩图

郑重声明

高等教育出版社依法对本书享有专有出版权。任何未经许可的复制、销售行为均违反《中华人民共和国著作权法》,其行为人将承担相应的民事责任和行政责任;构成犯罪的,将被依法追究刑事责任。为了维护市场秩序,保护读者的合法权益,避免读者误用盗版书造成不良后果,我社将配合行政执法部门和司法机关对违法犯罪的单位和个人进行严厉打击。社会各界人士如发现上述侵权行为,希望及时举报,我社将奖励举报有功人员。

反盗版举报电话　　（010）58581999　58582371
反盗版举报邮箱　　dd@hep.com.cn
通信地址　　北京市西城区德外大街4号
　　　　　　高等教育出版社法律事务部
邮政编码　　100120

防伪查询说明

用户购书后刮开封底防伪涂层,使用手机微信等软件扫描二维码,会跳转至防伪查询网页,获得所购图书详细信息。

防伪客服电话
（010）58582300